基金项目：2024 年全国教育科学规划一般项目“教育数字化赋能县区体育教研体系高质量发展的实现路径研究”（课题编号：BLA240187）阶段性研究成果

中小学体育教研员
胜任力关键要素识别与应用

白翠瑾　著

人民体育出版社

图书在版编目（CIP）数据

中小学体育教研员胜任力关键要素识别与应用 / 白翠瑾著. -- 北京 : 人民体育出版社, 2025. -- ISBN 978-7-5009-6582-4

Ⅰ. G633.962

中国国家版本馆CIP数据核字第2025QW5144号

中小学体育教研员胜任力关键要素识别与应用

白翠瑾　著

出版发行：人民体育出版社

印　　装：北京盛通印刷股份有限公司

开　本：710×1000　16开本　　**印　张：**17.75　　**字　数：**317千字

版　次：2025年8月第1版　　**印　次：**2025年8月第1次印刷

书　号：ISBN 978-7-5009-6582-4

定　价：78.00元

购买本社图书，如遇有缺损页可与发行与市场营销部联系

联系电话：（010）67151482

社　　址：北京市东城区体育馆路 8 号（100061）

网　　址：https://books.sports.cn/

前　言

FOREWORD

我国独具特色的基础教育教研制度历经70余年的建设，已成为基础教育改革与发展的重要支撑。为贯彻落实全国教育大会、全国基础教育工作会议精神，深化教育教学改革，全面提高基础教育质量，教育部2019年在《关于加强和改进新时代基础教育教研工作的意见》中指出："教研工作还存在机构体系不完善、教研队伍不健全、教研方式不科学、条件保障不到位等问题，急需加以解决。"文件对教研工作提出了新任务、新要求。体育教研员作为体育教研工作的组织者和执行者，其胜任力水平是提高体育教研工作质量的关键，而对中小学体育教研员胜任力关键要素的识别与应用是建设一支政治思想过硬、业务能力突出、具有较高胜任力水平的体育教研队伍的基础，是解决现存诸多问题的突破点，对全面推进新时代学校体育工作高质量发展具有重要的理论意义与现实价值。

本研究围绕"中小学体育教研员胜任力关键要素"这一论题，以胜任力理论、工作分析理论、人岗匹配理论为学理支撑，采用问卷调查、扎根理论、德尔菲法等研究方法，展现发现问题、提出问题、分析问题、解决问题的论证过程。

首先，以中小学体育教研员胜任力关键要素的提取为切入点，通过文献分析和关键事件访谈两种途径对关键要素进行识别、提炼及整合；其次，以中小学体育教研员胜任力关键要素的确立为立足点，借助德尔菲法和统计分析两种方式对关键要素展开筛选、修正及判定；再次，以中小学体育教研员胜任力关键要素的实证应用为聚焦点，探讨胜任力发展的特征差异、水平差异及制约因素；复次，以中小学体育教研员胜任力关键要素的发展策略为关键点，基于制约因素的实际考察针对性构建解决策略；最后，以中小学体育教研员胜任力关键要素的运用展望为归宿点，剖析胜任力关键要素融入体育教研队伍建设的优势、程序及策略。

主要结论如下：

（1）中小学体育教研员胜任力关键要素由个人特质、教研成就、教研知识、指导能力、组织协调5个一级要素和24个二级要素组成。其中个人特质包含身体状态、心理状态、性格特征、服务意识、敬业精神、责任担当；教研成就包含教学成果、学术成果、业内影响力；教研知识包含体育专业知识、体育教学知识、教师教育知识；指导能力包含教学基本功培训、专题教研培训、信息化教学、课题引领、组织教研论坛、网络教研、打造学习共同体；组织协调包含上传下达、统筹协调、活动策划、计划执行、组织管控。

（2）在一级要素中，个人特质构成中小学体育教研员胜任力的驱动力，教研成就构成贡献力，教研知识构成支撑力，指导能力构成生命力，组织协调构成保障力；在二级要素中，身体状态、心理状态与性格特征是中小学体育教研员胜任力的基础，服务意识、敬业精神、责任担当是内化，教学成果、学术成果、业内影响力是外显，体育专业知识、体育教学知识与教师教育知识是内核，教学基本功培训、专题教研培训、信息化教学等是条件。

（3）我国中小学体育教研员胜任力在各维度上均呈现出较高水平。其中，个人特质表现最优，教研知识、指导能力、组织协调表现较好，教研成就相对较弱。中小学体育教研员关键要素具体呈现出男性教研员胜任力总体得分优于女性教研员；年龄≤35岁阶段体育教研员胜任力要素总体得分明显低于其他年龄段；具有0～5年一线教学经验的体育教研员胜任力要素总体得分明显低于其他年限组别，其他年限组别间无显著性差异；学历、职称、教研级别与胜任力要素总体得分呈正相关关系；专职、兼职体育教研员胜任力要素总体得分无显著性差异；不同教研年限的体育教研员胜任力要素总体得分无显著性差异；经济发展快、对外开放程度高、资源配置好的华北地区体育教研员胜任力要素总体得分明显优于其他地区。

（4）中小学体育教研员胜任力发展制约的内在解决策略包括：提高中小学体育教研员胜任力发展的价值认同，促进中小学体育教研员胜任力发展的专业自觉，形成中小学体育教研员胜任力发展的实践理性。中小学体育教研员胜任力发展制约的外在解决策略包括：明确中小学体育教研员的岗位职能和工作定位，完善中小学体育教研员的专业制度和具体要求，健全中小学体育教研员的保障机制和督导评估。

（5）中小学体育教研员胜任力关键要素作为个体有效胜任体育教研工作的深层特质，可通过创编测评工具，选择自评和他评方式，运用于中小学体育教研员遴选准入、专业培训、考核评价等环节，为破解不科学教育评价导向下中小学体育教研员选拔难、培养难、发展难、考核难、评价难、管理难等队伍建设难题提供新思路。在具体实践中只有紧密结合发展实际、严格遵循科学程序、合理规范实施流程，才能使其价值得以最大化体现。

目录

CONTENTS

CHAPTER 1

绪 论

1.1 研究背景与问题

1.1.1 基础教育教研体系需要从“中国特有”迈向“中国特优”

中华人民共和国成立初期，教育事业百废待兴，为了迅速建设一支符合新时期发展需要的教师队伍，为基础教育工作提供专业性支撑的教研员体系应运而生[1]。经 70 余年的实践证实，我国基础教育良好发展态势的保持与独具特色的教研制度紧密相关。2019 年 12 月，在法国巴黎总部，经济合作与发展组织（OECD）宣布了 2018 年最新国际学生评估项目（PISA）成绩，由北京、上海、浙江、江苏的学生组成的中国区域联合体在各国测试成绩中遥遥领先，中国重返榜首。西方国家赛后在对中国区域联合体取得优异成绩进行原因分析时发现，中国特殊的教研体系、特有的教研制度以及特优的教研员队伍是基础教育保持高质量发展的重要依托[2]，由此我国特有的基础教育体系获得了业界的普遍认同。

党的十八大以来，基础教育改革不断深入，国家对教育质量提出了新的要求，提高素质教育质量，提升素养水平，成为深化改革的关键。2019 年，教育部根据党中央、国务院的指示印发了《关于加强和改进新时代基础教育教研工作的意见》（以下简称《教研工作意见》），其中明确指出：“教研工作在推进课程改革、指导教学实践、促进教师发展、服务教育决策等方面，发挥了十分重要的作用。”[3]《教研工作意见》强调：“教研工作还存在机构体系不完善、教研队伍不健全、教研方式不科学、条件保障不到位等问题，急需加以解决。”[3] 面对诸多现实难题，不难发现我国教研体系的发展速度还不能完全匹配当下基础教育快速发展的实际需求。因此，能否有效解决这些突出问题是当前教研工作面临的新困难、新挑战、新机遇，亦是独具中国特色的中国教研员体系能否从“中国特有”走向“中国特优”的重要一步。

1.1.2 中小学体育教研队伍需要从“能教会研”走向“擅教善研”

建设一支思想政治过硬、业务能力突出的教研队伍，是保证新时代基础教育教研制度高效执行，基础教育质量高效提升，基础教育教研工作高效完成的关键。同样，在基础教育阶段的学校体育领域，打造一支高水平、专业化的中小学体育教研队伍，对于引领中小学体育教师发展，全面加强和改进新时代学校体育工作具有重要的时代意义和现实价值。2021 年，教育部发布《〈体育与健康〉教学改革指导纲要（试行）》的组织保障中要求：“强化师资队伍建设，配齐配足各级教研员，发挥重要的体育教学改革指导作用。”[4]

中小学体育教研员是一群活跃在基础教育阶段学校体育领域专门从事体育教学研究、指导、服务等工作的专业人员[5]。作为学校体育教育教学理论与实践经验的指导者、体育和教育行政部门与中小学校的信息联络者、体育教育文件解读与学校体育文件落地的政策执行者，中小学体育教研员在提高学校体育质量、维护体育教学秩序、改进体育教学实践、推动体育与健康课程改革、促进中小学一线体育教师专业发展等方面发挥着无可替代的作用，为基础教育阶段学校体育的优化和发展作出了历史性贡献[6–7]。然而，囿于中小学体育教研员在角色职能、工作性质以及所属机构等方面的束缚，中小学体育教研员的专业发展境遇殊异，传统意义上的中小学体育教师指导者和服务者的角色遭受现代教育发展的多重挑战，其半官方和半专业的地位以及不明确与不清晰的身份，使其难以满足当代学校体育发展与变革的多维要求。深究其因，除了上述《教研工作意见》所强调的诸多因素外，缺乏中小学体育教研员胜任力关键要素的科学识别，也是影响中小学体育教研员从“能教会研”走向“擅教善研”的深层肇因。

1.1.3 中小学体育教研员胜任力需要从“知而能识”转向“识而可用”

“胜任力”这一概念源起于美国哈佛大学麦克莱兰（McClelland）教授为美国国

务院选拔外交官的人才测评实践，其目的是准确预测人才在工作中的实际表现[8]。追溯有关“胜任力”这一主题的研究可发现，截至目前在胜任力内涵的阐释上已基本形成“由动机、特质、自我概念、知识和技巧等多种胜任特征构成并且存在差异表现”[9]的共识。正因如此，胜任力的适用范围逐步扩大，用以考察“人—职（岗位）”的匹配程度。作为学校体育教育体制中的一个具体岗位、一种特定职业，中小学体育教研员也有着自身独特的职业属性和胜任力要求，个体只有满足这些属性和要求后，才能更好地实现身份转变。换言之，识别并应用好中小学体育教研员胜任力的关键要素，既可以提高人才筛选的精准性，为“选对人”提供客观依据，又可以提升专业发展和培训成效，帮助其有的放矢地解决自身不足，还可以弥补业绩考核的直观片面性，达到综合全面的量化评估效果。

纵观当前的学术动态，有关“体育教研员胜任力”的论证较为鲜见，即使延展至“教研员胜任力”这一上位概念，其成果依然寥寥无几，仅有罗生全（2017）[10]、赵佳丽（2020）[11]等学者有限的探索性研究，且就其内容来看仍多停留在理论构建抑或现实考察层面，并未有效地关照教研理论应用于教研实践的真正现实[12]。同时，从辩证的角度看，中小学体育教研员作为基础教育教研队伍的重要组成，却因体育与健康的特殊学科性质——以“身体练习”（Physical Exercise）为逻辑起点而强调理论与实践并重[13]——导致其与其他学科教研员在胜任力关键要素及内涵上既保持“趋同”又内隐“差异”，即体现为“一般性”与“个体性”的特质。例如，中小学体育教研员胜任力的身体状态是“具备从事体育教研工作所需的良好身体素质和运动技能”，而在其他学科教研员中这一特点不突出。所以，中小学体育教研员胜任力的研究不仅要深入结合体育学科特质准确识别关键要素，还要将理论成果有效地应用于实际教研工作改革，以胜任力的“知而能识”并“识而可用”助推中小学体育教研员从“中国特有”迈向“中国特优”，从“能教会研”走向“擅教善研”。

鉴于此，为有效提升中小学体育教研员胜任力，充分发挥其在基础教育阶段学校体育教学改革中的指导价值，本书将研究核心论点聚焦在“如何识别并应用中小学体育教研员胜任力的关键要素”上，并围绕核心论点提出以下三条具体研究问题：

第一，中小学体育教研员胜任力的关键要素有哪些？各级要素之间具有什么样的内涵逻辑？

第二，中小学体育教研员胜任力的现状是怎样的？表现出怎样的特征？

第三，中小学体育教研员胜任力发展的制约因素主要有什么？如何确定针对性的解决策略？并在回答上述问题和疑惑的过程中构成了本书的基本主线、核心内容以及价值所在。

1.2 研究目的与意义

1.2.1 研究目的

在综合分析新时代基础教育教研工作改革导向、中小学体育教研员专业发展需求以及相关学术研究进展的前提下，通过对中小学体育教研员胜任力关键要素的结构内容、理论内涵、逻辑关系以及中小学体育教研员胜任力的现实水平、特征差异、制约因素、发展对策等一系列问题的探究与解析，为有的放矢地提升体育教研员个体胜任力水平，促进体育教研工作向专业化发展提供依据。并在研究目的的统摄下将其具体划分为以下五点研究目标。

目标一：通过借助文献资料和关键事件访谈提取的关键要素进行对比和整合，确定初始的中小学体育教研员胜任力关键要素。

目标二：通过德尔菲和因子分析两种方法，确立最终的中小学体育教研员胜任力关键要素。

目标三：基于中小学体育教研员胜任力关键要素的识别，设计并发放《中小学体育教研员胜任力水平调查表》，通过统计与聚类处理对其结果展开数理剖释，讨论中小学体育教研员胜任力的特征差异、水平差异及形成信息。

目标四：基于中小学体育教研员胜任力实证调查的分析，组织并实施有关中小学体育教研员胜任力的交流访谈，通过对访谈结果的归纳而凝练出制约胜任力发展的多重因素，并进一步探讨中小学体育教研员胜任力发展制约的解决策略。

目标五：基于新时代基础教育阶段学校体育教研工作的发展需求，从中观层面探讨胜任力关键要素融入中小学体育教研员遴选准入、专业培训、考核评价等方面的运用展望。

1.2.2 研究意义

高质量的中小学体育教研工作是保障基础教育阶段学校体育高质量发展的

重要基础。长期以来，中小学体育教研工作在推进学校体育课程改革、指导学校体育教育教学实践、提升中小学体育教师业务水平、提高体育教育管理决策能力等方面发挥了积极的作用。在面对新形势、新任务和新要求的时代背景下，中小学体育教研队伍建设尚存在专业标准不健全、遴选准入不完善、培训机制不到位等问题。但截至目前，有关中小学体育教研发展的研究成果鲜有呈现，且多从价值、现状、挑战以及对策层面进行宏观讨论，缺乏可操作性。因此，本书以胜任力为视角，在探寻胜任力理论、工作分析理论和人岗匹配理论等学理支撑下，以中小学体育教研员胜任力关键要素的识别与应用为聚焦点进行深入研究，旨在为基础教育阶段学校体育教研队伍建设提供有益参考。本书的研究意义主要体现在理论和实践两个方面。

1.2.2.1 理论意义

第一，能够为中小学体育教研员研究领域的深化和延展提供较之以往不同的视角参考。中小学体育教研员胜任力关键要素识别与应用研究既属于体育教研员研究范畴，也是教研员研究的重要组成部分。然而，由于我国中小学体育教研员的相关研究历史较短，且研究者的研究视野较为宽泛，缺少具有时代性和价值性的研究成果。本书站在中小学体育教研员如何胜任体育教研工作的视角上，以具体可行的方式探索中小学体育教研员胜任力的关键要素及其应用，这与传统研究范式相比有了一定的突破，对拓宽中小学体育教研研究视域具有积极的推进作用。

第二，能够为中小学体育教研员的专业发展提供一个来自胜任力取向的概念框架。众所周知，独具中国特色的体育教研制度在国际上绝无仅有，且在我国已经存在了近 70 年，但国内对中小学体育教研员专业发展和素养提升的研究大多集中于新课程改革的 10 多年间。随着基础教育阶段学校体育的快速发展，中小学体育教研员的价值效用和角色期待越发凸显，对其专业发展进行深入探讨将具有十分重要的学术价值和实际意义。本书从胜任力的角度构建了中小学体育教研员专业能力提升的要素框架，能够为新时代中小学体育教研员的专业成长提供一个全新的方向。

1.2.2.2 实践意义

第一，能够为中小学体育教研员的角色认知、职能理解与胜任力提升提供现实借鉴。当前针对中小学体育教研员的研究大多偏向于对其角色和职能的内涵分析，缺乏对现实的关照以及对理论与实践关系的确证。本研究打破传统以经验总结、文献分析为主的研究范式，采用定量与定性结合的科学化研究手段，具体诉诸中小学体育教研员群体，不仅制定出了较高信效度的《中小学体育教研员胜任力水平调查表》，而且以大样本跨区域抽样调查的方式深入了解中小学体育教研员胜任力发展现状，在为中小学体育教研员研究提供工具的同时，也为其胜任力高质量发展提供了实践依据。

第二，能够为中小学体育教研队伍建设的遴选准入、专业培训、考核评价提供参考。教育部颁布的《教研工作意见》对新时代基础教育教研工作进行了全面规划和整体部署，进一步明确今后一个时期我国基础教育教研工作发展的基本方向，是新时代基础教育教研工作改革的根本遵循。本书以《教研工作意见》中的教研队伍建设为主要突破点，以中小学体育教研员胜任力关键要素识别与应用为聚焦内容，发现问题，提出问题，分析问题，进而有针对性地提出应对策略，这对加强和改进新时代学校体育教研工作具有重要的时代意义。

1.3 核心概念界定

1.3.1 体育教研员

教研员制度自诞生以来，与我国基础教育的发展历程形影相伴，对我国基础教育质量的提升起到了积极的促进作用。教研员作为一种约定俗成的称呼，截至目前并未产生具有统一性的界说。例如，李先民等（2011）基于教研员所在的教研机构将教研员界定为："在省级及省级以下教育行政部门内的教科研机构中，专门从事教育教学咨询、研究、指导和服务等专业职能的技术人员"。[14]公伟庆等（2013）基于教研员的工作内容将教研员定义为："省、市、区三级教学研究机构中专门从事教材、课程、教学、考试等研究的人员"。[15]卢立涛等（2013）基于教研员的字面含义将教研员定义为："我国各级、各地教研组织中专职或兼职担任教学研究工作的人员"。[16]

体育教研员作为教研员的下位概念，是指我国基础教育阶段学校体育领域专门从事体育教育教学研究的人员[17]。我国各省（自治区、直辖市）、市、区（县）教育行政部门中设立的直属教育学院、教师进修学校和教研室中均有若干名体育教学研究人员[18]。在体育教研员这一群体中，根据工作内容的不同将其划分为专职体育教研员和兼职体育教研员两大类型。专职体育教研员是指在省、市、区（县）三级教研部门中以体育教学研究和体育教学指导为本职工作的专门人员；而兼职体育教研员则是指兼具学校体育教学和教研部门体育教研工作的人员，是以学校的体育教学或管理为本职工作，并被体育教研部门临时聘任的体育研究和服务人员。在人才的遴选上，体育教研员通常是从体育教师队伍中选拔而来，体育教育素养深厚、体育教学经验丰富、体育教学能力突出是其选拔的标准之一。由此来看，体育教研员群体具备体育教学研究、指导、服务、协调、组织等综合性能力[19]，是距离学校体育、体育教师、体育教学实践最为接近的专业指导队伍。整体来看，体育教研员应是体育学科专业功底深厚、体育教学实践经验丰富，能够研究、引领、组织、协调、管理体育教师开展体育教学研究工作，对中小学体育教师的专业发展和成长起到不可替代作用的关键人。

综上所言，通过对体育教研员职业的理解，对体育教研员概念的界定无论是出自何种视角，都肯定了体育教研员是最为贴近中小学体育教育实际、最为了解基础教育体育教学真实情况的教学研究群体，其需要具备综合性能力和体育专业素养。同时也凸显了体育教研员作为我国特有职业群体的本土特性，从根本上为我国基础教育体育教学质量的跃升提供了专业支持。

1.3.2 胜任力

胜任力（Competence）作为外来词，其源于拉丁语[20]。构建胜任力剖面图（Competency Profiling）对一名战士进行属性说明和标准划分是古罗马时期对胜任力概念的主要使用指向。在罗马时期以后的历史发展中，胜任力逐渐演化为衡量一名领导人应该具备哪些品质以及优秀与否的重要标准，因此成为领导学的一个重要研究领域。19 世纪末，人们开始科学地研究胜任力的相关特征并应用于实践[21]。20 世纪初，“时间—动作分析（Time and Motion Study）”首次被称为管理科学之父的泰勒（Taylor）提出，成为人力资源管理中胜任力方法的最早思想[22]。此后，胜任力被运用到个体差异心理学研究领域，例如动机、个性、生理、智力等方面[23]。20 世纪 70 年代初期，美国为了选拔出更加优秀的外交官，特邀请哈佛大学的麦克莱兰教授制定出比较合理、有效的外交官选拔方法，自此基于胜任力框架的测试代替了传统以智力因素为基础的外交官选拔办法。并且，麦克莱兰教授在1973年发表的《测量胜任力而非智力》一文中正式界定了"胜任力"的概念，他认为："胜任力是指那些与个体工作或工作绩效直接相关的特征、动机或能力等，使用胜任力可以对个体实际的工作绩效进行较为准确的预测"[24]。此后，在经过1982年出版的《胜任的经理：一个高效的绩效模型》一书的推广传播，由胜任力构建的人才选拔程序开始在美国、英国等西方发达国家企业的人力资源管理中被广泛使用[25]。截止到目前，在企业和组织管理工作中，胜任力模型和理论的应用已屡见不鲜，它已经由当时的辅助性识别工具，发展为一种目标明确、效力强大的诊断系统。

伴随着有关胜任力探索的日臻深入，人们对"胜任力"的概念认识也越发深入，其中"Competence"和"Competency"是两种主要表达方式。"Competence"意指人们应该能做的事情，而不是做事情时的实际表现[26]，主要被用来对组织的特点和工作特性进行说明，常与国家标准、职业资格、管理议案相联系。而"Competency"强调的是个体绩效的外显性行为，认为胜任特征是保证一个人对工作胜任的外显行为[27]。可见，"Competence"倾向于从某些特定岗位或组织所需具备的条件和特质出发，是一种应然状态；而"Competency"更倾向于从个人实际做了什么出发，是一种实然维度状态[28]。尽管两者的表述和内涵具有某些差异，但若从"人—职匹配"理论的视域出发加以考察，二者也能达到某种层面的统一。

由此认为，教研员胜任力（Competence）是指在专门的教研单位或部门中，作为学科教学负责人组织区域内各种教研活动时所需具备的综合能力。教研员胜任力可以是自我形象、动机、态度或价值观等众多内隐性特征的表现，也可以是教研领域中知识、理论、认知或行为技能等一系列外显性特征的显露。换言之，任何能够被可靠计数或测量，并且能显著区分教研员岗位中一般与优秀绩效水平的特质都是教研员胜任力。本书中小学体育教研员胜任力关键要素的识别与应用，是为了凝练与辨别出中小学体育教研员能够有效胜任体育教研工作所需的核心特质，并进一步验证与考察所识别结果的科学性、合理性和准确性。

1.4 相关研究动态

1.4.1 基础教育教研制度的发展历程

中国教育历经千年，与之伴随的教育研究也是如此。作为一种特殊的社会组织形态，中国特有的教研制度直到19世纪末才开始崭露头角。这种独有的制度经历了萌芽、雏形、初创、发展、挫折、恢复、规范和完善等历史演变过程，已经成为新中国教育领域的独特现象。

1.4.1.1 萌芽期（春秋战国至清朝）：历史沿革

中国的教研制度最早可追溯至春秋战国时期，当时的中国已产生了专门的官办政府智库、社会科学院以及高等学府。南北朝时期，又增设总明观，设儒、玄、文、史四科，这些学馆兼具了藏书和教研职能。隋唐时代，中央开始谋划设置太卜署、司天台、太医署等机构，用以综合行政、学校和研究的职能。以上机构的产生和出现，虽然在一定意义上能够体现中国的学术制度在封建王朝阶段就已初见端倪，但并不意味着这是一种专门的教研体制或专门的教研管理机构。由隋唐至清朝末期的一千多年间，除了国子监成立“教科书编辑发行中心”负责教科书刊印管理外，并未设有其他专门的教研机构。从现代意义上讲，以教育为目的进行的研究需要教育的心理、知识和技能各要素的入脑入心，甚至包括教育原理、教材、教育政策等方面的研究。可见，在20世纪以前中国并没有真正出现或产生教研制度。

1.4.1.2 雏形期（清末至1948年）：启旧呈新

清朝末期，国家独立的教育行政单位及其附属的相关研究机构的设立标志着中国教研制度显现雏形。由此带动并形成了以专门的教育机构和学术管理系统为架构的教研体系雏形。具体表现为，1905年清政府颁令设置学部，在学部内部设立实业司实业庶务科和专门司专门庶务科，并围绕学部附属设立京师督学局、编译图书局、高等教育会议所等一系列教育辅助机构，其后又奏定了相关章程，并在府、州、县设立教育会分会。1911年，中国借鉴日本的教育形式成立了中央教育会[29]。这是中国历史上设立的第一个政府附属研究机构，等同于现在的中央教育科学研究院。教育行政部门与其内设的各研究机构具有教育学术管理的权责，重大教研项目立项也主要由中央和教育行政部门直接指定，其主持人也主要由机构的行政官员担任。但这仅是中国教研制度的雏形，真正的规范体系尚未构建完成，还没有形成体系化的制度保障。

1917—1926年，学校教研制度、大学教员评聘机制、学术权威维护与学术自由保障逐渐走向制度化。1927—1936 年，随着教育的制度化建设，中国的教研制度逐渐趋于“成熟”，标志性的内容包括：一是在大学院内设立学术研究院，具体有国立大学、中央图书馆、中央研究院等；同时平行设置了教育委员会作为全国最高评价学术与管理质量的权威机构。二是设立教育处主管各种学术机关事项和教育会议事项。三是成立教科书和教材审查会来统筹领导编审教材的各项具体事宜。总体看，该阶段为中国教研制度的初步建立期，政府通过各种强化与督导措施，促使教研制度逐步走向正规化。此后抗日战争全面爆发，教育调整成为这一阶段中国教研制度的主题，国民政府继续沿用以上政策，称“非战时教育之必大有异于平时也”[29]，并建立了院士制度，设立了教育研究和学术审议委员会等。与此同时，中国共产党在当时所实施的教研制度主要是侧重于编订各种救亡读物与教科书教材。

1.4.1.3 初创期（1949—1956 年）：从无到有

中华人民共和国成立以后，教研体系又以一种崭新的独立形式出现，受苏联教育影响，集体备课制度作为中国教研制度最早的表现形式在这个时期诞生了[30]。同年 10 月，上海市教育局为加强教学研究、改进教学工作增加设置了教育研究室，简称“教研室”，主要职责是审编各级各类教育刊物和教材教科书。又在教研室下设立了文史地组、自然科学组等各科教学组。同期，各省教育局从教师队伍中抽调出有经验的教师组成小学教研组，开展相应的教研工作。此外，不少省市组织团队赴苏联学习访问，为教研室建设吸收了有益经验。1949 年 12 月，中央人民政府教育部组织召开的第一次全国教育工作会议指出：“老解放区的新教育经验是新中国教育建设的主要基础，要从中吸收某些有用和有益的经验，尤其是苏联教育建设的先进经验，我们要积极借鉴和参考”[31]。在大会中提出了一个重要的举措，即在教育行政系统内部首先建立专门的教学管理组织，具体部署和主持与教学相关的工作。

1952 年 3 月，教育部相继颁布了《小学暂行规程（草案）》和《中学暂行规程（草案）》两部代表着新中国教研制度正式建立的标志性文件。文件对小学和中学教研工作的各项内容进行了详尽的规定和指导，其中涉及组织架构、工作目的、工作内容等。在两部文件的规程指导下，各地区中小学教研组织相继建立，但具体称谓有所不同。

1955 年 11 月，《人民教育》刊登的《各省市教育厅局必须加强教学研究工作》中指出：为了使教学研究成为厅长和局长领导教学的强有力助手，各省市要独立设置教学研究室，这样做不仅可以集中人力资源，也便于培养专业干部[32]。此后，各省、市、县教研机构相继成立，虽然成立时间与机构名称不同，但在主要任务和操作程序方面基本趋同，都隶属于教育厅或教育局，其教研人员的编制、经费预算等方面也都由教育行政部门统筹规划。

1.4.1.4 发展期（1957—1965 年）：自主探索

1958 年，“大跃进”运动引发了我国的“教育大革命”，学制被大量压缩减短，课程也被逐渐精选简化，并大量增加开设劳动课程[33]。1957 年 1 月，教育部颁布了《小学教学研究组工作条例（草案）》《中学教学研究组工作条例（草案）》，这进一步规范了教研组的性质、定位、任务和工作内容，标志着教研组向专业化迈出了重要一步，促进了教学研究质量的不断提升[34]。同时，全国各地区教研部门的规模逐步扩大，相关教研机构的设置也日臻完善，工作职能和工作任务也变得更加清晰。在这一时期，各省的教研机构相继组建完成，省级以下各级教研机构也相应组建起来，形成了较为完整的教研体系。总体而言，各个地区教研部门在逐步扩大建制规模的同时，也相继制定和颁布了一系列内部管理条例，而中国的教研机构也在逐渐探寻并形成具有中国本土特色的教研制度，这为新中国教育质量的快速提升提供了有力保障。

1.4.1.5 挫折期（1966—1976 年）：陷入低谷

“文化大革命”中“停课闹革命”让教研制度建设陷入低谷、教研活动停滞、教研室闲置[35]。随着“复课闹革命”的发起，小学教育的突然恢复促使了各种教材编写组的形成，让一些教研工作者得以在教材编辑组或教材编辑处的名义下尝试指导教师教学[36]。例如，1966 年上海市教育研究处被撤销；1967 年，上海市教育局革命委员会成立了教材编写组，开始组织策划编写 1968 年的中小学教材；1969 年，山东省革命委员会政治部建立教育组，针对当时的教材需要，连续三年调集教研力量组成临时性的教材编辑组实施组织编写教材；1972 年，山东省革命委员会政治部正式批准成立山东省中小学教材编辑组。这一时期，由于新的教学大纲和教学计划尚未出台，现有的教学大纲和教学计划被废止，所以在基本学制、任务要求、教学内容等方面各省、市、区（县）并未形成统一，致使学校教育管理在这十年基本处于“无序”状态。但到“文化大革命”后期，各省、市、区（县）的教研部门开始陆续重建，教研室建设才有了复苏的迹象。

1.4.1.6 恢复期（1977—1984 年）：重整旗鼓

“文化大革命”结束后，恢复教学秩序和整顿教师队伍是基础教育面临的第一要务，统一教学大纲和教学计划迫在眉睫，由国家指导下的统一化教学大纲、教学计划和教材实施路线基本完成[37]。进入 20 世纪 80 年代，随着改革开放思想的实质性确立和实施，教育行政部门集结各领域教育专家，开始重新调整和修订课程大纲，形成新的课程和教材审定制度[38]。另外，在 1977 年恢复高考制度后，提升中小学的教育质量问题逐渐成为全社会的关注重点，在此形势下，如何安排考试以及如何组织考试成为基础教育教学管理的核心工作和焦点工作。为此，各级各类教研部门开始围绕考试研究、考务组织、试题命制等方面开展工作。与此同时，全国各地以教研组为主要教育教学管理模式的教研部门陆续得以恢复，在职人数超过 10 万人，教研网络基本构建形成。在此形势下，教研部门的机构设置主要有三种方式。

其一是单独设置教研部门，如山东、山西、上海、天津、江苏、广东等地。

其二是作为隶属于教育学院的专职研究管理部门，如北京、湖北、东北三省等地。

其三是与教育科学研究部门（教科院、教科所等）合二为一，成为教科院或教科所工作职能中的一部分，如四川、河北、安徽等地。

虽然，教研机构部门在设置形式上具有细微的区别，但其工作的专业性和权威性却未体现出明显的差异，都是各地教育行政单位部门依托的主要业务力量。

1.4.1.7 规范期（1985—1999 年）：壮大完善

在基础教育课程改革的大背景下，国家教育委员会加强了对各级教研机构的关注度，组织召开了多级别的系列专项工作会议，并发布了多项重要的系列性指导文件[39]。1986 年秋，全国中小学教材审定委员会组织召开全国教研室主任会议，重点对 1985 年前教研室的各项工作进行了回顾和总结。会议高度评价和充分肯定了过往教研工作的突出贡献，并实施了三项有力的举措。

其一，狠抓教研室主任培训，提高管理水平，并搭建了沟通合作交流平台。

其二，以工作指导和视察的方式开展教研工作评估，提高监督力度和促进各级各类教研室的规划和建设。

其三，国家教育委员会在 1990 年发布了《关于改进和加强教学研究工作室的若干意见》，进一步明确了工作要求，将其工作职能的重点定位在教学研究、教学指导及教学管理三个方面。

后续，各省、市、区（县）教研部门根据国家教委文件要求制定了各省的教研工作指导文件，进一步明确和规范了教研工作任务。另外，地区之间的教研联系也逐渐得到形成和加强，比较具有代表性的包括直辖市教研组织建立了暑期研讨交流机制等。

1.4.1.8 完善期（2000 年至今）：深化发展

2001 年，教育部颁布《基础教育课程改革纲要（试行）》指出：教研机构作为我国基础教育课程改革的中坚支撑力量，在教学研究、教学指导和教学服务等方面应发挥积极的作用，把基础教育课程改革作为本部门的重点工作[40]。可见，在基础教育课程改革纵深推进的时代背景下，教研部门的工作责任、工作成效愈发受到关注，教研部门在新课改中的地位日益彰显。

2019 年 11 月，教育部颁布的《关于加强和改进新时代基础教育教研工作的意见》，是我国第一个有关基础教育教研工作的纲领性政策文件，其内容首先高度肯定了教研工作在服务教育决策、促进教师发展、指导教学实践、推进课程改革等方面不可替代的重要作用。同时也指出了目前教研队伍不健全、教研方式不科学、教研机构不完善、教研保障不到位等存在的种种问题，并提出了进一步加强基础教育教研工作队伍建设、深化教研工作改革、完善教研工作体系、完善保障机制等改进意见。此政策的颁发为我国教研体制的完善、教研任务的安排及教研工作的改革与发展提供了极为重要的前进方向和政策保障[41]。另外，在教育行政部门的体制改革中，部分地方教研部门的隶属关系也发生了一定的变化。例如，隶属于北京教育科学研究院的北京教育科学研究院基础教育教学研究中心，其前身是北京市教育局教学研究部，自 1996 年改名后，其具体职能也发生了很大的转变。

1.4.2 中小学体育教研员的角色定位

自 20 世纪 50 年代我国形成并建立教研制度以来，不同时期的教研员承担起了不同的岗位职能和工作职责，为我国基础教育质量的提升和发展贡献了重要力量[42]。考虑到中小学体育教研员作为十万基础教育教研员群体的重要组成，在角色定位上与教研员整体队伍具有较强的一致性和同质化，所以在讨论中小学体育教研员的角色定位之前，有必要对基础教育教研员的角色和职责进行一个简单的梳理。

1.4.2.1 基础教育教研员的角色认知

《关于深化教育教学改革　全面提高义务教育质量的意见》作为中共中央、国务院于2019年下发的指导教育教学改革的重要文件，其文中指出：新时代教研工作的加强需要通过明晰和理顺教研管理体制，完善和改进五级教研体系，明确和健全中小学教研员的工作职责、行业标准、遴选准入、考核激励和专业培训，更好地发挥教研在基础教育中的重要作用[43]。由此可见，教研工作已引起国家的高度重视，教研员需要专业的标准来引领，而标准的出台需要在明晰教研员角色定位的基础上进行。教研员的角色定位决定着教研员工作的方向、任务和价值，也对教研员应具备的专业素养、能力、知识结构等提出了更高标准的要求。但是，通过对已有的关于教研员角色定位问题的文献梳理发现，现阶段学界对教研员角色定位的认识不同，研究结论尚未达成统一。

《关于改进和加强教学研究室工作的若干意见》作为针对教研室改进和加强的专门性文件，突出强调了教研员在开展教学研究、指导教师发展等方面的工作成绩和突出贡献[44]。文中特别说明了教研员的角色主要体现在教学研究、教学指导和教学服务三大方面，且在这三大方面中承担起了发展服务者、政策执行者、课程设计者、专业组织者、经验推广者、教改引领者及教材建设者等一系列工作职能[45]。

如果从课程与教学研究员的角色定位来看，教研员还是教育教学实施和实践的研究者与探索者，是一线教师专业成长和专业发展的合作者与支持者，是改革落实和改革推进的引领者和助力者。这是因为，如果教研员在成为教研员之前是一位特别优秀的奋斗在一线的教师，那么他在成为教研员的初期就能较好地适应体育教研员的角色，指导一线教师成长，与此同时，也能很快进入教研工作的状态。反之，如果教研员做教师时期的课堂教学水准一般，或者从事教学的经历和经验缺乏，那么，新手教研阶段也会随之较长。即使教研员在教研成长初期存在一些先天的不足和短板，但如果能够通过各种方式来提升个人的能力，包括引领能力和指导能力，也能在能力的提升过程中逐渐树立起自信和威信，由此逐渐得到一线教师的认同和认可。除此之外，教研员还要根据本地区的实际与需求来整合多方力量和资源，并以国家课程资源为着眼点，设计地方课程和培育校本课程，进而为一线教师的成长提供平台和做好服务。

如果从专业发展指导者的角色定位来看，教研员是教育教学开展过程中极为重要的质量促进者，包括指导综合实践与校本课程、指导学校课程的整体规划、指导教师的教学与评价等一系列内容。在配合教育行政部门工作、执行教研机构任务、提升本地教育教学质量等方面，发挥着不可取代的重要作用，具有存在的必要性。同时，教师实践中面临的诸多困惑也都需要教研员帮助解决，如教学经验不足无法做出正确预期、理论不适应具体的教育实践环境、教材理解不够透彻影响学生的学习效果、课堂管理水平有待进一步提高、教学效率需要进一步完善、无法客观和全面地评价学生的学习情况等。这些都需要教研员以田野式指导的方法去协助一线教师解决实际教学过程中出现的问题，切实帮助一线教师提升能力。

如果从教研组织服务者的角色定位来看，教研员作为各地区教研组织和基础学校之间的服务者和协调者，需要具备指导、交流、表达、组建与维系团队的领导能力，才能够为教师的成长搭建平台，为教师的培训活动统筹设计。具体体现为，在明晰教研活动理念的前提下管理和处理教研事务，有目的、有计划地组织并实施满足教师期望的教研培训活动等，这都需要教研员具备整合区域教研资源和寻求基层学校支持的能力，以及人员安排、传播信息、与各类人员沟通和协调的能力。同时，教研员的协调服务角色还在收集教学经验的过程中得以体现，即教研员将所在地区一线教师的教学问题收集与整理，通过统计分析和数据分析等方法，基于调研结果最终形成区域研训活动主题。

1.4.2.2 中小学体育教研员的角色定位

教研员群体是基础教育教学研究、指导及服务的责任人和落实人，负责各个学科的教育教研、教师培训及竞赛评比等常规性工作和学科发展工作。同样，中小学体育教研员也是具有指导体育教学、从事体育教学科研的队伍。这支队伍的成员多数出身于一线体育教学能手和专家，是所在地区中小学体育的“领路人”。

我国的中小学体育教研员和整体教研员队伍相类似，在隶属于各级教研部门的情况下，也主要分为三个级别，即省（自治区、直辖市）级、地（市）级及县（区）级。若从历史上看，其主要角色如下。

中华人民共和国成立至20世纪60年代中期，中小学体育教研员的角色定位主要是体育教师培训者与体育教材编写者。编写体育与健康课程教材、培养中小学一线体育教师、开展各种体育教学实验以提升体育教学质量是该时期学校体育的关键任务。在这一阶段，我国基础教育学校体育中教师队伍建设及体育教材编写是急需解决的难题，而中小学体育教研员在其中发挥了重要的作用。首先，中小学体育教研员通过举办教师专业成长讲座与体育教学工作会议等方式，把其总结的优秀体育教学经验加以推广，进而为中小学一线体育教师的成长提供助力；其次，中小学体育教研员基于深入调查、全面收集有关数据，立足当地中小学体育教学实际，编写相关体育教材和教辅资料，进而为学校体育的开展提供材料支持；最后，中小学体育教研员通过组织和开展学制改革实验、教学改革实验及教具改革实验，有效疏解各种体育教育教学难题，进而促进我国基础教育阶段学校体育质量的提升。

“文化大革命”时期，中小学体育教研员的角色定位主要是体育教材编写者与体育教学研究者。此阶段，“以阶级斗争为纲”使我国中小学教育事业遭遇了中华人民共和国成立以来最为严重的打击和破坏，教育系统几乎处于瘫痪状态。这一阶段，各地中小学体育教研机构和组织停摆，体育教研活动多流于形式，常规教研活动难以正常开展是常态。后来，随着教育革命的开始，基础教育阶段学校体育教育教学活动正常有序开展所面临的主要难题是缺失的中小学体育教材。在这种形势下，中小学体育教研员肩负起了解决教材编写、教学辅助资料制定、课堂教法研究等问题的重要使命，他们带领中小学一线体育教师开展各种体育教育教学改革实验，使我国基础教育阶段学校体育事业在特殊时期仍然有所进步和发展。

20世纪70年代末至80年代中期，中小学体育教研员的角色定位主要是体育教学研究者与体育教师培训者。随着“拨乱反正”的开启及我国改革开放伟大实践拉开帷幕，我国的基础教育发生了一系列轰轰烈烈的变革，学校体育也受其影响逐步得到了恢复和发展。随着各省市区体育教研机构和组织的重建，也带来了新一轮的体育教育教学研究热潮，中小学体育教研员重新返回体育教育的舞台。在这一阶段，我国学校体育所面临的主要任务有三方面：一是统一学制、教材、教学大纲和教学计划；二是提升一线体育教师的整体素质；三是组织、实施并推广体育教学研究和实验。中小学体育教研员的工作就是在围绕上述任务的同时展开，具体包括：一是结合中国国情、立足地方发展、统筹有利条件，编写体育与健康课程教材、设计体育教学参考用书、拟定学生体育指导手册等；二是基于体育与健康的指导思想、基本理念，多层次、多形式、多方案地开展体育教学指导活动；三是以专业发展研修活动为抓手，提升一线中小学体育教师的综合水平，并大力培养一批中青年体育教师；四是积极开展体育教学研究和实验，加强理论与应用的结合与转化，对优秀成果进行总结、推广和宣传。

20 世纪 80 年代后期至 90 年代末，中小学体育教研员的角色定位主要是体育教师培训者与体育教改引领者。《中华人民共和国义务教育法》的颁布，开启了我国基础教育的全新征程，九年义务教育教材成为中小学教育的纲领性教材，同时面对中小学生课业负担的日益加重，党和国家开始倡导并逐步推行素质教育。在这一阶段，“普及九年义务教育”“实行素质教育”成为该时期的核心词汇及重要任务，学校体育也在素质教育的极力倡导中愈发重视。与之相对应的是，我国中小学体育教研员的角色任务也发生了一系列与时俱进的转变，具体包括：首先，为统一全国的体育与健康课程教材，中小学体育教研员主持或参与了相应的教材编写，为提高体育与健康教学的质量，中小学体育教研员进行了相关的教改实验，为各地能够吸收更为先进的教学经验，中小学体育教研员进行了优秀经验的总结与推广；其次，为对中小学一线体育教师进行专业培训和专业引领，提升一线体育教师的体育教育教学能力，中小学体育教研员组织开展体育专家讲座会、优秀体育课堂观摩会等活动，筹划举办教学竞赛和教学评比等赛事；最后，为保障素质教育真正落实、落细和落出成效，中小学体育教研员调整了体育教学的内容、丰富了体育教学方法、加强了体育课堂指导，同时还承担起了诸如体育中考等体育考试的研究与评价工作。

21 世纪初至今，中小学体育教研员的角色定位主要是体育政策研究者与体育课程领导者。随着 2001 年颁布的《基础教育课程改革纲要（试行）》广泛实施，我国第八次基础教育课程改革的宏大序幕得以揭开。在这种时代背景下，中小学体育教研员的职业角色和岗位职责也必定会随之发生一系列的转变，包括成为推进学校体育课程改革、贯彻学校体育课程理念、保证学校体育质量提升的中坚力量，进而发挥出中小学学校体育教学研究、学校体育教学指导和学校体育教研服务的关键作用。2019 年 11 月，教育部印发的《关于加强和改进新时代基础教育教研工作的意见》，对基础教育教研员多方面的工作进行了充分肯定，同时还指出中小学教研员在下一步的工作中所承担的“四服务”任务，具体为服务教育管理决策、服务学校教育教学、服务教师专业成长、服务学生全面发展。总而言之，在这一阶段，中小学体育教研员的工作基本是围绕新课程改革而进行的，包括以国家宏观政策为指引，制定出具体可操作的符合本地域实情的体育与健康课程实施方案；以体育教学研究为牵引，指导体育课程实践，进而推动和深化体育与健康课程改革；以引领体育教师成长为导向，开发一线体育教师专业提升资源，进而帮助中小学一线体育教师专业化发展。

1.4.3 胜任力的特征与识别方法

1.4.3.1 胜任力的内涵与特征

从上文概念界定中可以发现，自“胜任力”被麦克莱兰教授创新性地提出后，众多学者从不同维度对“胜任力”这一概念进行了不同的应用和说明[46]。正如让·詹姆克（Ron Zemke）所说：“胜任力是个难以下定义的术语。”[47]但在对“胜任力”的不同界定中，具有两个共同的指向：其一，不管是面向普通员工队伍也好，还是针对管理者群体也罢，胜任力都是指向具体的人。正如肯德尔（Kendall）和罗林斯（Rollins）所说的那样：“不论技术如何的变革与发展，人一直是并且永远都将是一个系统或组织的核心。”[48]其二，胜任力是一个与环境密切相关的概念，也就是说，“如果脱离了具体语境，则无法对胜任力下出准确定义。”[49]不难发现，胜任力是一个关系到心理学、管理学等学科的研究课题，其所涵盖范围比较广泛，从外显的知识、技能，到内隐的态度、动机等。由此对胜任力的内涵作出如下诠释。

胜任力是综合特质与能力的集合体。胜任力的组成在包括知识、态度和技能等人们通常理解的能力的同时，还包含个体形象、价值观念、问题发现等人们通常所忽视的较为高级的能力。这也就表明，胜任力所涵盖的能力范畴非常广泛，所囊括的胜任力要素非常丰富。我们可以把这些能力特质归纳为以下两类：一是知识与技能类，这类胜任力特质包含人们通常广泛关注的要素；二是态度动机与价值观念类，这类胜任力特质属于潜在的、隐性的能力，是人们容易忽视的要素。前者，人们直接用于预测个体在未来岗位工作中的期望和表现；后者虽然隐匿不易被觉察，但其重要程度远远大于知识与技能类显性能力。总而言之，胜任力是从相对综合的角度看待和评价个体的能力，包括显性和隐性两个层面。

胜任力的价值体现在对卓越目标的追求和优秀绩效的达成，这也是其之所以能在知识、态度和技能的围困中得以突围的重要原因之一。正如部分学者所论述的：作为基础性能力的知识、态度和技能一般只能满足个体工作的基本需求和基本任务，也就是满足个体工作的门槛条件，即在“能做”这一层面达成工作的目标，但胜任力要实现的是个体在工作中优秀甚至卓越，即在“做好”这一层面上达成工作目标，所以二者之间具有本质性的区别。从这个角度来看，胜任力作为综合特质与综合能力的集合体，同样也是核心特质与关键能力的集合体，追求优秀绩效和卓越目标的达成实现，同时往往需要个体作出很大的付出和努力。

胜任力与职业或岗位之间密切相关。胜任力的核心内涵体现为符合岗位的资格要求和职业的预先设置条件。从这一点可以看出，胜任力与工作岗位或工作职业之间具有密切的关联性。换言之，在岗位不同或职业不同的基本前提下，工作条件和工作需求也必然会保持一定的变化，这就会对从业人员所应具备和所应具有的胜任力特质有不同的要求。同时，胜任力的核心内涵也在说明，尽管胜任力是特质与能力的综合集合体，但只是与岗位需求和职业要求密切相关的特质与能力，而非涵盖所有特质和能力的集合体。正因如此，通常会把个人的胜任力作为人力资源领域中人事管理和人事安排的重要依据和有益参考。以上阐述足以见得，某一岗位或者某一职业的胜任力特征或胜任力关键要素，可以采用科学、合理、规范的针对性测量与评价。

胜任力与外在的环境密切相关。在胜任力众多密切的决定性因素中，不但包括某一岗位或职业，而且包括社会文化氛围和物理环境条件。通俗地讲，胜任力及其要素不仅会因职业或岗位的不同而产生某些变化，还会因地域、时期、实现目的及文化背景的不同而产生某些改变。例如，就教师这一职业而言，现代教师与古代教师相比，在胜任力的信息化方面具有很大差别；我国教师与欧美教师相比，在胜任力的需求维度具有一定差异。因此可知，发展中、动态变化、具有较强的情境敏感性也是胜任力的内涵之一。

胜任力是特定条件下的个人竞争力。综合以上对胜任力所做出的四个方面的剖析与说明，可以相对综合地、具体地、全面地概括和展示出胜任力与个人竞争力之间的通融性。即胜任力所面向的是个体在社会组织中具体岗位的需求和条件，其水平如何不仅涉及能否满足岗位需求和职业标准，还关系着个体在岗位或职业中内在性的或者主动性的自我提升和自我发展，更关系着某一组织和团体整体目标和预期绩效的完成与实现。可以说，个体的胜任力水平实际上展现在了他在具体组织、岗位和工作上，与同行业人员或同部门同事之间的竞争力水平。

同时，在众多学者的不同视角下，胜任力还体现出以下七方面的特征。

一是多元性。胜任力是指与某一职业岗位和工作密切相连的能够显著区分优秀绩效者和普通绩效者的个性特质的集合，这个集合不仅包括知识、技术和技能等要素，还包括态度动机、社会角色和价值观念等要素。这些要素综合地影响个体的岗位绩效或工作表现，而非单独和孤立地发挥作用。

二是层次性。正如上文所论述的，胜任力的构成要素既包括知识与技能类的显性能力，还包括态度动机与价值观念类的隐形能力。在这些知识、理论、认知、行为技能、自我形象、动机、态度、价值观等众多构成要素中，依据其所体现的内容和性质，划分为不同层次的胜任力族群。

三是稳定性。从整体角度看，知识与技能等胜任力要素虽然会产生一些变化，但像态度、价值观等胜任力要素在某一时间内会保持相对稳定的状态。也正是因为胜任力所具有相对稳定性的特征，有关胜任力的水平测量、维度评价和要素发展才能变得可能。

四是动态性。上文已经说明，胜任力会因社会文化氛围和物理环境的改变而呈现出一定的动态性。但胜任力的动态性相对于稳定性而存在，二者之间并非矛盾关系，而是不同条件下的差异化表达。也正是由于动态性能够作为胜任力的特征，发展个体的胜任力水平才能得以实现。

五是有效性。胜任力的有效性体现在对“成功”的有效性。胜任力包含了浅层次和深层次中的诸多要素，但并不是当事者所具有的所有胜任力要素都可以称为“成功”的胜任力要素，只有那些与工作岗位或组织有直接关联并能够真正产生绩效的要素才可产生有效性。

六是综合性。胜任力中既包括个体或群体外显的要素，也包括个体或群体内隐的要素，换言之，任何与工作绩效密切相关的、作用于特定个体或群体的、从动作技能到行为表现以及人格特征的统一体都是胜任力所蕴含的要素，其构成十分丰富和复杂。从这一方面来看，胜任力又具有鲜明的综合性特征。

七是可观察性。通过科学的方法采取合理的途径评判个体是否具备了某种胜任力以及其所具有的胜任力水平就是胜任力的可观察性特征。例如，可以通过个体的行为评价其所具有的成就动机。也正是由于胜任力所具有可观察性特征，个体才能够根据自己在岗位或工作中的表现来衡量自身的胜任力水平。

1.4.3.2 胜任力的识别方法

既然胜任力呈现出了关键要素综合、涉及方面多元、指向目标卓越、对情境高度敏感、稳定和动态并存、可观察可测量的内涵与特征，那么整理归纳出胜任力关键要素的筛选与确定方法也就成为研究关键。经文献梳理发现，常用且典型的胜任力关键要素识别方法主要包括行为事件访谈法、关键事件访谈法、工作分析法、专家小组访谈法、问卷调查法等，在具体的实施过程中，学者可根据研究对象之间的差异和可供选择资源的多少，以及每种操作方法本身所具有的实际特点进行判断性选择，如表 1-1 所示。其中，以麦克莱兰的胜任力模型构建为基础，经由斯宾塞（Spencer）等人进一步完善与发展的行为事件访谈法（Behavioral Event Interview，BEI）是目前全球影响范围最广、使用人数最多的一种关键要素识别方法。行为事件访谈法作为一种开放式的行为回顾调查法，紧密结合了“主题统觉测验”技术，经过对被访谈对象典型行为的一系列深度挖掘，从中收集普通绩效者和优秀绩效者在典型事件中与行为结果直接相关的具体行为和心理活动的详细信息。

表 1-1　胜任特征数据收集常见方法比较统计表（Marrelli，2005）

研究方法	优点	缺点
文献研评	快速、简约、可以对相关职位的胜任特征概况进行初步获取	缺少实证性的检验，难以进行操作和把握
团体集中讨论	成本较低、速度较快、可获取的信息量较大，且具有一定的深度和广度	组织操作较难，耗时较长且分析难度较大，主观性渗透易导致结论发生偏离

续表

研究方法	优点	缺点
结构化面试	获取信息的途径更广，可从肢体语言等细节中捕获真实情感和态度，从而得到更加精准和更加全面的信息	对面试官信息获取技巧要求较高，在时间、人力上消耗较大，且数据分析较为复杂，存在面试官的主观情感渗透
行为事件访谈	能够为分辨出不同的胜任特征提供有深度的视角，能够为胜任力模型的构建提供参考依据和具体案例等	样本选择较小，消耗成本较大，对于系列职位的研究不适宜，且注重过去而易忽略未来以及其他一般性内容
调查法	成本较低、速度较快、获取信息较多，真实性较强，不受地域影响，且容易被接受、总结量化和研究分析	信息的收集较局限，无法把握被调查人员的理解情况，不适合开展开放性问题的调查且回收率往往偏低
观察法	获取的信息较为准确、全面和可信，能够为研究提供初级的支撑，产生优秀的导向作用	时间耗费较大，常会因样本较少而使准确度和可信性下降，观察者容易带有主观偏见
工作日志法	能够较为完整地记录被访问者的信息全貌，并补充观察法所存在的一些不足进而提供有价值的信息线索	长时间的工作记录容易发生残缺和错误等情况，且在分析和总结的过程中工作量较大且烦琐
胜任力特征专家数据库	简单、快速，能够为问卷调查、焦点团队访谈等提供初始性材料	由于社会文化、工作职责、组织环境等差异，胜任特征在准确性上往往较低

1.4.4 体育教研员胜任力的相关研究

目前，国家层面关于体育教研员的资质素养与专业标准并未形成一个明确、统一的规定与要求。有学者指出，体育教研员胜任力的关键要素是由多方面组成的，不仅要有深厚的理论素养、广博的学科知识，同时还要具有较强的研究能力、精湛的教学技能和熟练的组织能力。其胜任力要素可以划分为四个方面：一是专业知识，包括教育学、心理学等理论知识，系统全面的学科知识和经验性、实操性知识等；二是专业技能，包括教育研究的能力、教育教学的能力、运用现代教育技术的能力、组织协调的能力以及管理的能力等；三是专业心态，体现的是体育教研员的人生价值追求、教研工作态度，以及处理具体问题和突发事件时所表现出来的个性心理状态；四是专业智慧，包含体育教研员的知性智慧、理想智慧、情感智慧和实践智慧等。体育教研员要想更好地胜任本职工作，必须具备以上四个方面要素，才能逐渐成为理论基础深厚、实践技能精湛、研究能力突出、管理经验丰富的专家型人才。

首先，可以从对教研员队伍的整体把握中获得一些对体育教研员胜任力的初步理解与认识。王纬虹和代保民认为："教研员应注重提高五项能力：一是提升引领能力，成为教师队伍的精神旗帜；二是提升研究能力，成为名副其实的学科专家；三是提升培训能力，成为教育思想的演说家；四是提升推广能力，成为新教育思想的实践家；五是提升联合能力，做兼收并蓄、开拓奋进的创新家。"[50]刘旭东基于行动能力提升对教研员的能力发展提出："确立合乎教育本性的教学信念，对教学有深刻的认知和把握；对生活要有深刻的理解和感悟，拥有乐观向上的生活态度；具有深刻的反思能力，积淀支持其行动的知识基础；要有与人沟通交流的能力，具有较高的穿越边界的能力。"[51]刘敏以重庆市开州区为例，对区域教研员专业能力发展的体系构建与路径选择等方面做了一些概括和总结："提出科学的能力发展标准体系、及时的政策物质保障体系、有效的研训一体教育体系、合理的公开选聘使用体系四个协调配套体系；区级引领平台、片区帮扶平台、校级着力平台的发展路径三个平台。"[52]鲁沛竺指出："教研员的专业成长并不是一个多种能力综合发展随日渐增的线性过程，而是以教育研究能力为核心的、延续的、有逻辑的、符合职业成长规律的'能力'纵向序列，其中包括识别不同形态教育，理解不同形态的教育逻辑，联系不同形态的教育，构建不同形态教育之间的合理联系的四个层次，这四个层次是教育研究能力这一心理结构发展到不同阶段的外显，四者之间相互联系、依次递进。"[53]都建明和王羽左提出："教研员的专业发展除了靠他们自身的不断求索之外，还需要教育行政部门及教研机构的支持，具体方式包括'习力研究'的试点先行、给教研员分配指导教师科研的任务以及对教研员全员进行培训等。"[54]

其次，针对体育与健康学科教研员应具备的专业素养与胜任要素的研究略有涉及。北京市海淀区教师进修学校从教研员的专业精神、专业知识和专业能力3个维度、10项指标要素、20个基本内容提出体育教研员核心素养框架。这是目前针对体育学科教研员应具备的专业素养进行的比较全面的研究与探讨，尽管其内容具有明显的区域特点，但对认识体育学科教研员的工作内容、工作方式、工作场域，以及其所应当具备的素养与能力有着很大的帮助和借鉴意义。此外，俞文东认为："学习、研究和探索是体育教研员应具备的核心素养，是体育教研员能够带领区域教研发展和前进的基石。"[55]李玉荣与李巍提出："体育教研员的核心能力即是研究能力，这是由体育教研员的职业角色所决定的，体育教研员必须乐修、能研、善培，具体表现为：'研'是体育教研员必须有意识和有能力地去研究体育教育新思想、改革方向和教学问题；'修'是内驱力的激发，是自我提高和自我完善的环节；'培'是指专业的引领，也包括在培训别人的同时，实现自我的再提高。"[56]马杨旭指出："作为一个区域体育教师专业发展带头人的体育教研员，其德才水平直接关乎区域内体育学科的质量发展，体育教研员应具备原则要求、政治素质、职业道德、事业心责任感、教研能力、教学能力、运动能力、学习创新能力等八条专业素质。"[57]陈慧芳则认为："体育教研员是体育教学改革的践行者和推动者，他们作为体育学科的引领者，其工作的主要任务是进行体育课堂教学和体育课程建设的相关研究，为一线体育教师提供必要的专业性指导，为提升学生的体育素养贡献智慧。新时期体育教研员应具备的素养包括专业意识与专业情怀等崇高的专业精神，教师教育知识、体育专业知识、体育教学知识等扎实学识，体育资源开发、体育教学研究、体育课程建设、教学指导评价等卓越的专业能力。"[58]

通过对前人研究的梳理与分析可以发现，中小学体育教研员作为具有特殊使命和特殊职能的基础教育工作者，长期以来对于中小学体育教育教学的良性发展起到了重要的支撑作用。同时，从前文对胜任力内涵与特征的探讨中可以得知，中小学体育教研员的胜任力是指其在教研岗位中所展示出来的胜任体育教研工作的动机、态度、知识、能力和素养等要素的集合。这些要素因目标任务、教研方式、教研对象和教研环境的变化而转变，决定并体现出中小学体育教研员胜任力的特点。

1.4.4.1 中小学体育教研员胜任力具有全局性特征

学校体育想要办好，不仅需要中小学一线体育教师依据国家要求、根据学生实际"能教善育"，更需要中小学体育教研员的引领，站在全局的高度和整体的广度来思考、分析和解决所在地区学校体育发展和实践过程中所出现的问题。可能有些观点会认为："行政部门和业务部门之间的差异就体现在处理宏观事和具体事的不同，中小学体育教研员作为业务部门的成员处理具体的事就够了，不用站得高看得远。"[59]这种观点具有片面性。毛主席也曾说过："懂得了全局性的东西，就更会使用局部的东西，因为局部性的东西是隶属于全局的东西的”[60]。尤其在历史机遇与现实挑战并存的今天，新一轮的课程改革日益深化，新时期的学生体质健康问题仍旧严峻，学校体育的改革发展已迈入重要阶段，这更需要中小学体育教研员聆听时代呼唤、回应时代需求，以强烈的社会担当意识和敏锐的问题捕捉能力，置身于国家大环境和地方实际环境中去思考、去助力学校体育的高质量发展，用与时俱进的思想规划学校体育方向，用真实真切的情感帮助每一位体育教师提升和成长[61]。这就要求中小学体育教研员要站在“少年强则国强、体育兴则中国兴”的高度关注学校体育、关心体育教师、关注每一名学生，不断丰富和转变体育教研思想，更新和树立自己的教研观念，从而带领中小学一线体育教师迎接挑战、勇于攀登和奋发图强，领导学校体育驶向成功的彼岸。

1.4.4.2 中小学体育教研员胜任力具有综合性特征

基础教育阶段的学校体育教研是一个复杂性的系统工程，中小学体育教研员的胜任力所具有的综合性特点就蕴含于理论与实践的桥梁特性和育人（育师和育生）的本质属性之中。在学校体育教研活动中以综合性的能力引领区域学校体育发展，才是一名成功和优秀的中小学体育教研员的标准及体现。从宏观角度来看，面对新一轮基础教育阶段的学校体育课程改革，作为教育行政部门参谋和助手的中小学体育教研员，必须深刻领会课改指导文件的重要精神，以观念变革为逻辑起点，以科学、严谨的科研方法，求真、求实的科研精神，投身于各类情况的调研与分析之中，并以情况的梳理、案例的剖析和经验的总结为内容，为教育行政部门提供建设性意见，为领导决策提出价值性建议，这就需要中小学体育教研员具备创新能力、沟通技巧、服务意识、统筹规划能力等[62]。从微观角度来看，一方面，作为体育教师专业成长的引导者、促进者和支持者的中小学体育教研员，必须紧紧围绕一线中小学体育教师这一主体，了解实际需求、倾听不同观点、打造学习平台、营造发展氛围、制定成长策略等，这就凸显了中小学体育教研员应对语言表达能力、方案策划能力、环境创设能力有所具备的要求[62]；另一方面，作为体育教学理论与实践研究带头人和发动者的中小学体育教研员，还需要以自身为示范引领，带动广大一线中小学体育教师投身体育教研工作当中，激发其参与和支持体育教研工作的热情，依据当前体育与健康课程教学中所出现的一些焦点、难点和热点问题积极主动地开展体育教研活动，从而推动体育与健康课程的优化与落实，这也就反映出中小学体育教研员具有知识驾驭能力、反思批判能力、沟通交流能力等是保证这项工作良好开展的前提[62]。由此来看，中小学体育教研员的胜任力遍布于基础教育阶段体育教研的方方面面，具有综合性特点。

1.4.4.3 中小学体育教研员胜任力具有稳定性特征

在一般性理解上，能力是个体内在的综合素质和个性心理特征，能够在一定时间内保持一定的稳定性。作为个体生理机能先天存在和综合素养后天发展同时作用的能力，将会随着个体在社会生活环境中的成长与成熟相应地获得增进与提升。因此，在某种意义上，能力具有稳定性的特点，即在一定的时间段内其难以根据环境的变化而敏锐地产生较大的改变和波动。中小学体育教研员的胜任力是推动体育学科发展、进行体育学科教研工作、成功引领体育教学方向、课程教材建设和促进体育教师成长的基本能力，也是中小学体育教研员内在专业素养（研究能力、教学能力、沟通能力等）和个性心理特征（态度、动机、价值观等）的综合体现，不仅具有综合性和示范性的特质，还具有鲜明性和稳定性的特点。其原因是：其一，中小学体育教研员胜任力作为中小学体育教研员稳定的内在专业素养和心理特征，是在长期的体育教研培训、学习、研修和自我反思的基础上所固化形成的基本能力，一般情况下不会因工作环境的改变而使胜任力发生某种变化，具有稳定性；其二，中小学体育教研员的工作职责主要表现在上传下达相关学校体育政策文件、优化加强体育课程教材建设、分析探索体育实践基本提问、指导引领体育教师专业发展等方面，而要保质保量地完成这些工作和任务，必须保证中小学体育教研员的胜任力具有相对稳定性，才能有效有力地指导体育教师成长，强化体育教学研究，提升体育教学质量。

1.4.4.4 中小学体育教研员胜任力具有判定性特征

中小学体育教研员胜任力具有判定性是指可以通过某种观察和衡量方式对体育教研员日常行为及在实际工作中的表现进行判别和断定，从而反映出其是否具备体育教研工作的胜任力，以及该胜任力水平的高低。虽然在胜任力冰山模型中，将胜任力分为了两部分，一是“冰山以上部分”中的个人外在表现，如基本知识、基本技能等，能够在较短时间内通过一定的手段进行测量，同时也能够通过专门的培训和锻炼得以提高[63]；二是“冰山以下部分”中的个人内在特征，如态度、动机、价值观等，此内容难以通过某些方法精准地测量和准确地表述，且不容易受外界因素的影响而改变[64]。不过，在中小学体育教研员胜任力的分析中虽然难以建立绝对的观察标准，但可以构建基本的判定要素，从而在一定程度上反映出中小学体育教研员胜任体育教研工作的程度与水平。这也是本研究能够进行且具有重要意义的关键与核心所在。在具体的中小学体育教研员胜任力判定维度上，可以初步考虑包括专业引领能力、听评课的水平、策划高质量的体育教研活动的情况、培养体育骨干教师的成绩、自身专业发展的程度等内容[65]。因此，中小学体育教研员的胜任力同时还具有有效的判定性特征。

1.4.5 我国教育领域其他职业胜任力的相关研究

目前在教育领域中，关于胜任力的研究成果主要有关于中小学教师、校长、专业带头人、幼儿园教师、大学重点学科创新人才、高校教师、专业教师、新工科教师以及中职教师的胜任力研究等，如表 1–2 所示。

表 1–2 教育领域其他职业胜任力的相关研究统计表

研究者	研究对象	要素构成
刘晓旭	小学体育教师胜任力	该模型共包含 22 项胜任力评定内容，主要分为基准性和鉴别性胜任力评定：鉴别性胜任力包含教学方法与手段、专业知识、理解他人教育理念、反思能力、教学艺术、适应性和客观性；基准性胜任力包含稳定的情绪、自信、团体协作、技术专长、承受力、问题解决能力、组织管理能力、责任心、职业道德、爱岗敬业、爱心、决策能力、因材施教、指导能力[66]
王强	教师胜任力发展	基本胜任力包含学生心理的理解与引导力、学科体系的掌握力、专业承诺与组织融入度；核心胜任力包括课程深度开发与实施力、评价手段的灵活掌握力、教育技术与教学的整合度以及教学环境营造调控力；最关键胜任力是学科融入学生实践理解的促进力[67]
张长城	中学体育教师胜任力	中学体育教师胜任力由 3 个维度组成，即必备知识——基础性和发展性知识；综合能力特征——动作示范、课程开发、组织管理以及指导业余训练能力、持续学习能力和关注学生；个性特征——真诚坦率、责任心、自我控制、自信心、体魄健美等[68]

续表

研究者	研究对象	要素构成
王芳	中小学校长胜任力	由成就特征、道德影响力、团队领导与管理、个人特质、认知与学习能力5个因素聚合成中小学校长胜任力[69]
刘晶玉	大学校长胜任力	大学校长胜任力由5个维度下的23个胜任特征构成，具体维度包括人格魅力、人际关系、教育理念、发展意识和管理能力[70]
李德方	高职院校校长胜任力	合格校长胜任力包括全局观念、决策力、育人情怀、敬业精神、进取心、模范带头、自信、心胸宽广、凝聚力、创新意识、以人为本11项胜任要素；优秀校长胜任力包括行动力、专业知识、责任心、分析判断影响力、目标管理、批判性思维和成就导向等11项胜任要素[71]
王亚男	高职院校专业带头人能力	由专业建设知识与技能、成就动机、身份认同、个性特质、专业领导行为5个维度所构成。从功能方面而言，高职院校专业带头人的能力划分包括专业课程开发力、专业科研与服务引领力、专业发展前瞻力、专业团队打造与战略执行力、专业资源开发力、专业文化塑造与教学示范力以及专业教学质量保障力[72]
徐建平	教师胜任力	教师共有的胜任力包括分析思维、反思能力、创造性、职业偏好、尊敬他人、团队协作、正直诚实、组织管理、沟通技能、宽容性和稳定情绪11项特征[73]
王懿	大学重点学科创新型人才胜任力	创新型人才胜任力一般包含3个方面，独特能力、可转移能力和通用能力。独特能力通常根据岗位设定，指某特定工作所需要的特殊技能；可转移能力是指在某学科某类岗位的通用技能，可适应学科内多个岗位需求；通用能力指适用于学科全体工作人员的能力，它是对学科内定人员的要求，也是学科文化的表现[74]
徐继红	高校教师教学能力	高校教师教学能力包括能力构成、活动过程、工作领域3个维度，其中能力构成维度包含4个子维度，分别是知识、态度、技能和特质；活动过程维度包括5个子维度，分别是开发、设计、利用、评价及管理；工作领域维度包括4个子维度，即微观、中观和宏观的教学能力及职业基本能力[75]
朱建柳	高职院校专业教师职业能力	高职院校教育教学工作能力包括12个能力领域：制定人才培养方案、设计课程方案、服务与管理学生、自我专业成长、职业道德教育、设计教学、实施教学、反思教

续表

研究者	研究对象	要素构成
朱建柳	高职院校专业教师职业能力	学、开发教学资源、指导学生职业技能、校企合作与产学研、建设校内外实训基地[76]
李欣	中小学体育教师胜任力	中小学体育教师能否胜任中小学体育教学工作需要从专业知识、特质、个体动机、态度、自我形象、教学技能特征进行综合评判，具体包括职业素养、教学职能、社会适应、个人效能、专业发展和学生观念6个因子，共计51个指标[77]
于杨，吕悦	新工科教师胜任力	提出集知识素养、工程素养、教学素养、个人素养于一体的新工科教师胜任力模型。知识素养包括国际化视野、跨学科知识、工程知识、科研转化能力；工程素养包括工程实践能力、工程伦理、前瞻意识、创新能力；教学素养包括教学理念、课堂教学能力、沟通表达；个人素养包括逻辑思维、终身学习、团队协作[78]
胡重庆	中职教师胜任力	中职教师胜任力评价共13项指标，主要包括分析性思维、教育合力、成就导向、教育激励、服务学生、共情能力、教育诊断、主动性、管理监控能力和组织领导力等[79]

1.4.6 国外教育督导和教学督导的相关研究

由于教研员是我国基础教育领域的专门性特质群体，在关键词对接的过程中难有与国外类同的专业词汇。但基于国内对教研员的角色定位，可以发现英、美、日等发达国家的“教育督导”或“教学督导”在职能和角色上与国内的教研员有着较为类似的工作职责和任务。

1.4.6.1 英国教育督导的相关研究

英国的教育督导主要有女王督学团和教育标准局（Office for Standards in Education，Ofsted）两个发展阶段。教育标准局的设立主要是为了适应新时期的教育改革与发展需要的独立性非内阁机构，其主要职能在于评估公立学校教育质量，为学生提供优质的教育教学和培训服务[80]。英国教育标准局的设立既是英国学校督导体制的一个历史转折点，也是英国教育督导制度由发展走向成熟的重要标志。英国教育督导制度阶段性地完成了在制度架构、法律法规、督导理念和实施机制等方面的结构性改革，其中最为关键的两点：一是明确了“督导以学校改进为主”；二是强化了“督导独立性”。英国优质的教育督导制度不仅对教育质量的监督、评价和问责机制发挥着不可替代的作用，而且也在国际上产生了较大影响。具体来看，英国教育督导的优秀经验主要包括健全的制度、完善的机构、专业的人员和科学的方法等。

首先，英国的教育督导机构设置独立而健全。英国教育标准局于1992年成立，是国家级教育督导机构，平行于英国的教育部机构，而英国女王总督学为副部长级。英国的教育标准局在职权的行使和职责的分配上保持着部门的独立性，其工作仅对教育大臣及议会负责，并在英国女王总督学之下又设立了一个由7名主任所组成的执行委员会，以全面支持总督学的各项工作[81]。其内部架构体现了独特的专业性和专门性，机构职责的范围主要按照英国教育事业发展阶段、时代专题及具体领域来划分。例如，学段督导部包括小学及学前教育督导部、特殊教育督导部、义务教育后督导部等；专题性督导部包括学校改进督导部、质量督导部等；支持性督导部包括人事管理部、研究和分析及国际关系部等[82]。

其次，英国的教育督导队伍保持专业化建设。英国的教育督导制度十分重视对教育督导队伍的专业化发展、教育督导人员的合理构成以及遴选程序的公正与公开。自1992年开始，随着英国教育督导制度的变革与发展，教育督导人员的职能范围不断扩大，学校受到各项督导的频率也在不断增加，从以往的抽样督导发展到督导的全覆盖。覆盖面包括学前教育机构、公立学校、独立学校、继续教育机构、职前教师教育等不同教育领域，督导的性质也从以检查为中心，转向以促进学校改革与发展为中心。这种本质上的变化，促使教育督导在人员配备方面发生变化。一是教育督导规模，从女王督学团时代的460多名增至上万名。二是教育督导的制度和结构更加完善、系统，形成了专门从事实际督导工作的中介机构与督导人员（一线督学），以及专门从事政策制定、规划、管理、监督的女王督学团（二线督学）[83]，体现了英国政府对该国教育督导工作的日益重视。

同时，英国为提升教育督导的专业化，提高了对督学的选拔条件，其中包括个人的学历、从事教育教学的经验和从事教育管理的经历等。具体来看，能够胜任督学的人，首先必须是学段中或领域中的专家；其次必须具有丰富的一线基础教育实践经验，可以较为全面和系统地了解国家的教育政策。与此同时，英国的教育督导体制形成了一整套严格的人员招聘程序，保证在公平、公正、公开的原则下，择优招聘。此外，教育督导体制还建立了规范的实习和导师制度，督学在入岗实习期间，要有一位经验丰富的督学作为指导教师，同时必须接受严格的岗位培训，只有通过考核后方可正式成为督学。到了教育标准局时代，督学的任职条件进一步提高，突出了对不同类型的督学的不同要求。例如，女王督学作为英国教育督导体系中级别最高的督学，其候选人必须同时具备硕士学位、较高学术造诣、较好理论基础、丰富教育经验和较强的解决实际问题的能力，年龄要求为30～49岁[84]；注册督学是能够领导一个团队对学校进行评估的专业人员，要求督学具有5年以上参与督导评估的经历，还要具有较强的问题分析、队伍管理能力以及文本写作能力[85]；督学候选人必须具有4年以上的一线教学经验和学校管理经历。

最后，英国的教育督导职责与类型划分明确。当前英国教育标准局的督导范围在不断扩大，其职责也更加清晰与明确。英国的教育督导制度主要是负责对英格兰地区教育机构的各项教育服务进行质量规范和督导，所涵盖的教育与培训机构主要包括：学前的教育机构、家庭内外的保育机构、儿童的福利机构、儿童和家庭的法律咨询机构、学生的教养机构、所有公立中小学和部分独立学校、地方政府中的儿童和青少年服务机构、继续教育机构、职前教师教育机构、公立性质的成人技能与就业培训机构及监狱中的学习及缓刑机构等[81]。

同时，根据督导评价的内容不同，划分为职责和目的不同的学校督导、地方政府教育工作督导、专项或专题督导三种类型。具体为，学校督导作为以中小学校为对象的各类学校、教育办学机构的督导，长期以来在英国教育督导制度中占据核心地位，是英国教育督导体系中以学校督导评价为内容的督导类型[86]。督政是教育标准局针对地方教育局工作督导与评价设立的督导人员，其工作职责主要有，加强地方教育局对学校工作的支持力度，对地区的教育工作进行整体规划和服务，并适当展开干预、协调与监督等。专题督导也称为“专项督导”，一般是以教学问题为督导评价对象而进行的督导。其主要目的有：为总督学的年度报告提供相应的实证信息和策略建议；为教育标准局推广督导结果提供证据基础；为学校及教育机构改进教学提供反馈信息；为机构自我评价建立支持等[87]。

1.4.6.2 美国教学督导的相关研究

在美国的教育督导系统中，教学督导是最为主要也最有特色的部分，较为完善的教育督导机制是助推美国教育飞速发展与进步的主要原因之一。在历史早期阶段，“督政”是美国教育督导的主要职责，但在历经300多年的改革后，美国教育督导逐渐由行政领域转变到了专业领域，发展成为学校教学和教育变革的领导者，并由此使“督学”成为美国教育督导的主要责任[88]。从名称上来看，美国的教育督导一般被称作“教育辅导”，用英文单词“Supervision”予以表示，而非英国等国家把教育督导称为“Inspection”。这也在一定程度上说明，美国的教育督导工作偏重改进美国的教育和教学，教师是其重点督导的人群，即美国的督导工作是帮助教师改进教学服务和课程设计的动态过程[89]。可以说，美国教育督导的工作职责主要是围绕教学督导来展开的。总体来看，美国教学督导的显著特点体现在教学督导机构的设置、教学督导人员的遴选以及教学督导内容的实施等方面。

首先，在教学督导机构的设置方面。美国将教育督导与教育行政两个机构合并，州和地方学区两级教育的管理部门既是行政部门，也是督导部门。此外，美国联邦政府在宏观层面上负责调控教育督导，州和地方在微观层面负责教学督导，教学督导重心越下移责权越大、越具体[90]。具体来看，州一级的教学督导人员主要是负责课程与教学的副督学（Assistant Superintendent），其直属于州教育厅长，对州教育厅和州立法机构负责。副督学的职位责任是在督导员、指导员、协调员、咨询员等专设人员的协助下进行课程与教学的监督指导工作，监督和指导整个州的公立学校的课程和教学计划。学区一级的督导人员是地方学校督学，由主管课程与教学的学区督导长负责领导[90]。地方学校督学能够将个人精力投入在改进课程与教学上，通过专注于某个特定的课程与教学领域，对最近和最新的课程与教学发展内容、手段方法驾轻就熟，站在具体问题的角度进行改革和发展。地方学校督学在工作内容上主要包括给予学校提供新信息、帮助教师开发新材料、鼓励教学实验和研究开展、帮助教师解决课程和教学方面问题等。

其次，在教学督导人员的遴选方面。美国教育行政部门把教学督导的选拔和任用标准设置的很高，所有州都建立了教学督导证书制度，由各州的教育部门负责颁发。申请教学督导的人员必须持有督导证书（Supervisory Certificate），才能够有资格和有条件应聘教学督导岗位[91]。由于美国是高度分权的联邦制国家，使各州对于取得专职督导证书的资格规定不尽相同，但基本都包括学历、经验、专业和年龄四个方面的条件要求[91]。最为常见的资格规定是必须具备硕士学位、修习过相关课程、教育督导等科目，且在一线教学上要有3年的实践经验[91]。

例如，纽约市规定学区督导长任职资格是拥有硕士学位、具有3年及以上教学经验、具有领导经历、修习至少60学时的管理课程（包括24学时的学区管理或督导）、在官方认可的机构中完成教育督导实习等[91]。此外，美国对督导人员的高要求，不仅体现在任职资格的专业性方面，而且体现在通过职业进修和研习维持证书有效性上，从而以职前和职后的高要求保证教学督导人员的高水准。

最后，在教学督导内容的实施方面。美国教学督导的主要工作包括两项：一是督导课堂教学，督导人员通过深入一线课堂对教师提供咨询和协助，与教师一起围绕讨论课程、教材和教法进行讨论；二是督导教师，督导人员对教师的资格进行鉴定、对教师的教学效果展开评价以及对教师的专业发展进行培训[92]。具体讲，美国的课堂教学督导主要是针对教师个体，重点是强调教学督导与一线教师围绕教学行为分析和教学改进策略的良性互动。这种督导方式能够切实地提升一线教师的教学技巧和教学水平，进而帮助一线教师有效解决课程教学过程中所出现的种种难题。课堂教学督导的过程主要分为督前交流、课堂教学观察、督后总结。美国的教师督导主要是针对教师资格鉴定、教师评价和教师在职培训[92]。在资格鉴定上，教学督导会参照教师资格证书的相关要求对教师申请者进行评估和鉴定，并通过一系列的资格考试检验申请者是否具备相应的学科知识和教学技能；在教师评价上，教学督导通常会采用教师观察来进行书面的评价记录，但评价的目的并不是检查教师，而是帮助教师改进课程设计和教学效果；在培训上，教学督导将通过举办培训班或讲座的方式，针对教师进行专门辅导和进修培训，其最终的目的同样是提高教学效果[93]。

1.4.6.3 日本教育督导的相关研究

日本的教育督导制度以“二战”为分水岭，呈现出了两种截然不同的发展态势。首先，在第二次世界大战以前，日本作为典型的中央集权制国家，教育督导机制也深受影响。在教育兴国、变法图强的战略实施下，教育被认为是日本的国家事业，一切的教育活动都必须严格遵循国家既定的教育方针，各级教育督导也必须在统一制定的规章章程之下行使督导权利，其工作内容主要体现在人事管理等方面，即以管理者和教师为督导对象，对管理者和教师实施严格的监督[94]。第二次世界大战以后，日本在美国的领导下对其既往的军国主义教育模式进行了彻底改造，其教育行政管理体制逐渐演化为中央与地方合作制，民主化的教育督导制取代了以往建立在国家主义基础上的集权制教育督导制，教育督导的主要目的也转变为以教育目的、内容、方法、环境以及教育工作者为督导对象[95]。与此同时，教育督导方针也从行政指令型转向指导服务型，即教育督导只具有帮助、指导和建议的岗位职能，而无指挥、命令、监督的工作权利。也由此，只“导”不“督”、“视”而不“督”、“导”而不“令”是“二战”后乃至当今日本教育督导制度的鲜明特征。

首先，日本教育督导在机构设置上注重基层建设。日本把教育督导设在了文部科学省下设的初等中等教育局，并根据日本的教育行政特点，将教育督导机构划分为了两个层次和三个级别[96]。教育督导的两个层次是指中央教育督导和地方教育督导，中央的教育督导是指文部科学省的视学官，注重对全国教育各项事务进行宏观调控和对地方教育进行总体规划；地方的教育督导是指地方教育委员会的指导主事，侧重从微观层面对教育教学各种工作进行具体指导，并对学校各个方面的事务提出意见与建议[96]。三个级别是指与日本行政划分相统一的教育督导分类，包括文部科学省初等中等教育局设立的视学官，都道府县教育委员会下属事务局设立的指导主事，市町村教育委员会下属事务局设立的指导主事，而都道府县、市町村教育委员会中的指导主事是当地教委事务局的核心职员，对该地区教育质量和教育成效承担着重要责任[96]。新时期日本的教育督导将建设重点放在了市町村指导主事这一层面，开始着重加强市町村督导机构各个方面的配置。例如，据1986年统计数据表明，市町村各类指导主事人数为3488人，都道府县各类指导主事人数为4266人，共计7754人；2005年市町村各类指导主事人数为4936人，都道府县各类指导主事人数为4628人，共计9564人[96]。

其次，日本教育督导在人员配备上强调专业发展。一是在教育督导素质结构的要求上，日本文部科学省规定，视学官必须是学科领域中的专家，其选拔对象必须顺利通过国家考试，均由文部大臣批准任免，指导主事应具有广博的学科知识，对教育有自己独到的见解，对课程教学和学校事务具备丰富的经验[97]；二是在教育督导人员的构成上，日本规定督导人员主要分为专职督导和兼职督导两类，且近年来专职督导在不断增加，兼职督导日趋减少[97]；三是在教育督导具体工作的职责和任务上，日本规定教育督导的工作内容要覆盖学校教育的各个方面，文部科学省的视学官需要在学校管理、课程设置、教科书编写等方面给予地方教育委员会帮助，都道府县、市町村的指导主事需要对学校进行具体的指导和帮助，同时日本明确督导不是监督，而是以给教育提建议为目标[97]。

最后，日本教育督导在工作内容上突出民主性和科学性。日本的教育督导制度基于民主和科学而建立与发展，教育督导人员在遵循法治、服务和自主等基本原则的前提下，收集指导对象的各类意见，尊重指导对象的各项权利，并依照相关法律法规对指导对象进行相应指导、帮助和建议。具体来看，教育督导工作方式的民主性体现在了各级教育督导部门在行政关系上独立而并存，即从中央到地方的各级教育督导机构并非上下级的领导与被领导的关系，这也就使督导部门之间不存在行政命令式的约束和指挥。教育督导工作内容的科学性体现在了凡事要以事实为依据，最大程度地避免个人主观因素在教育督导过程中所产生的种种干扰和不良影响，同时各个地方可根据各自的具体实际选择不同的教育督导内容和方式，从而以更加科学的任务分工有效地实施督导工作[98]。

1.4.7 小结

综上所述，教研活动作为一种特定的社会组织形态，直到 19 世纪末才渐具雏形，并由此创生了中国特有的教研体系，成为中国特色教学管理制度的重要组成部分。中小学体育教研员作为十万基础教研群体的构成，是推动基础教育阶段学校体育深化发展的中坚力量，在不同时期承担着包括体育教师培训、课程改革引领等一系列工作。同时，自“胜任力”概念被麦克莱兰教授提出后，因其具有综合、稳定、可观察和可测量等特性，现已总结出多种识别方法并应用在众多领域中，成为区分某一具体岗位从业人员优秀与一般的重要工具，尤其在教育领域针对不同职业构建了各具特色的胜任力要素。此外，由于教研员为中国教育体制所特有，国外并不存在相同的研究成果，但英、美、日等国家的“教育督导”和“教学督导”与教研员存在互通之处，能够给我国的教研员发展带来有益启示。由此认为，这些学术成果的积累为本文的开展提供了十分重要的方法论和认识论支持。但是，在基础教育进入内涵式和高质量发展阶段的时代背景下，作为区域学校体育领路人的中小学体育教研员受关注程度却较低、可供参考资料也较少，导致其价值效用和角色期待并未得到充分发挥和实现。所以，以胜任力为切入点，借鉴其他相关成果，对中小学体育教研员胜任力展开探索，进而明晰体育教研队伍建设方向，引领专业发展，是当前学术研究亟待解决的问题，也是本文所努力尝试去完成的工作。

CHAPTER 2

研究设计

2.1 研究对象

本书以中小学体育教研员胜任力关键要素识别与应用为研究对象。在胜任力理论、工作分析理论和人岗匹配理论的指导下，以中小学体育教研员胜任力关键要素的提取、筛选及确立为研究起点，探讨中小学体育教研员胜任体育教研工作所需要的胜任力特质，进而在此基础上聚焦中小学体育教研员胜任力关键要素的应用。通过开发胜任力水平量表实施现状调查并展开差异特征分析；通过与不同类型的中小学体育教研员的深度访谈把握胜任力发展的制约因素并制定解决策略。

2.2 研究思路、内容与方法

2.2.1 研究思路

中小学体育教研员胜任力关键要素的识别与应用是一个综合性与复杂性相统一的研究过程，涉及胜任力关键要素如何提取、胜任力关键要素如何确立、所识别的胜任力关键要素是否具有体育教研特色、胜任力关键要素如何应用、胜任力关键要素如何发展、所制定的策略或建议能否解决实际问题等一系列研究内容。因此，本书从理论思辨入手，强化问题意识与坚持时代导向，通过采取定量与定性相互补充的混合研究范式，识别出科学、准确的中小学体育教研员胜任力关键要素，并以实证调查为前提基础，制定出合理、可行的中小学体育教研员胜任力发展策略，以及胜任力关键要素助力体育教研队伍建设路径，旨为加强和改进我国中小学体育教研工作提供理论依据和智力支持。具体研究思路见图 2-1。

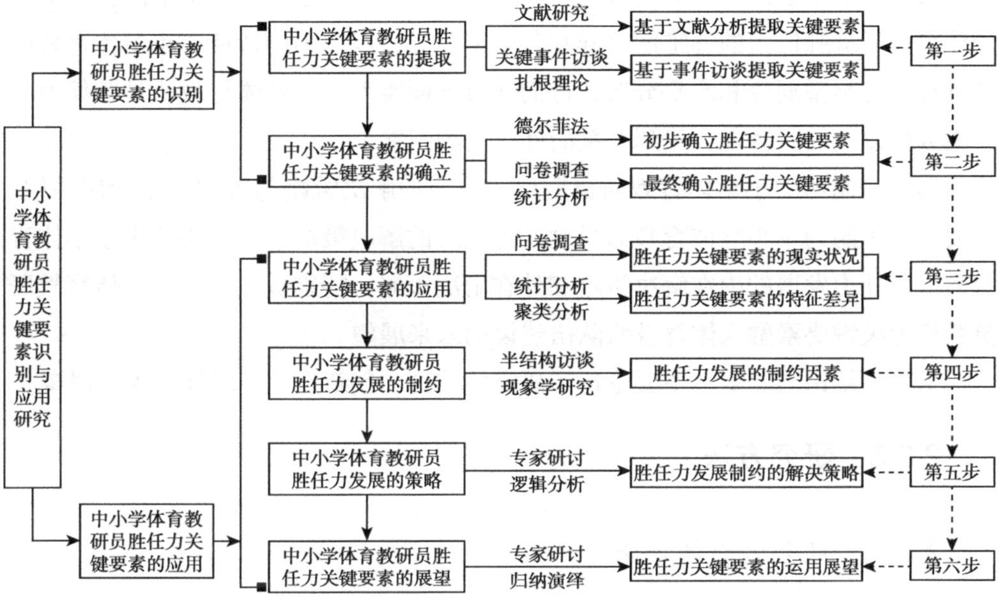

图 2-1　中小学体育教研员胜任力关键要素识别与应用研究思路图

2.2.2　研究内容

在上述研究思路的指导下，本书以中小学体育教研员胜任力关键要素为聚焦点，试图通过以下逻辑理路和章节安排展现发现问题、提出问题、分析问题、解决问题的论证过程。整体而言全书共分为七章进行，具体安排如下。

第一，绪论。主要论述了研究的缘起，提出了具体的研究问题，确立了研究目的，明确了研究意义，分析了相关概念，以及总结了相关研究动态。

第二，研究设计。主要论述了研究对象，研究思路、内容与方法，以及包含胜任力理论、工作分析理论和人岗匹配理论的理论支撑。

第三，中小学体育教研员胜任力关键要素的提取。主要论述了基于文献分析提取中小学体育教研员胜任力关键要素，又结合事件访谈进一步提取中小学体育教研员胜任力关键要素，在针对两种途径提取的中小学体育教研员胜任力关键要素的异同进行比较及整合。

第四，中小学体育教研员胜任力关键要素的确立。主要论述了基于德尔菲法确立中小学体育教研员胜任力关键要素，通过问卷调查和统计分析进一步确立胜任力关键要素，明确了各级关键要素的内涵与逻辑关系。

第五，中小学体育教研员胜任力关键要素的应用。主要论述了不同特征中小学体育教研员胜任力的各维度差异和各要素差异，以及不同特征中小学体育教研员胜任力的类型划分和水平分布，进而通过不同类型中小学体育教研员胜任力的个案分析以及成因透视，找到相关的外在制约因素。

第六，制约中小学体育教研员胜任力发展的解决策略与关键要素运用展望。主要论述了制约中小学体育教研员胜任力发展的解决策略，包括制约中小学体育教研员胜任力发展的内在解决策略和外在解决策略，特别提出了中小学体育教研员胜任力关键要素融入体育教研队伍建设的未来展望。

第七，结论与展望。主要论述了研究的结论、创新点，局限性与未来展望。

2.2.3 研究方法

2.2.3.1 收集资料的方法

● 文献研究法

文献研究法是指查阅、分析与总结文献后，把握研究动态和找出事物本质属性的一种研究方法。在本文中该方法将贯穿于整个研究的全部过程，在研究准备期和研究进行阶段通过中国知网、吉林省图书馆、东北师范大学图书馆等资料库查阅收集与本研究有关的著作资料、学术论文等，了解中小学体育教研员领域的研究进展和学术动态，探寻中小学体育教研员胜任力研究的理论支撑。该方法突出体现在3.1“基于文献分析提取中小学体育教研员胜任力关键要素”部分，即在中国知网、万方等文献检索平台，以“教研员”“体育教研员”“胜任力”“岗位胜任力”等为检索关键词，以1964—2020年为检索时限，收集并整理相关研究论文共计2749篇。经初步检查、反复筛选和再度聚焦，最终留取497篇文献，并运用定性分析辅助软件Nvivo12对其进行词频统计分析，提取中小学体育教研员胜任力的关键要素。

● 问卷调查法

问卷调查法是调查者基于研究的目的，向被选取调查对象发放统一设计的问卷，从而了解相关情况或征询意见的研究方法。在本文中该方法的使用指向主要有三处。

一是在 4.1“基于德尔菲法确立中小学体育教研员胜任力关键要素”部分，按照“匿名、反馈、迭代”的实施要求，通过匿名的方式对所选取的 19 名中小学体育教研领域的专家进行《中小学体育教研员胜任力关键要素筛选调查表》的问卷征询，并根据每位专家所提供的反馈意见完成对胜任力各级关键要素的修正与完善；

二是在 4.2“基于统计分析确立中小学体育教研员胜任力关键要素”部分，面向全国随机抽取各地教师进修学校、教科所等单位中的 530 位中小学体育教研员发放《中小学体育教研员胜任力水平自评问卷》，收回 412 份有效问卷，并针对结果展开探索性因子分析、主成分分析等统计处理，进而完成胜任力各级关键要素的最终确立工作；

三是在 5“中小学体育教研员胜任力关键要素的应用”部分，在全国范围内采用多阶段抽取不同特征的中小学体育教研员作为调查对象，进行《中小学体育教研员胜任力水平调查表》的网络施测工作，并基于大数据聚类分析和 K-Means 算法对 1042 份有效自评问卷进行统计分析和聚类分析，以实现对中小学体育教研员胜任力特征差异与水平差异的描述讨论。

● 访谈法

访谈法是指研究者通过与调查对象进行口头交谈、对话的方式收集有关心理特征以及行为数据资料的一种研究方法。本文主要在三个方面使用了该方法。

一是在 3.2“基于事件访谈提取中小学体育教研员胜任力关键要素”部分，在全国范围内目的性选取的 32 位不同类型的省、市、区（县）中小学体育教研员为访谈对象，进行关于体育教研工作中关键和典型事件的半结构化访谈，从中归纳与提取出基于关键事件访谈的中小学体育教研员胜任力关键要素；

二是在 5.4“中小学体育教研员胜任力情况的个案分析”部分，依托个案分析的范式与原则，选择 3 位具有代表性的中小学体育教研员作为访谈对象，围绕受访者对于体育教研工作的理解与认识进行大约 1 小时的半结构式访谈，进而总结与凝练出中小学体育教研员胜任力形成背后的深层信息；

三是在 5.5“中小学体育教研员胜任力发展制约的外在因素分析”部分，基于“朝向事实本身”的现象学研究原理，在全国范围内选取 20 名不同类型的省、市、区 / 县级中小学体育教研员，在不被外界干扰的空间区域内进行持续时间长为 20～30 分钟的一对一半结构式深度访谈，旨在从中小学体育教研员真实体验的角度挖掘和诠释制约中小学体育教研员胜任力发展的因素。

2.2.3.2 处理资料的方法

● 扎根理论

扎根理论（Grounded Theory）强调从行动中产生理论，从行动者的角度构建理论，理论必须源于资料[99]。在扎根理论研究的数据分析中，首先，对数据结果进行初步判断，剔除与研究主题无关的信息。其次，逐级登录并产生概念。再次，反复比较综合资料和概念，系统地询问与概念有关的生成性理论问题。复次，发现理论性概念，建立概念与概念之间的联系，并理论性抽样对资料进行编码。最后，构建理论，力求得到理论概念的密度、变异度和高度。在本书中，按照扎根理论数据分析的原则，借助 MAXQDA2020 质性分析软件对信息资料进行定性分析。首先，对关键事件访谈法得到的 30 份关于中小学体育教研员胜任力的原始访谈资料进行归纳、总结和提炼，将其能够表达完整意思的语句逐步登录，完成初步概念化过程。其次，通过开放性编码（Open Coding）对所获得的全部语句进行概念化，并在此基础上对所得概念进行范畴化。再次，通过主轴编码（Axial Coding）对所有范畴进行编码分析而获得主范畴。最后，通过选择性编码（Selective Coding）提出能够统摄所有中小学体育教研员胜任力的核心范畴。至此，完成整个数据的编码与分析过程。

● 德尔菲法

德尔菲法（Delphi Method）是通过设计带有顺序的专家（精英人士）咨询表，系统地征求和整理对某个特定主题的判断结果，在这些咨询表中散布着有关主题的摘要信息和从较早答复中得出的意见反馈[100]，其核心是通过采用匿名的方式进行几轮函询征求专家人士的意见，“匿名、反馈、迭代”是德尔菲法区别于其他预见性研究方法的主要特征。在本书中，首先编写《中小学体育教研员胜任力关键要素筛选调查表》，具体内容包括：中小学体育教研员胜任力各级关键要素的筛选、修正与补充；中小学体育教研员胜任力三级关键要素的重要性判断（仅在第二轮进行）；所咨询专家的基本情况调查；专家对各级要素的判断依据与熟悉程度，并设置补充意见栏，方便专家对各级关键要素进行筛选补充和提出修改建议。其次，采取匿名的方式反复多次对所选取的高校体育教研理论研究专家、体育教研管理专家以及工作在体育教研一线的专家进行意见征询，根据每位专家所提供的反馈意见对岗位胜任力各级关键要素不断地修正与完善，逐步使专家意见达成一致，即理论饱和，从而确立基于德尔菲法的中小学体育教研员胜任力关键要素。

● 现象学研究

现象学研究（Phenomenological Research）是质性研究的一种，目前已被广泛应用于人文社会科学研究领域，在教育学、医学、护理学以及心理学等领域十分常见[101]。本书主要使用以胡塞尔（Edmud Husserl）观点为代表的描述性现象学（提倡直接把握事物，追求不带任何偏见和背景知识地认识事物[102]），在第五章第五节“中小学体育教研员胜任力发展制约的外在因素分析”部分，对制约要素进行归因与深度分析。具体为，依据“朝向事实本身”的研究精神，在不被外界干扰的空间区域内对 20 位中小学体育教研员进行 20～30 分钟的半结构化个人访谈，在获得有效访谈信息的基础上采取 Colaizzi 现象学分析步骤对所得资料展开剖析与厘定，包括熟悉资料、识别有意义的陈述、构建意义单元、聚类主题、进行详细描述、产生基本结构、验证基本结构等环节，进而从真实体验和实际感受的角度挖掘、总结和阐释中小学体育教研员胜任力发展的外在制约因素。

● 数理统计法

采用 SPSS Statistics 21.0 统计软件对中小学体育教研员胜任力水平自评结果进行独立样本 T 检验、方差分析、相关性分析、信度分析、效度分析、探索性因子分析以及事后多重比较等，并且在计量资料组间相关分析上，符合正态分布的用 Pearson 相关分析，不符合正态分布的则采用 Spearman 相关分析。

采用 AMOS21.0 对中小学体育教研员胜任力探索性因子分析结果进一步展开验证性因素分析，利用另一半数据验证 5 个因子模型的拟合程度。同时，构建结构方程模型，以确定各关键要素对不同类型中小学体育教研员胜任力的影响程度。

采用聚类分析和 K-Means 算法对中小学体育教研员胜任力调查结果进行聚类分析和水平差异描述，并使用贝叶斯信息准则确定最优分类数目。

2.3 研究理论支撑

2.3.1 胜任力理论

“胜任力”一词，最早在 1973 年由美国著名社会心理学家麦克莱兰在《测试胜任力而非智力》一文中正式提出[103]，由此在世界范围内掀起了研究之风，开创了关于胜任力理论的研究与实践。在麦克莱兰的理解中，胜任力是指与个人工作表现或日常生活中主要创新产品类似或相关的个性、知识、技能、能力或特征的总和[104]。他认为："如果想准确预测从事复杂工作和高层员工的绩效，除了可以依靠传统方式的纸笔智力测试和成绩获取评价以及取向的测试，更应该从实际角度出发，以第一手材料为基础和根据，通过对员工的实际工作情况进行考量，包括对真正决定工作绩效的行为特征和个人条件进行充分的发现和挖掘，并在过程中通过专业化的测量和测试予以修正完善，从而不断提高组织的效率并取得事业的成功"。此后，众多学者对这一理论进行分析和研究，把其分为"行为观""特征观"和"综合观"三个分支，并分别加以阐述和解释，其中"特征观"最具代表性，经常被用于各个领域[105]。可以发现，能力是个人的潜在特征，只要能够区分绩效优异者和一般者的所有个人特质都可以被定义为胜任力。

由此，这一理论的代表学者博亚特兹（Boyatzis）提出了冰山理论，即胜任力由两个层次要素组成，类似海面上的冰山。一部分素质如海面上的冰山，称为外显胜任力，能够容易地进行发现、观察和测量，甚至模仿，这部分胜任力只要通过针对性的培养和培训即可获得。另一部分素质则是水面以下的部分，称为内隐胜任力，它包括特质、价值、标准、道德等，是区分普通绩效者和优秀绩效者的关键因素，而且这部分要素非常难于观察、测量、评价和改变，不像外显胜任力那样仅凭模仿和培训就能轻易得到。截至目前，由胜任力和冰山理论所构建的基本模型分为两种，分别是冰山模型（The Iceberg Model）和洋葱模型（The Onion Model）[106]，二者的构建理念十分类似，只是在展现方式上略有差异，见图 2-2 和图 2-3。

胜任力理论，从本质上讲是一种人力资源管理理论，这也是其被人们所广泛重视与推广的原因。由此，关于胜任力关键要素的研究，不仅成为人力资源管理领域的重点方向，而且在教育学、管理学等其他领域，只要涉及人才的招聘、选拔和培训等一系列环节，涉及与提升效率和绩效管理相关的各项内容，均可使用这一理论。有关胜任力理论的应用逐步扩大和加深，逐渐形成了一种强大的、有力的人力资源系统，在许多行业发挥着重大的战略价值，甚至在全球范围内都产生了举足轻重的影响。

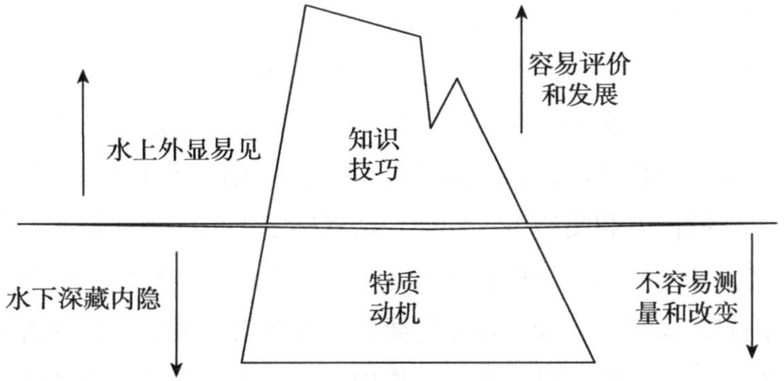

图 2–2　胜任力冰山模型图

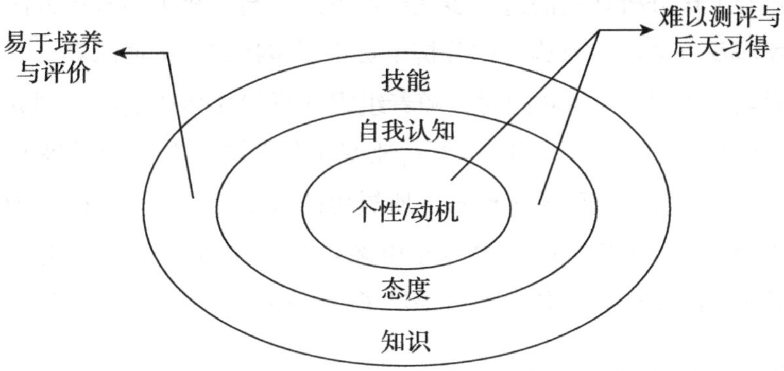

图 2–3　胜任力洋葱模型图

2.3.2　工作分析理论

工作分析理论和胜任力理论之间存在高度关联性，国外相关领域的学者将工作分析理论界定为："描述和确定能够区分高绩效和低绩效的工作表现的一系列程序[107]"。很显然，这与上述有关胜任力的概念非常相似。胜任力识别中常用且典型的方法也很多是从工作分析理论的相关技术中演化而来[108]。但审视之下，二者之间也存在一定的差异，即区分不同绩效水平的个人特征是胜任力强调的内涵，而对任职者的基本素质作出要求是工作分析强调的内容。因此在对中小学体育教研员胜任力关键要素进行研究分析时还需要借鉴参考工作分析理论。

工作分析观念的起源可以追溯至公元前 5 世纪的苏格拉底时期[109]。此后，诸如弗雷德里克 · 泰勒等学者也进行了与工作分析相关的探索性研究。1911 年，泰勒在其出版的《科学管理原理》一书中提到："想要科学地管理组织，就必须研究组织中的每一份工作，这样才能科学地挑选培训工人”。这句话这被公认为是科学工作分析的发端[110]，而当前对“工作分析（Job Analysis）”的定义和使用并未达成共识[111]。较有代表性的观点认为，工作分析是对某项工作诸多特征以及与工作有关的各种事项进行分析研究并收集相关的资料信息的活动过程，包括准确描述工作的内容和实质等。例如，精确确定工作的难易程度、准确分析工作的性质和范围等。同时，还包括分析并确定参与该项工作的人所应该具备的资格和条件。例如，知识、经验、技能等要素。以此为代表的工作分析方式能够为选拔工作人员、录取工作职员、评定工作内容、确定工作薪资以及制定晋级机制等提供基础性的参考资料[112]。

当前随着工作分析理论的进一步完善性发展，与之相关的分析方法和分析技术也被陆续提及，常用的经典工作分析工具主要包括职位描述问卷、职位分析问卷、工作元素调查[113]。与此同时，随着组织环境和社会环境的急剧变化，所要求分析的工作内容和工作性质也在不断地变化和发展。在这种形势下，1989 年由施耐德（Schneider）和康茨（Konz）所提出的战略性工作分析概念为破解难题提供了新思路[114]。在此之后，1994 年由桑切斯（Sancheez）提出的新工作分析理念，也对未来的工作分析各项环节提供了一系列的参考性建议[115]。

2.3.3 人岗匹配理论

人岗匹配理论，是沙因（Schein）以工作性质为分析对象，以“需求—能力”为分析角度创新性建立的理论。人岗匹配理论也被称为人职匹配理论或能岗匹配理论，其内容主要是指为最大限度地挖掘员工的工作潜力和工作能力，最大限度地提升生产效能和生产效率，有效地使用和配置组织内部的人力资源，以达到员工个体能力和工作岗位要求相互匹配的活动过程[116-117]。“最大化”和“最优化”是人岗匹配理论所追求的终极目标。人岗匹配理论作为岗位管理领域的重要理论，主要包括两层含义：一是岗需其人，即岗位需要什么样的人才，员工就要具备什么样的知识、技能以及能力；二是人适其岗，即员工想要能够更好地胜任目标岗位，岗位应打造出什么样的岗位特征、文化环境等[118]。这就深刻体现出了人岗匹配为提高员工对岗位的满意程度和岗位对员工的利用效能，所建立的一种岗位与员工动态调整、双向匹配的特征关系[119-120]，如图 2–4 所示。

人岗匹配理论强调的是个体所具有的综合素质与综合能力是决定个体是否

能够胜任某项岗位工作和满足某项岗位要求的重要因素，其中就包括个体实际掌握的知识背景和技术技能等。该理论强调的是个体为选择某种职业作出一定决策时，要依据个人的实际情况去选择与自身相匹配的工作岗位，包括考虑工作中的任务完成性、自主性和回馈性等[121]。而布兰德·德鲁（Bleand De Rue）则进一步剖析和诠释了人岗匹配理论所蕴含的内容，并认为：人岗匹配的建立和形成与岗位工作任务的性质和岗位工作的执行情况相互联系、密不可分，“需求—能力”匹配与强调工作可满足个体期望的“需要—供给”匹配截然不同，它作为岗位应然状态，更加趋向于岗位要求与人员能力的相一致，当人员能力高于这一岗位工作的要求时，人员就不再满足这个岗位工作所能够带来的获得感；若人员能力低于岗位工作的要求时，便会导致工作效率低下。因此，在岗位和人员相互匹配这一过程中，可以用员工的胜任力来做抉择[122]。并且，通过综合性考量，有效提高人员与岗位的匹配度[123]。

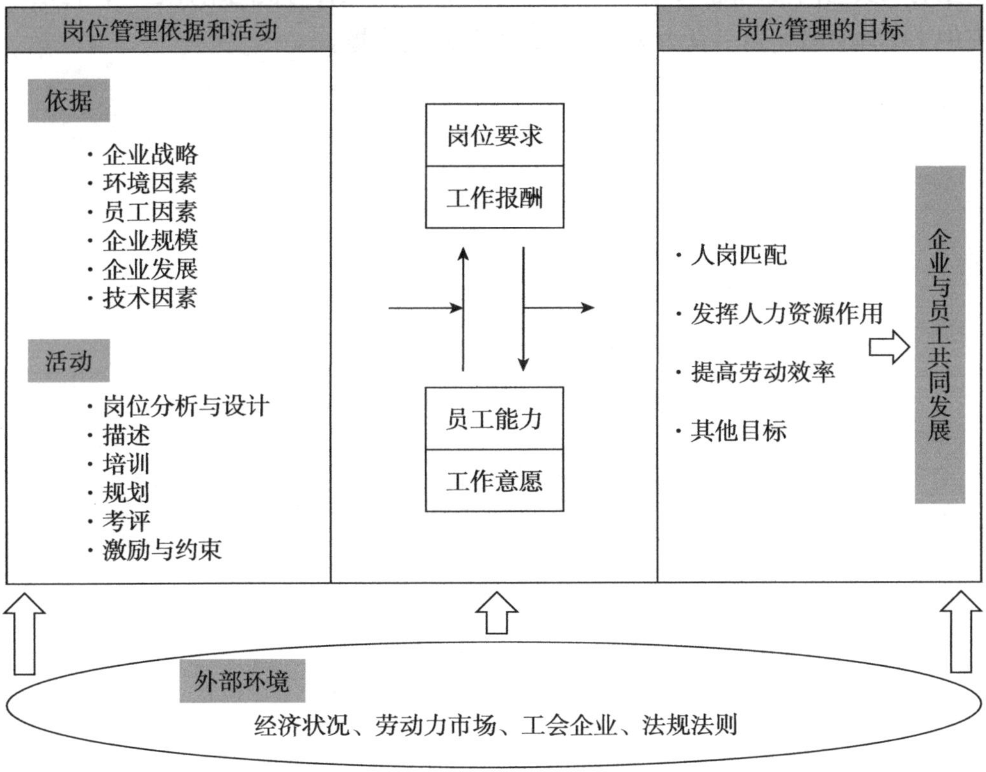

图 2–4　人岗匹配在岗位管理中的作用图

2.3.4 小结

综合上述三个理论的内涵和认识论价值，本研究认为如果将三者结合使用则会相辅相成，使研究取得最优效果。一方面，基于工作分析理论识别中小学体育教研员胜任力关键要素，能够挖掘出更加充实、更加丰富的实证数据和信息资料，如岗位任务、工作要求等具体信息，并从这些实际的工作情景中提炼出相对应的工作分析结果，进而可以对胜任力关键要素进行内涵阐释与关系说明。另一方面，中小学体育教研员胜任力关键要素能够体现出体育教研组织特性和未来工作需要，使用胜任力理论又能够弥补进行工作分析时所产生的对组织层面信息和发展需求研究缺失等问题。此外，在本研究中无论是借鉴胜任力理论，还是基于工作分析理论展开探索，其最终目标指向是中小学体育教研员更好地适应和胜任体育教研工作，最大限度地提升专业素养和教研能力，即达到人岗匹配理论中所期望的人员与岗位匹配一致的应然状态。因此，把三者有机地结合起来，将是研究中小学体育教研员胜任力关键要素的有效理论支撑。

中小学体育教研员胜任力关键要素的提取

CHAPTER 3

为了得到科学、合理、全面的中小学体育教研员胜任力初始关键要素，使其后续的要素确立及剖析更加客观、更加贴近体育教研工作实质，本章主要采用了两种经典的胜任力要素提取方法对中小学体育教研员胜任力关键要素进行识别与提炼，并经过对两种途径提取结果的异同比较与整合进一步形成了初始的中小学体育教研员胜任力关键要素。具体的提取途径主要包括：一是基于对文献资料的分析提取中小学体育教研员胜任力关键要素；二是基于对关键事件的访谈提取中小学体育教研员胜任力关键要素。

3.1 基于文献分析提取中小学体育教研员胜任力关键要素

3.1.1 研究目的

通过检索、整理、筛选、分析及把握国内专家学者有关中小学教研员和中小学体育教研员等的研究文献，从中凝练和提取出基于文献分析的中小学体育教研员胜任力关键要素，为下一步基于德尔菲法和统计分析筛选，修正和判定中小学体育教研员胜任力关键要素提供数据支持。

3.1.2 研究资料

作为一项具有中国特色的基础教育教学管理制度，教研制度的相关研究著述主要发表在国内的中文期刊上。同时，中小学体育教研员作为基础教育教研群体的组成部分，在岗位胜任力表现上与教研员整体情况较为相似，只是体育与健康学科理论和实践并重的特殊性使得体育教研员与教研员整体在实践指导方面略显差异。因此，在专门化的中小学体育教研员胜任力研究成果寥寥无几的情况下，体育教研员胜任力研究资料主要选取国内有关中小学教研员和中小学体育教研员概念、内容、评价的研究性论文和政策文件，而国内会议、报纸等简讯类的文献资料未列入本研究的收集与分析范围。

3.1.3 研究方法

本节所使用的方法为计量分析，是以中小学教研员与中小学体育教研员相关的文字资料作为分析对象，按照本研究胜任力关键要素识别的需要，借助Nvivo12软件对所收集的系列文本进行比较、辨别与整理，通过对有关胜任力内容的量化处理，将其分解为若干个分析单元，由此来判定单元所表述的客观事实，进而获得基于文献分析的中小学体育教研员胜任力关键要素。

3.1.4 研究步骤

首先，在CNKI中国知网数据库、万方数据库、维普全文数据库、人大复印报刊资料等网络搜索平台，以“教研员”“体育教研员”“胜任力”“岗位胜任力”“胜任特征”“胜任素质”等词汇为检索关键词，以1964—2020年为检索时限，进行相关文献资料的检索与收集工作。其次，分别对已经检索获取且符合本研究要求的研究性文献进行分析与整理，从中凝练和提取出中小学体育教研员胜任力关键词并进行出现频次和出现文章数的计量统计。最后，参考与借鉴Spencer胜任力词典，对所提炼的胜任力关键词进行整理、拆解、归类以及汇总，进而整合与归纳出基于文献分析的中小学体育教研员胜任力关键要素。具体如下：

第一步，通过对代表性文献的阅读和分析，收集与整理国内文献资料中描述中小学体育教研员胜任力要素的词语（以下称为“关键词”）。

第二步，将国内文献资料导入Nvivo12定性分析软件，对每一个关键词所在的文献数量以及在文献中所出现的频次进行量化统计。

第三步，以“Spencer胜任力词典”为参考借鉴[124]，根据本研究的目的和需要，依据我国教研系统内的实际特点和日常用语表述习惯，结合中小学体育教研员的工作特性与《现代汉语词典（第7版）》《辞海（第七版）》中对相关关键词的释义，对所收集的关键词进行拆解与合并。

第四步，将拆解与合并后的胜任力关键词归纳整理为基于文献分析的中小学体育教研员胜任力关键要素。

基于 Spencer 对全球 200 个以上不同工作展开的有关胜任力的研究结果，建立了胜任力词典，表 3-1 是许多研究者开发胜任力的基本依据[125]。因为"Spencer 胜任力词典"中胜任力及其行为指标包括了工作所需的整体行为，对于每一个具体岗位或工作而言并非十分准确[126]，所以很有必要结合具体的研究领域进行完善性调整。并且，Spencer 在创立胜任力词典时也补充说明到，销售和管理的相关职位更适合参考使用该词典提供的胜任力行为指标评分列表。因此，"Spencer 胜任力词典"中的指标尺度不能直接用于中小学体育教研员胜任力关键要素的识别，而只能作为整理分析内容的过程中，梳理关键词的重要参考之一。同时，在借鉴"Spencer 胜任力词典"的同时，本研究还参考了其他两个方面的内容来归纳和完善基于文献分析的中小学体育教研员胜任力关键要素并对其进行合理划分：一是参考国内的相关文献；二是参照我国的教研领域特点、语言表述习惯、体育教研员的学科特性和工作特质，以及所整理的关键词在《现代汉语辞典（第 7 版）》《辞海（第七版）》中的释义。此外，本研究中基于文献分析所提取的中小学体育教研员胜任力关键要素的描述、内涵和层次划分均不完全等同于"Spencer 胜任力词典"中的具体指标。在实际的分析过程中主要有以下几种情况：

第一，文献资料中提取的关键词与"Spencer 胜任力词典"中的描述一致，关键词直接作为基于文献分析的中小学体育教研员胜任力关键要素纳入要素体系。例如，影响力、个人成就等。

第二，文献资料中提取的关键词与"Spencer 胜任力词典"中的描述不一致，但含义相近，则根据胜任力词典进行转换后作为基于文献分析的中小学体育教研员胜任力关键要素纳入要素体系。例如，统筹协调、组织管控等。

第三，文献资料中提取的关键词不在"Spencer 胜任力词典"的描述范围之内，考虑是否可以将其加入词典中的某个要素，并适切修改要素释义，如果无法归入现有词条，则考虑单独作为一个关键要素纳入要素体系。例如，听评课、上传下达等。

表 3–1 “Spencer 胜任力词典”一览表

胜任力族	胜任力
动机与行动族	成就导向、关注秩序、质量与精确性、主动性、信息寻求
帮助与服务他人族	人际理解、客户服务导向
影响他人族	影响力、组织知觉、关系建立
管理族	培养他人、命令、团队合作、团队领导
认知族	分析性思维、概念性思维、技术的 / 专业的 / 管理知识
个人效能族	自我控制、自信、弹性、组织承诺

3.1.5 研究结果

3.1.5.1 文献检索结果

按照上述检索策略共获得国内相关研究性论文 2749 篇，经过初步检查去除因网络数据库中资料重复交叉而收录的多余论文后共获得相关研究文献 2174 篇，其中硕博论文 476 篇，期刊论文 1698 篇；根据文献检索的方式及标准，逐篇阅读文献的标题和摘要，排除关于中小学教研员或中小学体育教研员的经验介绍、新闻报道、政府工作报告等与本研究主题无关的文献资料 1362 篇，共剩余 812 篇相关文献；进一步聚焦，通读余下研究论文的内容，排除研究对象与中小学教研员胜任力或中小学体育教研员胜任力缺少关联的研究文献，最终纳入所要分析和统计的文献 497 篇。研究文献的筛选流程与步骤及结果如图 3–1 所示。

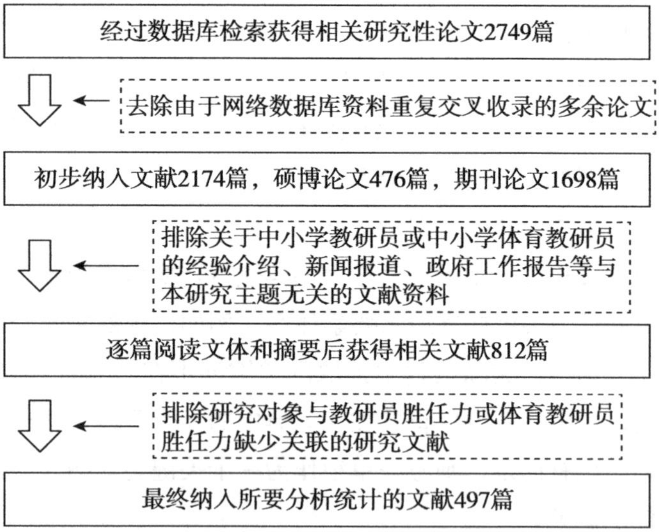

图 3–1 研究文献的筛选流程与步骤及结果示意图

3.1.5.2 文献分析结果

首先，通过文献阅读及梳理，共收集“课程实施”“信息化教学”“总结提炼”“课程设计”“教学研究”“心理健康”等关键词161个。借助Nvivo12定性分析软件，对关键词在文献中所出现的总频次以及所出现的文献数量进行计量统计，操作如图3–2所示。其中“指导”“管理”“服务”“示范课”“课程建设”“指导能力”“实践能力”等105个关键词出现的文献数量在5篇（含）以上，“心理承受”“性格特征”“资源整合”“解读文本”“调查研究”“处理事务”等56个关键词出现的文献数在5篇以下，具体如表3–2所示。

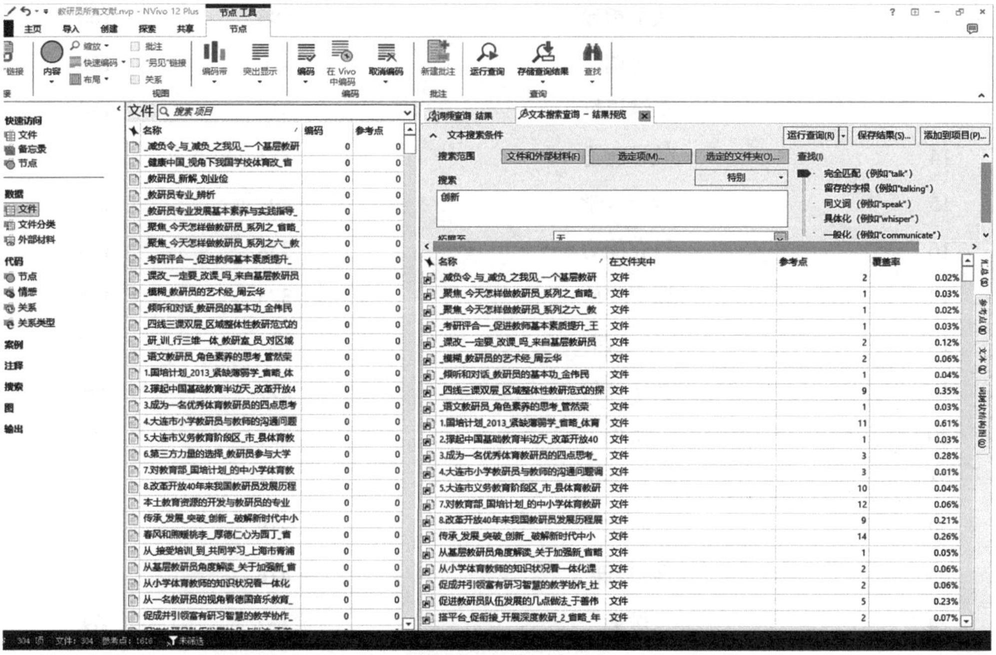

图3–2 Nvivo12分析软件词频统计示意图

表3–2 关键词文献数及总频次统计表

序号	关键词	总频次	文献数
1	指导	7137	473
2	组织	4727	397

续表

序号	关键词	总频次	文献数
3	交流	1824	339
4	管理	4827	325
5	服务	2830	312
6	引领	2828	292
7	合作	1765	261
8	示范	799	220
9	评课	1450	214
10	沟通	1894	166
11	教学指导	586	160
12	协调	420	158
13	总结提炼	317	130
14	教学能力	353	125
15	指导教学	298	125
16	研究能力	358	124
17	课程实施	373	116
18	示范课	221	102
19	教学评价	299	99
20	协作	287	90
21	实践能力	145	76
22	听课	418	71
23	听评课	416	69
24	敬业	137	69
25	课程建设	213	67
26	网络教研	312	62
27	指导教研	92	61
28	指导能力	154	60
29	创新能力	100	59
30	课程设计	128	56
31	教研能力	138	52

续表

序号	关键词	总频次	文献数
32	组织能力	93	50
33	管理能力	113	48
34	课程评价	99	47
35	教改实验	134	45
36	组织协调	65	42
37	服务意识	98	41
38	教学成果	64	41
39	协调能力	72	40
40	观课	114	39
41	议课	105	37
42	思维能力	48	33
43	教学研究	56	31
44	资源开发	44	31
45	上传下达	51	30
46	心理健康	255	27
47	表达能力	50	27
48	服务能力	40	27
49	成果转化	31	26
50	语言表达	33	25
51	课程指导	81	23
52	敬业精神	40	23
53	领导力	106	22
54	教学评估	36	22
55	成果推广	33	22
56	开发能力	51	21
57	沟通能力	47	19
58	教学实践	26	19
59	活动指导	26	18
60	团队建设	51	17

续表

序号	关键词	总频次	文献数
61	课程开发	39	16
62	评价指导	24	16
63	公共服务	142	15
64	教研策略	30	15
65	实施能力	23	15
66	教研知识	87	14
67	洞察力	14	13
68	学术成果	14	13
69	课程资源开发	17	12
70	科研指导	22	11
71	身体健康	13	11
72	开发指导	12	11
73	心理状态	42	10
74	培训能力	19	10
75	课程发展	14	10
76	活动策划	20	9
77	课题研究	15	9
78	推广能力	13	9
79	课程引领	13	9
80	专业服务	12	9
81	成长指导	11	9
82	决策能力	10	9
83	社会交往	19	8
84	适应能力	9	8
85	学科知识	8	8
86	沟通交流	8	8
87	专业引领	15	8
88	模式创新	11	7
89	策划能力	10	7

续表

序号	关键词	总频次	文献数
90	信息化教学	27	6
91	教研效益	15	6
92	信息技术应用	11	6
93	监督管理	10	6
94	指导课堂教学	8	6
95	执教能力	6	6
96	课改推进	6	5
97	规划能力	17	5
98	教师教育知识	8	5
99	课堂教学设计	7	5
100	创造能力	6	5
101	个人特质	6	5
102	教学管理	6	5
103	职业态度	6	5
104	课堂教学实施	5	5
105	自我调节	5	5
106	责任担当	7	4
107	表述能力	5	4
108	教学设计	5	4
109	提炼能力	5	4
110	统筹协调	5	4
111	体育专业知识	5	4
112	心理承受	4	4
113	资源整合	4	4
114	探究能力	4	4
115	教材分析	9	3
116	示范能力	7	3
117	教学实施	6	3
118	概括能力	5	3

续表

序号	关键词	总频次	文献数
119	性格特征	4	3
120	个人成就	3	3
121	创新教学方法	3	3
122	自我调控	3	3
123	课程规划	10	2
124	情绪管理	6	2
125	教育实践	5	2
126	引领示范	5	2
127	论文写作	4	2
128	联系实际	3	2
129	策划设计	2	2
130	诊断能力	2	2
131	身心状态	2	2
132	实际操作	2	2
133	信息处理	2	2
134	课程与教学引领	8	1
135	培训课程	3	1
136	角色践行	3	1
137	教师团队建设	2	1
138	解读文本	2	1
139	调查研究	2	1
140	处理事务	1	1
141	教学改革	1	1
142	课堂驾驭	1	1
143	信息化教学改革	1	1
144	引领教师专业发展	1	1
145	创设教学情境	1	1
146	新技术应用	1	1
147	预测能力	1	1

续表

序号	关键词	总频次	文献数
148	组织教研活动	1	1
149	开展业务培训	1	1
150	指导在职教师	1	1
151	课程执教	1	1
152	课堂观察	1	1
153	计划执行	1	1
154	研培能力	1	1
155	区域统筹	1	1
156	打造学习共同体	1	1
157	改革和实验	1	1
158	课程创新	1	1
159	把控能力	1	1
160	教育引导	1	1
161	责任心	1	1

其次，参考Spencer创立的胜任力词典，对所检索和确定的161个有关中小学体育教研员胜任力的关键词进行拆解与合并。其主要原则有三：第一，关键词与Spencer胜任力词典相一致，故直接作为基于文献分析的中小学体育教研员胜任力关键要素，这样的关键词有38个，如“思维能力”“总结提炼”“合作”“团队建设”等。第二，关键词与Spencer胜任力词典不完全一致，但含义大致相近，则根据词典进行语义转换，这样的关键词有64个，如“监督管理”与词典中“关注秩序”含义相近，则转换为“监督管理”纳入基于文献分析的中小学体育教研员胜任力关键要素，再如“学科知识”与词典中“专业的知识”相近，则将其转换为“学科知识”纳入基于文献分析的中小学育教研员胜任力关键要素。第三，关键词未在Spencer词典范围之内，但考虑到中小学体育教研岗位的特色和工作特性，且文献数量及出现频次较高，依然将其纳入基于文献分析的中小学体育教研员胜任力关键要素，这样的关键词有59个，如“听评课”“课程评价”“上传下达”“课改推进”等，该类关键词所在文献数量较多，出现得也较为频繁，足以见得该领域中专家学者对其认可程度之高，故本研究中将其纳入基于

文献分析的中小学体育教研员胜任力关键要素。

再次，通过对上述结果进行整理和分析，依据每个关键词所蕴含的实际意义与内容共归纳出 28 个基于文献分析的中小学体育教研员胜任力三级关键要素。按照关键词对应数量降序排列依次为：组织协调、听评课、示范课、教研培训、决策能力、课程建设、心理状态、改革创新、教学培训、资源开发、课题指导、成果推广、上传下达、影响力、服务精神、打造学习共同体、敬业精神、信息化教学、体育学科知识、教研成果、成果转化、贯彻执行、性格特征、责任心、教师教育知识、体育教研知识、网络教研、身体状态，如表 3–3 所示。

表 3–3　基于文献分析的中小学体育教研员胜任力三级关键要素统计表

序号	三级要素	关键词数量	关键词名称
1	组织协调	16	组织、沟通、交流、协调、组织能力、协调能力、组织协调、沟通能力、组织教研活动、社会交往、沟通交流、统筹协调、区域统筹、把控能力、协作、合作
2	听评课	14	评课、听课、总结提炼、教学评价、观课、议课、课程评价、教学评估、评价指导、洞察力、概括能力、诊断能力、课堂观察、听评课
3	示范课	12	引领示范、示范能力、实际操作、课堂驾驭、创设教学情境、课程执教、教学实践、执教能力、教学实施、示范、教育实践、示范课
4	教研培训	11	研究能力、教研能力、指导教研、开展业务培训、教学研究、教研策略、科研指导、培训能力、成长指导、培训课程、研培能力
5	决策能力	10	管理能力、规划能力、决策能力、策划设计、预测能力、策划能力、监督管理、教学管理、领导力、管理
6	课程建设	9	课程建设、课程开发、课程发展、课程规划、课堂教学设计、课改推进、课堂教学实施、教改实验、课程资源开发
7	心理状态	8	情绪管理、心理承受、心理健康、心理状态、适应能力、自我调节、自我调控、身心状态
8	改革创新	8	创新能力、思维能力、模式创新、创造能力、创新教学方法、教学改革、课程创新、改革和实验
9	教学培训	7	教学指导、教学能力、指导教学、指导课堂教学、课程指导、活动指导、指导在职教师

续表

序号	三级要素	关键词数量	关键词名称
10	资源开发	6	课程设计、开发能力、资源开发、开发指导、资源整合、探究能力
11	课题指导	5	指导能力、课题研究、提炼能力、论文写作、指导
12	成果推广	5	课程实施、实践能力、成果推广、实施能力、推广能力
13	上传下达	5	上传下达、表达能力、语言表达、表述能力、解读文本
14	影响力	5	课程引领、个人成就、专业引领、引领课程与教学、引领
15	服务精神	5	公共服务、服务能力、专业服务、服务意识、服务
16	打造学习共同体	5	打造学习共同体、团队建设、教师团队建设、活动策划、引领教师专业发展
17	敬业精神	4	敬业、角色践行、敬业精神、职业态度
18	信息化教学	4	信息化教学、信息化教学改革、新技术应用、信息技术应用
19	体育学科知识	4	体育专业知识、学科知识、教材分析、教学设计
20	教研成果	3	教学成果、学术成果、调查研究
21	成果转化	3	成果转化、教研效益、联系实际
22	贯彻执行	3	信息处理、计划执行、处理事务
23	性格特征	2	性格特征、个人特质
24	责任心	2	责任心、责任担当
25	教师教育知识	2	教师教育知识、教育引导
26	体育教研知识	1	教研知识
27	网络教研	1	网络教研
28	身体状态	1	身体健康

多次，依据体育教研岗位的特点及工作特性，对上述 28 项基于文献分析的中小学体育教研员胜任力三级关键要素进行内涵透视，并按照每种要素之间所具有的共同性质进行归纳与总结，从而确定基于文献分析的中小学体育教研员胜任力二级关键要素 9 项，按照要素降序排列依次为：教研指导、教研对策、身心状态、职业品质、教研知识、团队建设、沟通交流、教研应用、教研成就，如表 3–4 所示。

表 3-4 基于文献分析的中小学体育教研员胜任力二级关键要素统计表

序号	二级要素	三级要素数量	三级要素名称
1	教研指导	6	教研培训、听评课、教学培训、课题指导、示范课、打造学习共同体
2	教研对策	5	课程建设、改革创新、资源开发、网络教研、信息化教学
3	身心状态	3	心理状态、身体状态、性格特征
4	职业品质	3	服务精神、敬业精神、责任心
5	教研知识	3	体育学科知识、体育教研知识、教师教育知识
6	团队建设	2	决策能力、贯彻执行
7	沟通交流	2	组织协调、上传下达
8	教研应用	2	成果推广、成果转化
9	教研成就	2	影响力、教研成果

最后，依据国内相关研究文献对中小学体育教研员胜任力进行分析，借鉴“Spencer 胜任力词典”以及相关词典中词义的解释，对上文基于文献分析所确定的中小学体育教研员胜任力二级关键要素进行划分与整理，并确定每一项要素所要表达的实际含义。经过认真分析及研讨论证，拟将基于文献分析的中小学体育教研员胜任力一级关键要素分为以下四个方面：个性特质、教研能力、指导水平、组织协调。基于文献分析的中小学体育教研员胜任力一级关键要素划分如表 3-5 所示。

表 3-5 基于文献分析的中小学体育教研员胜任力一级关键要素统计表

序号	一级要素	二级要素数量	二级要素名称
1	个性特质	3	身心状态、职业品质、教研成就
2	教研能力	2	教研对策、教研知识
3	指导水平	2	教研指导、教研应用
4	组织协调	2	团队建设、沟通交流

3.1.6 小结

运用计量分析，借助 Nvivo12 定性分析软件，参考 Spencer 胜任力词典，对所纳入的有关中小学教研员胜任力和中小学体育教研员胜任力的 497 篇文献进行剖析，对收集的 161 个关键词进行总频次和文献数的计算统计，以关键词拆解与合并、归纳与划分的方式，共得出组织协调、教研培训、课题指导、教学培训、听评课等 28 项基于文献分析的中小学体育教研员胜任力三级关键要素。又通过对三级关键要素的辨别和整理，共归纳教研指导、教研对策、身心状态、职业品质等 9 项基于文献分析的中小学体育教研员胜任力二级关键要素，进而实现基于文献分析的中小学体育教研员胜任力一级关键要素个性特质、教研能力、指导水平、组织协调的提取。

3.2 基于事件访谈提取中小学体育教研员胜任力关键要素

3.2.1 研究目的

通过对不同类型的省、市、区（县）三级中小学体育教研员就体育教研工作中所发生的关键事件和典型事件进行交流、访谈，并对访谈结果进行整理和分析，从而归纳和提炼出基于事件访谈的中小学体育教研员胜任力关键要素，为下一步基于德尔菲法和统计分析，筛选、修正和判定中小学体育教研员胜任力关键要素提供支持。

3.2.2 访谈对象

杜波依斯（Dubois）认为选择访谈对话方法研究胜任力时，影响该类研究最重要的因素不是访谈对象的数量，而是所选取访谈对象的质量[127]。所以，本研究在全国范围内采用目的性抽样的方式，选取了不同地区教育科学研究院、教师教育研究院、教师进修学校、教育局教研室等省级、市级、区（县）三级教研机构中 32 位中小学体育教研员作为访谈对象，进行关于关键工作事件和典型工作事件的访谈交流。访谈对象的来源分布为：上海、北京、深圳、沈阳、大连、吉林、哈尔滨等地。因为只有工作经验较为丰富的人才能够对所从事的岗位具有较为深刻的认识，所以为了保证被访者能较全面地表述和反映出中小学体育教研员胜任力的内容，将访谈对象的入选标准确立为：具有一线教学经验，且从事教研工作 2 年以上的中小学体育教研员。访谈对象基本情况如表 3-6 所示。

表 3-6　访谈对象的基本信息表（*N*=32）

项目	类别	人数 / 人	百分比 /%
性别	男	22	68.75
	女	10	31.25
单位类别	省级	6	18.75
	市级	15	46.88
	区（县）	11	34.37
教研年限	0～5 年	9	28.13
	6～10 年	15	46.87
	11～15 年	5	15.63
	16～20 年	2	6.25
	20 年以上	1	3.12
学历	大专及以下	6	18.75
	本科	16	50.00
	研究生	10	31.25
职称	正高级	2	6.25
	高级	7	21.88
	一级	15	46.87
	二级	6	18.75
	三级	2	6.25

3.2.3　研究方法

根据本节研究的需要，主要采用了关键事件访谈法和扎根理论两种手段对基于事件访谈的中小学体育教研员胜任力关键要素进行采集和提取。

3.2.3.1　关键事件访谈法

关键事件访谈法是指中小学体育教研员在实际工作岗位中遇到的对其个人发

展或所在团队发展有较大影响的事件[128]。本研究通过访谈对32位不同类型中小学体育教研员描述的教研工作案例进行归纳总结，了解体育教研员工作细节。然后对收集到的资料进行汇总、分析、编码，深度挖掘并提炼出中小学体育教研员工作中所需要的胜任力关键要素。该方法在胜任力要素的构建与阐释上具有较高的有效性[129]。在访谈过程中，为保证被访谈者能够始终按照胜任力关键要素这一主题进行表述，本研究根据STAR工具[130]编写了访谈提纲（具体见本书附录1和附录2），用以提高访谈质量。关键事件访谈法的STAR工具如表3-7所示。

表3-7　关键事件访谈法的STAR工具表

核心点	具体内容
情境（Situation）	当时面临什么样的情境？ 什么因素导致这样的情境出现？ 还有什么人参与或在场？ 您当时扮演什么样的角色？
任务（Task）	当时面临的主要任务是什么？ 当时需要达到的目标是什么？
行动（Action）	在那样的情境下，当时心中的想法和感觉是什么？ 在那样的情境下，当时准备采取的行为是什么？ 如何看待当时在场的其他人？ 当时心里想做什么？为什么这么想？ 当时是怎么做的？为什么这么做？
结果（Result）	这件事情最后的结果是什么？ 事后的体会或感受是什么？ 这件事影响您成功或失败的最主要因素是什么？

同时，考虑到访谈结果的质量对后期编码工作与数据统计工作带来的影响，为保证访谈结果的品质和效力，在应用该方法时严格遵循了以下基本原则：

第一，关键事件访谈法具有使用范围广、捕捉信息能力强，易受个人特征影响的特点，因此在记录结果的过程中必须是围绕关键的、典型的事件进行记录，其主要的判断依据在于事件的特点及其所产生的影响。

第二，关键事件访谈法无法区分被访谈对象的胜任力情况[131]，因此在应用过程中要将其和其他研究方法结合使用，才能为调查结果提供真实有效的事实依据。

第三，关键事件访谈法过程中所记录的事件应为中小学体育教研员的具体操作行为，需要“悬置”访谈人员的情感干预，要把客观事实与主观推测区分开来，从客观的角度完成访谈。

本研究为了能够客观、准确地完成编码，在正式进行访谈之前设置了预访谈和预编码环节。通过对预访谈结果的整理、录入、分析，完善访谈方案、熟悉编码过程、做好应对策略。由于中小学体育教研工作实践性较强，访谈中从思考到回答的过程又较为紧凑，这就要求访谈时尽量用较为温和的语气进行提问，并在恰当的时候适时、适当地追问，为访谈创造一个较为轻松的环境。另外，在对访谈对象进行不完美事件访谈的过程中，为避免访谈对象产生畏难情绪，在引导访谈时尽量用“不太完美”等稍微中性的词汇代替如“失败”等容易引起负面情绪的字眼。

3.2.3.2　扎根理论

扎根理论特别强调从行动中产生理论，从行动者的角度构建理论，理论必须来源于资料[132]。具体分析步骤包括：首先，对访谈收集的资料进行初步的判断，剔除偏离主题的信息；其次，逐级输入收集到的资料，建立初概念；再次，比对资料和概念，系统确认与概念相关的生成性理论问题；又次，进一步发展概念，有效建立概念之间的内在联系，并经理论性抽样系统地对资料进行编码；最后，构建理论，力求获得理论概念的密度、变异度和高度。在这一过程之中，核心部分是开放性编码（Open Coding）、主轴编码（Axial Coding）和选择性编码（Selective Coding）三个环节。开放性编码是指将最原始的数据初步概念化和范畴化，从而得到最初的概念（相当于三级关键要素）与范畴（相当于二级关键要素）。主轴编码是指通过对各种概念或范畴进行分类与比较，提炼出主要概念或范畴，即得到“主范畴”（相当于一级关键要素）。选择性编码是指通过分析不同主概念或主范畴之间的联系，进行持续比较并进一步挖掘出能够统摄所有概念或范畴的“核心范畴”。具体过程如图 3-3 所示。

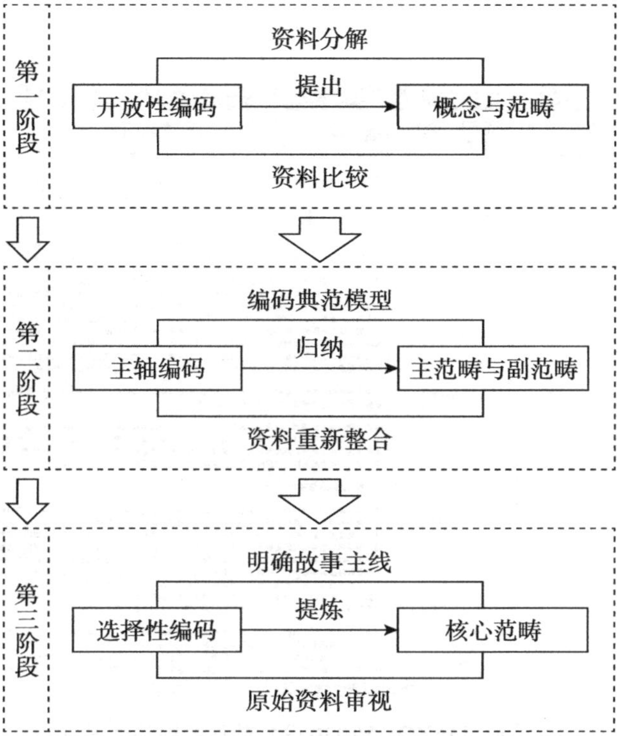

图 3–3 扎根理论数据分析过程图

在本研究中，依照扎根理论数据分析的指导原则，借助 MAXQDA2020 软件对信息资料进行定性分析，如图 3–4 所示。首先，对通过关键事件访谈法所得到的有关中小学体育教研员胜任力的 30 份访谈原始数据（另外 2 份作为饱和度验证资料）进行比较、归纳、总结与提炼，将其中能够表达完整意思的语句逐步登录，完成初步概念化过程，并将登录所形成的每一条语句用字母“E”表示。如“E97 作为地方学科的领头人，能够起到引领的作用”“E328 能够依据不同的听课目的、任务，选择不同的听课角度和侧重点，提高听评课的针对性和实效性”等。其次，对所获得的所有语句进行概念化，对得到的每一条概念用字母“D”表示。如“D3 性格特质”“D14 理论与技能培训”等。在此基础上，再对所获得的所有概念进行范畴化，对所得到的每一个范畴用字母“C”表示。如“C1 教研策略”“C5 职业态度”等。再次，对所有范畴进行主轴编码分析而获得主范畴，对每一个主范畴用字母“B”表示。如“B1 个人特质”“B2 指导能力”等。最后，提出能够统摄所有中小学体育教研员的核心范畴，用字母“A”表示，即

“中小学体育教研员胜任力”。这样就完成了整个数据的分析过程。

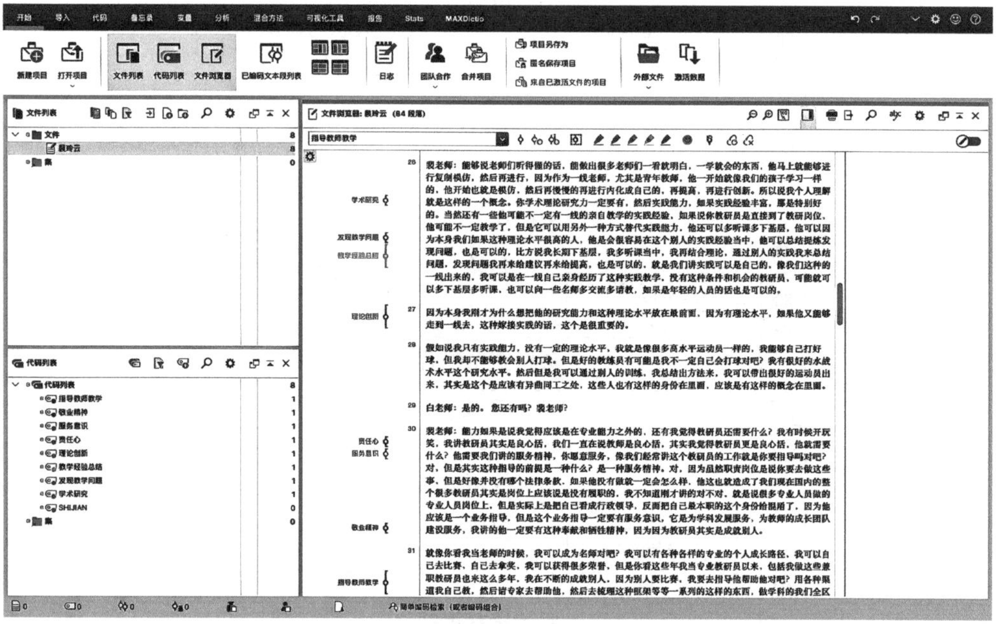

图 3-4　MAXQDA2020 分析软件的编码过程图

3.2.4　研究步骤

首先，进行预研究。包括预访谈和预编码两个部分，其目的是更快地了解中小学体育教研员的工作实际、掌握访谈技巧、熟悉编码操作过程，从而能够准确、快速地从访谈资料中识别并提取出有效信息。

其次，实施正式的关键事件访谈。在具体的实施过程中，主要有以下几点需要明确和注意：第一，由于地域等客观因素限制，访谈主要通过电话或网络的方式进行。为了保证被访谈对象能够在不被打扰的情况下接受访谈，使访谈取得最优的效果，应提前与被访谈者沟通，确定访谈时间和方式[133]。第二，为了对访谈对象有更加深入的了解，获得尽可能多的有效信息，与每位被访谈对象的访谈时间控制在 30 ~ 90 分钟。第三，为使被访谈者能够畅所欲言，访谈前预先告知被访对象此次访谈的目的、为了后期整理访谈将会被录音、访谈内容将以匿名的形式仅应用于学术研究等相关内容，在征得被访对象同意后开始正式访谈。第四，按照预先设计的访谈提纲，先询问被访谈者的个人信息，再由其详细地描述三件自己从事中小学体育教研工作以来自认为所做过的最为成功和存有遗憾的事件。第五，在完成每次访谈之后，及时总结访谈经验、改进访谈方法，为提高下次访谈的质量做准备。

再次，访谈后及时整理访谈结果。通过反复聆听访谈录音，将音频资料逐字、逐句地转录为文本资料。访谈结束后将 32 份访谈记录按照 N1—N32 的顺序进行编号并进行认真校对。其中，30 份用于编码分析，2 份用于饱和度验证。

最后，进行编码统计。依照陈向明教授的质性研究的分析观点，基于扎根理论的研究范式，借助 MAXQDA2020 分析软件对访谈结果进行三级编码，分别为对资料进行登录和寻找本土化概念的开放性编码（一级），对一级编码所获得的范畴进一步聚类，依据相似、过程、主体等关系将各范畴之间建立有联系的主轴编码（二级），通过明确资料的故事路线，发现核心范畴来统领大部分的研究结果，并将其囊括在一个比较宽泛的理论框架之内的选择性编码（三级）。

3.2.5　研究结果

研究结果按照扎根理论的基本操作程序进行数据分析，即通过对中小学体育教研员访谈结果开放性编码、主轴编码和选择性编码的分析而得到相应的研究结果。

3.2.5.1　通过开放性编码分析得到概念与范畴

- 对原始数据归纳整理得到概念化语句

通过对所有访谈数据的整合与验证，确保数据能够真实准确地捕捉和反映中小学体育教研员胜任力的关键要素情况。对 30 份资料进行多次整理归纳后，按照最大限度保持原意、口语转书面语、语句不重复的原则进行逐级登录，并组合其中重复的内容，共获得 394 条代表中小学体育教研员胜任力关键要素的概念化语句（E1～E394），如表 3–8 所示。

表 3–8　原始数据的概念化语句统计表

语句描述	语句描述
E1 能够围绕课堂教学展开研究	E2 教学实施是用理论来指导实践，再由实践来验证理论的过程

续表

语句描述	语句描述
E3 教研员的培训，能够解决课堂实际问题	E4 研究能够服务教学
E5 能准确把握不同年龄段的学情和教学内容	E6 科学研究要聚焦到教学中的某一点
E7 明确如何更好地开展课堂教学	E8 能够运用新模式完成课堂教学
E9 懂得教学的基本规律	E10 教研员应保持良好的身体状态
E11 具有丰富的一线教学经验和成果	E12 能够结合区域特色开发适宜性体育项目
E13 教学经验丰富更有利于开展教研工作	E14 能将研究成果应用于课堂教学
E15 通过自主研发体育器材解决乡镇体育器材匮乏的问题	E16 能利用多种途径推广研究成果
E17 能够处理好社会、学校、家庭的关系	E18 组织有效培训，帮助体育教师提高教学能力
E19 鼓励体育教师大胆创新	E20 能够帮助学校完成各项体育赛事
E21 了解教师的诉求和实际情况	E22 通过培训解决实际教学中的各种问题
E23 知道如何在体育教学中具体落实《体育与健康》课程的基本理念	E24 能够帮助区域体育教师制订符合学校发展战略的体育课程实施方案
E25 能够通过示范课，引领体育教师教学能力提升	E26 能够有效帮助体育教师将信息技术融入体育教学活动
E27 通过创设多种形式的培训，有针对性地帮助体育教师提升教学研究能力	E28 能够传达课程标准和国家相关政策文件
E29 通过信息技术，寻找教学资源	E30 根据体育教师不同的理论与实践需求，合理安排培训课程，提升教研培训针对性
E31 能够利用名师工作室开发体育课程	E32 关注国外主流体育教学内容，并引入培训课程
E33 了解跨学科知识，设计综合实践活动	E34 选用的课程资源能够被体育教师接受
E35 建设符合区域特点的培训课程	E36 能够帮助体育教师从学习者的需要出发，使用教学策略
E37 能够帮助基层体育教师进行体育课程的建设	E38 能够帮助学校开发建设具有学校特色的校本课程
E39 能够发挥引领作用，帮助学校建设体教融合方案	E40 帮助学校间、区域间实现体育学习与锻炼的资源共享
E41 组织开展体育教学微课比赛	E42 组织教学基本功比赛
E43 制作在线课程	E44 能够尝试开发一些以信息技术为基础的体育教学软件，推广体育课程

续表

语句描述	语句描述
E45 能用自身的人格魅力引领区域教师努力工作	E46 善于与体育教师针对课堂教学进行交流，传授成功经验
E47 性格开朗平易近人	E48 帮助体育教师树立正确的教育观
E49 聘请专家为体育教师做理论和实践指导	E50 基于多学科的视角，分析区域内体育教师存在的各种问题
E51 通过调研提升体育教研培训质量	E52 通过听评课对教师进行有针对性的指导
E53 具有发现问题、分析问题、解决问题的能力，并能形成自己的学术观点	E54 了解中小学体育课堂教学中常见项目的动作要领及重难点
E55 通过教研活动促进体育教师教学及研究能力的提高	E56 帮助教师建立职业认同感
E57 为体育教师提供各种有利于其专业发展的信息	E58 督促体育教师制订符合自己专业的发展计划
E59 定期开展工作交流，分享教研成功经验	E60 指导教师撰写简单的科研论文
E61 激发体育教师工作积极性	E62 辅导体育教师参加各种教学比赛
E63 帮助体育教师发现教学问题并形成解决问题的方案	E64 组织体育教师进行定期阅读、评价活动
E65 注重对新教师、骨干教师的培训	E66 带领体育教师进行课改研究并贯彻落实
E67 带领体育教师进行课题研究	E68 督促体育教师提高运动技能水平，提升以运动技能传授为主要教学任务的课堂教学质量
E69 帮助体育教师建立交流群，实现区域体育教师共同发展	E70 了解不同学校的特点，平衡体育教师资源配置
E71 为体育教师更好地完成体育教学，开发教学资源	E72 搭建优质教学资源平台，利用网络课程，实现优师共享
E73 能够借助学校力量组织体育竞赛	E74 能根据教学需要研发体育器材
E75 积极与学校领导沟通，开发有利于体育教师成长的各种资源	E76 定期组织教研培训
E77 组织各种竞赛活动	E78 具备课堂教学的组织能力
E79 能运用计算机编排运动会赛程	E80 对教研员来说，其培训课程的组织策划能力非常重要
E81 能组织各级科研课题研究	E82 能够组织各种评奖评优活动
E83 能够组织各种线上线下培训	E84 组织各种现场会、观摩会、研讨会，还有各种推进会

续表

语句描述	语句描述
E85 采用有利于教研目标达成或适合教研需要的方式开展工作	E86 组织名师课堂进行经验交流
E87 能够组织各种论文评比、学术交流活动	E88 定期组织教学观摩，优课展示
E89 针对新课程理念进行教学模式的开发与应用	E90 有领导意识
E91 教研员无论对个人还是对学校都具有一定的影响力	E92 善于发现体育教师的优点和长处，认同他们的付出
E93 能够依据体育教师的不同能力合理分派任务	E94 敢于承担责任
E95 博学多识，思维活跃	E96 具有一定的学术或教学影响力
E97 作为地方学科的领头人，能够起到引领的作用	E98 具备一定的职称，说话具有说服力
E99 能够帮助教师建立职业自信，激发其工作热情	E100 能全面而准确的制订体育教研工作计划
E101 注重软性管理，不一味追求硬性管理	E102 能够敏锐洞察区域内体育教师的业务水平
E103 注重教师团队管理，促进团队整体提升	E104 搭建管理平台，发挥教师的能力与特长
E105 重视教师日常教学、教研、竞赛、训练的管理与培训	E106 清楚各种比赛、培训的管理程序
E107 能够认识到管理工作为体育教师发展的重要作用	E108 不会限制体育教师的专业发展
E109 注重名师工作室的建设与管理	E110 能在突发状况下，依照环境需求改变行为方式或工作方法
E111 遇事能够头脑冷静，理性思考	E112 执行政策文件时，具有判断和决策能力
E113 在组织和策划教研活动时，要有决策力	E114 策划教研活动不盲目跟风，能依据区域教师需求，针对性开展
E115 能在分析、整理政策文件的基础上，决策培训内容	E116 能够利用信息化设备开展线上培训
E117 能利用手机 App 布置体育作业	E118 能够运用信息工具进行信息搜索，并对所得信息进行处理、生成、协作等系列操作
E119 掌握教研工作所需的信息科学技术理论知识，并能进行基本的信息技术操作	E120 教研员的信息技术水平有助于空中课堂的实施

续表

语句描述	语句描述
E121 能够协助体育教师进行线上课程的制作	E122 能引导体育教师创造性地将多媒体信息设备应用到体育课堂教学中
E123 懂得利用信息化手段提升体育教师的教研水平	E124 能利用 App、多媒体等网络设备为一线教师答疑解惑
E125 懂得新时代下的体育课应如何变革	E126 善于发现体育教师课堂教学中出现的问题，并能针对性提出解决方案
E127 能帮助体育教师开展有效的“学、练、赛”相结合的体育教学	E128 帮助体育教师梳理课程实施过程中的共性问题
E129 教研员不仅仅能够看出问题，还能用专业的知识解决问题	E130 能够积极地与体育教师探讨教研问题
E131 能够通过直观演示，解决教师的教学问题	E132 能够善于发现问题、总结问题，有针对性的提高教学质量
E133 知道教师常态课有什么问题，能通过调研活动帮助教师解决	E134 能利用已有经验，帮助教师分析问题学生，处理教学问题
E135 能帮助体育教师在课堂教学中融入多学科知识	E136 下校指导教师课堂教学
E137 要具备全面的教学知识	E138 引导教师进行校本课程开发
E139 根据课程标准，指导教师教学	E140 针对教师日常常规教学、训练进行指导
E141 通过已有的教学理论知识，帮助教师形成稳固、有效的教学行为体系	E142 能为体育教师的教学提供所需的指导和咨询
E143 能为教师提供继续教育授课	E144 能为体育教师深入解读《体育与健康课程标准》的内涵
E145 通过讲座和案例指导教师教学	E146 能以多种形式调研教学现状，精准指导
E147 能及时有效地对体育教师的教学提出反馈信息	E148 能帮助体育教师深入理解新的课程理念，并引导其应用到教学实践中
E149 使体育教师了解体育与健康课的基本性质	E150 帮助教师制订各种教学计划、方案
E151 具有良好的身体素质，一专多能	E152 带领教师研究体育与健康课程标准和教育文件
E153 进行学术引领，促进区域体育教师队伍的快速成长	E154 引领体育教师以科学的思维，探索体育教学的方法、模式
E155 引导体育教师围绕体育教学课题，开展教学研究	E156 引导体育教师针对教学组织、教学方法、教学模式开展教学研究

续表

语句描述	语句描述
E157 基于教育学的视角，引导教师进行教学模式的探究	E158 鼓励教师围绕课堂出现的教学问题，提出科学的解决方案
E159 开发的课程应具有实用性和可操作性	E160 在与体育教师进行交流的时候能够因人而异地选择恰当的方式进行
E161 通过与教师和领导沟通，了解区域内各学校体育工作的实际情况	E162 以送教下校为载体，密切联系一线教师
E163 善于通过沟通来协调各部门工作，保证工作顺利进行	E164 能够以建设性的意见表达不同意见
E165 能够与体育教师建立有效的信息交流	E166 遇到问题能够清楚地表达出自己的观点和看法
E167 面对不同教师，懂得选择不同的沟通方式进行交流	E168 能够成功邀请专家学者，为区域体育教师进行培训
E169 能够与教师建立各种联系	E170 善于把握各种机会与专业人员进行交流学习
E171 是教师与教师，教师与学校沟通的桥梁	E172 引导体育教师建设学、练、赛、评一体化课程
E173 通过与校领导沟通，落实活动场地、物资保障等问题	E174 通过开展一些小活动，进行交流实践
E175 组织区域体育教师按照课程标准要求进行课程建设	E176 在日常下校过程中，通过交流潜移默化地将教学理念贯彻下去
E177 通过示范课与其他地区教研员进行教学交流	E178 通过示范课将经验传授给教师，让教师能够更好地完成教学
E179 能结合工作实际，将自己对学科的理解、对教学的思考表达出来	E180 能够准确把握国家政策，并能依据国家政策制订符合本省实际的具体实施方案
E181 具有传达文件的意识和理解文件、落实文件的能力	E182 能将对教材的研究和理解传达给教师
E183 组织体育教师深入学习、领会、贯彻《体育与健康课程标准》的精神和理念	E184 能够为国家教育政策、文件的制定献计献策
E185 担任着管理部门与教师之间的桥梁	E186 教研员要经常深入课堂，了解体育教师的教学现状，帮助其总结经验，发现问题，提升质量
E187 带领区域体育教师进行课程开发建设	E188 为了更好地完成工作，应持续学习专业知识

续表

语句描述	语句描述
E189 组织区域内体育教师打造小、初、高一体化课程	E190 要不断学习新知识，跟紧时代步伐，这样才能更好、更准确地指导教师
E191 鼓励体育教师自主研发具有校本特色的体育器材	E192 能够为体育中考政策的实施献计献策
E193 体育教师认可度越高越有利于教研活动的开展	E194 不断学习新的教学理念，指导体育教师开展有效教学
E195 能合理制定每周培训的主题	E196 能够进行各种层次、各种形式的培训
E197 针对不同需求合理制定理论和实践的培训内容	E198 善于发现新兴项目，并能针对新兴项目开展适宜的培训
E199 教研员现在工作的任务和工作的范围首先就是对新教师的培养	E200 培训能够解决实际问题，不流于形式
E201 培训时的组织能力、调查研究能力、实际操作能力、教研员的应变能力、检查教学效果的能力，还有驾驭课堂能力，都是教研员应该具备的培训能力	E202 教师通过接受培训能够有所收获
E203 善于运用多种培训手段，提高科研能力	E204 能够组织各种现场会、观摩会、研讨会、推进会等各种培训会议
E205 培训方式灵活多样，培训效果高质高效	E206 能够将指导方法通过论文、专著、经验总结等方式梳理出来
E207 能完成高质量的观察报告	E208 能结合自己的领域，著书，完成课题，发表论文
E209 具有文字表达能力和撰写技巧	E210 能够完成教研工作报告
E211 能将自己的想法、观点用文字传达给体育教师	E212 能将教学问题转化为课题研究
E213 能够按照科学研究的需求查阅国内、外相关文献	E214 能够带领区域教师申报体育科研课题
E215 能够利用统计软件对调研数据进行处理与分析	E216 具有一定的科研成果积累
E217 能通过自身的体育科学相关研究，推动区域学科发展	E218 能结合教育热点问题，形成自己的观点
E219 能运用已有的知识、信息，展开对未知领域的科学探索	E220 能以科学的思维和适当的方法进行体育领域的相关探索

续表

语句描述	语句描述
E221 要有解读和理解国家政策的能力	E222 能够认真地、深入地去理解、去贯彻、去落实相关政策文件
E223 能在深入解读政策、标准的基础上，制定省内的具体实施意见	E224 对文件进行精准把握，不偏离上级的大政方针
E225 作为教研员必须解读与教学、课改、课堂、学生相关的文件	E226 了解国内主要版本的体育教材
E227 能从国家政策层面解读体育与健康课程标准	E228 了解国家、省、市、县 / 区各级关于体育课堂教学的政策文件
E229 了解与学生相关的文件	E230 能够传达各种文件的要求
E231 能为体育教师上示范课	E232 具备指导教学、引领示范等能力
E233 做展示课、示范课，能给教师或下面的教研员，起到引领作用	E234 教研员要有实践经验及示范能力，才能针对性指导实践
E235 教研员要具有规划意识，能够持续稳定的开展工作	E236 教研员能对辖区内不同水平和能力的体育教师制定不同的发展方向
E237 能坦然面对日常繁重的教研工作	E238 面对领导的不重视，能够做好自己
E239 对于科研经费不足和行政过度干预具有一定的心理承受力	E240 当生活压力、评职压力过大时，能够自我调节
E241 能自我调节工作带来的挫折和压力	E242 将教育部、市教委的教育方针、政策落实到 45 分钟的课堂之中
E243 能根据工作需要研究并制订各学期的体育教研工作计划	E244 教研员要有能够说明问题的骄人业绩
E245 悉心指导体育教师完成教学工作，积极地组织各种研讨形式	E246 与其他地区的教师、教研员进行学科专业方面的交流和学习
E247 会有意识地捕捉与教育相关的前沿信息	E248 能利用数据库查阅国内外资料
E249 研究和实施课堂教学过程中运用的教学方式、方法等	E250 善于学习新的培训模式，有效提高培训效果
E251 不断向专家学习，积累知识，帮助教师更好地解决问题	E252 具有一定的组织教学活动和管理教学事务等能力
E253 指导教学后需要总结经验，转化成自身成果	E254 教学经验丰富，有很深刻的课堂教学底蕴，说话有理有据，不容置疑
E255 能将复杂的东西转化成易于理解的知识，传授于体育教师	E256 能将自己的教学经验传达给老师，让教师去落实到课堂上

续表

语句描述	语句描述
E257 将科研成果落实到教师的课堂中，帮助教师成长	E258 领会国家的教改精神和政策，形成教学成果，指导学校体育教师
E259 把国家的政策、方向，结合地方特色后转换为让教师易于接受的内容	E260 引导体育教师进行体育教学改革
E261 教研员来自一线教师，但是要高于一线教师	E262 体育教研员丰富的教育教学理论知识，有助于对教育政策文件的理解
E263 关注区域外的基础教育教学改革动态，主动学习其他地区的成功经验	E264 教研员应该具备主动发展的创新意识
E265 专业知识功底深厚，专业技能精巧熟练，相关知识渊博	E266 对于别人提出的意见或建议，能够认真反思，积极改进
E267 在指导不熟悉项目时，能主动深入研究	E268 引领区域体育教师进行体育教材教法分析，并能进行大胆创新
E269 教研员下校视导时，能指出课堂教学存在的问题，说明问题形成原因，找出解决对策	E270 时刻关注体育学科领域的最新动态和前沿信息
E271 为教育决策的调整提供依据	E272 组织进行教学改革实验，探索教学领域改革途径
E273 每学期进行教学常规检查	E274 能针对区内体育教师出现的共性问题开展培训
E275 能够基于一定教学经验设计培训课程	E276 能够对多年教研活动进行归纳、总结，提升培训能力
E277 教研员要有总结归纳的能力，才能更好地完成教研培训工作	E278 能够形成观点鲜明、正确，有代表性的课堂教学模式
E279 能用良好的体能状态和积极的心理状态开展工作	E280 具有良好的思想政治素质，对指导、培训工作，充满热情
E281 能用乐观、积极地心态感染身边的体育教师	E282 要身体健康，有足够的精力完成下校指导工作
E283 当遇到一些挫折和困难时，能积极的调整，面对下一次的挑战	E284 能用积极乐观的心态面对工作
E285 能够基于一定指导思想、设计出高质量的教学计划	E286 能够引导体育教师结合不同学情，运用切实合理的教学方法
E287 能够准确理解和把握体育课堂教学	E288 能开发、运用合适的体育教学资源，帮助学生理解知识、技能

续表

语句描述	语句描述
E289 教学基本功扎实，能为体育教师进行教学示范	E290 带领教师从实际出发，确定教育、教学研究专题
E291 能够按照课标要求，拓展学生学习内容	E292 对于教学目标、教学内容、教学方法的制定与选择有自己独到的见解
E293 课堂驾驭能力强	E294 能够冷静处理突发事件
E295 能够准确把握不同教材的教学重难点	E296 示范课堂能引发体育教师对体育课堂教学的思考
E297 能完成不同教学内容的课堂教学，口令清晰、讲解到位、示范标准	E298 能够高效地完成教研培训，使体育教师掌握体育课堂所需的知识、提升教学能力
E299 了解课程改革目标，把握体育教材和体育与健康课程标准	E300 深入了解我国不同阶段体育改革的内容及效果
E301 组织主体多元、形式多种多样的高质量研训活动	E302 知道如何应用不同的体育课堂教学模式开展教学
E303 建设具有体育学科教学研究特色的骨干教师队伍	E304 工作要踏实、认真、讲原则、善创新
E305 了解不同年龄段学生的特点和身体素质发展敏感期	E306 深入探索信息技术在体育课堂教学中的应用形式，督促区域内学校进行信息技术的有效运用
E307 在实际工作中具有为教师教学、为学生学习、为行政部门服务的意识	E308 具有比一线体育教师更高的教学能力
E309 善于营造学习的氛围，调动教师积极参与体育培训活动	E310 疫情时期，学会了应用信息技术指导体育教学活动
E311 不仅能够指导教学，还能亲自完成教学	E312 能随时为体育教师上出色的示范课
E313 能够明确指出体育教师课堂教学中出现的问题	E314 按照工作计划进行听课、评课
E315 能对听课内容进行专业点评，促进体育教师专业技能提高	E316 善于利用听评课的形式提高自身业务能力，教学相长
E317 能看出课堂教学的问题	E318 评课能够抓住关键点
E319 评课时能评出真问题，不流于形式	E320 通过听评课，了解一线教学的实际情况，才能更好地制定宏观政策
E321 能够针对体育教师的性格特点，采取不同的评课方式	E322 利用教研活动开展听评课

续表

语句描述	语句描述
E323 评课时不仅要评出优缺点，还要有自己的观点	E324 通过听评课及校内走访了解区域内各学校的体育具体情况
E325 通过听评课及时发现问题，开展教学研究	E326 通过听负责学段以外的课，了解其他学段学生的水平和学习情况
E327 能够听出特点、抓住实质、点出关键、评出水平、给教师以启示	E328 能够依据不同的听课目的、任务，选择不同的听课角度和侧重点，提高听评课的针对性和实效性
E329 要能够撰写对教育教学、教学改革有参考价值的论文或教学案例	E330 经常深入学校、课堂，和体育教师一起研究课堂教学问题，不断改进教学方法
E331 能够及时发现一线常态课教学中的问题，并给出改进建议	E332 引导教师通过教学反思，寻求教学规律、总结教学得失、获得教学经验
E333 通过基层听课，发现问题，提高教师教学质量	E334 总结有推广价值的成果
E335 通过关注学生学习效果，发现课堂教学问题	E336 关注教育发展趋势，不断完善教育教学知识体系
E337 通过研究先进的教育理念、教育思想，为教研培训提供帮助	E338 善于从体育教学的小问题中梳理出具有普遍意义的大问题，形成教学成果
E339 通过分析教学案例撰写教学论文	E340 善于发现教师教学中出现的问题，并能在深层次成因分析基础上，进行针对性指导
E341 善于以问题为导向，分析解决教学困惑	E342 对教师课上存在的问题要进行及时地分析、总结、反馈
E343 能够系统地组织和拆分教学过程，确定问题出现的因果关系	E344 通过分析教学活动的本质和规律，为教育教学决策提供依据
E345 分析教学问题要全面、系统	E346 通过分析学生体育学习兴趣不高，探讨体育教师教学设计的合理性
E347 对于课堂教学问题要尽早发现、快速分析、及时处理	E348 应具有主动发展和服务的意识
E349 为学科发展、为教师成长、为团队建设服务	E350 为体育教师提供必要的服务
E351 能够为一线体育教师提供专业的指导和有效的培训	E352 能够协助行政部门落实相关政策
E353 能够为体育教师提供专业的业务指导和信息帮助	E354 加强服务意识是提高业务水平的前提

续表

语句描述	语句描述
E355 必须树立为提高学校教育教学质量和促进教师专业发展服务的思想	E356 要全心全意为基层学校服务
E357 通过提高服务意识可以提高教研质量	E358 要急教师之所急，想教师之所想
E359 教研员能助力学校教学改革	E360 要热爱教研事业，用自己的教育热情激发体育教师
E361 要树立为教育事业奉献的精神	E362 组织调研、研修活动，要以体育学科质量为导向
E363 要严谨做事、精益求精，助力体育教育教学发展	E364 要有干一行、爱一行的敬业精神
E365 对待工作具有责任意识，能够高质量完成本职工作	E366 具有全局意识，遇到问题敢于承担
E367 将培养优秀体育教师作为自己的责任和义务	E368 能够真正理解自己肩负的使命和担当
E369 能够认识到自己工作的重要性	E370 把推动地区体育教学发展作为自己的人生目标
E371 能够意识到地区体育教研开展的好坏，与自己有直接的关系	E372 遇到困难的事情能够率先采取行动，为他人做出榜样
E373 为区域目标的达成，不惜牺牲个人利益	E374 能在教研工作中获得极大的满足与成就，愿意为促进体育教师的发展贡献自己
E375 具有强烈的主人翁意识，对待工作能够全情投入	E376 组织课题研讨，要有自己独到的见解，能给人新鲜感
E377 要大胆创新工作方式，要为持续提高教师专业素养提供动力	E378 具有敏锐的洞察力，了解时代的需求，积极创新、勇于改变课堂教学形式
E379 有意识地创造并维护教师间的创造性环境，鼓励教师进行创造性思维	E380 经常能以创新的方式解决发生的问题
E381 具备创新能力，对于事物不盲从跟随，有自己的见解	E382 整合教育教学资源、归纳教育教学行为，创新课程与教学理论思维
E383 通过理论创新，打破老旧的体育课堂教学模式	E384 积极转变教研观念，突破传统封闭式教研思路
E385 教研工作中能够不断地迸发出新的灵感，提升教研效果	E386 了解国家出台的一系列教育教学改革文件，准确把握教育动态
E387 能够深入理解体育核心素养	E388 能围绕体育与健康课程展开相关教育教学研究

续表

语句描述	语句描述
E389 能够深入理解教育教学的新兴概念	E390 知道体育课程改革的历史背景
E391 能从教育学的视角进行体育基础理论的相关研究	E392 为教师提供信息服务和技术咨询
E393“三维服务”即服务教师、服务学校、服务上级部门	E394 承担为教育行政部门决策服务，为教学实践服务的任务

● 对语句进行概念化得到概念

在对大量访谈原始数据进行登录而实现初步概念化后，接下来对所得语句进行概念化和范畴化。换言之，开放性编码的目的在于指认现象、界定概念、发现范畴，也就是处理聚敛问题[134]。开放性编码的程序为定义现象（概念化）—挖掘范畴—为范畴命名—挖掘范畴的性质和性质的维度。对范畴的性质及所表示的维度进行界定是为了从概念到范畴的凝练尽可能的科学。对 394 条语句进行概念化，遵循科学性、相似性及关联性原则，共抽离出 38 个概念（D1—D38），并对每一个概念结合其所代表的实际含义进行了命名，如表 3-9 所示。可被看作基于事件访谈的中小学体育教研员胜任力三级关键要素。

表 3-9　语句的概念化结果（三级关键要素）统计表

编号	概念名称	数量	语句代码
D1	听评课	26	E52、E133、E136、E140、E147、E186、E269、E313、E314、E315、E316、E317、E318、E319、E320、E321、E322、E323、E324、E325、E326、E327、E328、E331、E333、E335
D2	上传下达	21	E28、E144、E149、E152、E164、E166、E176、E180、E181、E182、E183、E184、E221、E222、E223、E224、E225、E230、E271、E352、E394
D3	服务意识	19	E24、E39、E99、E127、E150、E307、E348、E349、E350、E351、E353、E354、E355、E356、E357、E360、E361、E392、E393
D4	组织管理	19	E58、E61、E65、E69、E77、E92、E93、E101、E102、E103、E104、E105、E106、E107、E108、E109、E252、E273、E303

续表

编号	概念名称	数量	语句代码
D5	体育专业知识	17	E129、E132、E134、E188、E226、E227、E228、E229、E251、E265、E270、E299、E300、E305、E387、E390、E391
D6	展示课	17	E25、E78、E88、E131、E162、E177、E178、E231、E232、E233、E234、E289、E296、E297、E308、E311、E312
D7	统筹协调	15	E17、E40、E70、E73、E113、E160、E161、E163、E165、E167、E169、E170、E171、E173、E185
D8	教研培训	15	E27、E51、E55、E60、E76、E130、E195、E196、E201、E203、E276、E277、E298、E301、E362
D9	教学成果	14	E11、E13、E244、E253、E293、E294、E329、E338、E339、E340、E341、E342、E343、E344
D10	信息化教学	14	E26、E29、E72、E79、E116、E117、E118、E119、E120、E121、E123、E124、E306、E310
D11	教学培训	13	E3、E18、E22、E32、E62、E139、E143、E145、E146、E198、E245、E274、E275
D12	策划执行	12	E20、E41、E42、E80、E82、E85、E110、E111、E112、E114、E115、E174
D13	教学创新	12	E19、E122、E264、E377、E378、E379、E380、E381、E382、E383、E384、E385
D14	体育教学知识	12	E54、E100、E137、E141、E142、E194、E285、E286、E287、E292、E295、E345
D15	学术研究	11	E156、E206、E207、E212、E213、E215、E219、E220、E337、E248、E388
D16	成果推广	9	E14、E16、E44、E59、E179、E211、E246、E332、E334
D17	学术成就	9	E4、E53、E153、E208、E209、E210、E216、E217、E218
D18	理论与技能培训	9	E30、E49、E68、E83、E168、E197、E200、E202、E309
D19	课堂问题研究	9	E1、E5、E7、E46、E126、E158、E330、E346、E347
D20	业内影响	8	E45、E91、E96、E97、E98、E193、E254、E261

续表

编号	概念名称	数量	语句代码
D21	责任感	8	E21、E199、E365、E367、E369、E370、E371、E375
D22	课题指导	8	E67、E81、E86、E87、E155、E214、E290、E376
D23	教师教育知识	8	E9、E48、E247、E250、E262、E336、E386、E389
D24	成果转化	8	E23、E148、E242、E255、E256、E257、E258、E259
D25	课程实施研究	8	E2、E6、E36、E63、E128、E192、E249、E268
D26	心理健康	7	E283、E239、E240、E241、E266、E281、E283
D27	课程开发	7	E12、E31、E43、E138、E159、E187、E291
D28	资源开发	7	E15、E34、E71、E74、E75、E191、E288
D29	模式改进	6	E8、E89、E154、E157、E278、E302
D30	课程建设	6	E35、E37、E38、E172、E175、E189
D31	敬业奉献	6	E237、E267、E280、E358、E364、E374
D32	教学改革	6	E66、E125、E260、E263、E272、E359
D33	担当精神	5	E94、E366、E368、E372、E373
D34	性格特质	5	E47、E90、E284、E304、E363
D35	领导规划	5	E56、E57、E235、E236、E243
D36	教育通识知识	5	E33、E50、E95、E135、E190
D37	身体健康	4	E10、E151、E279、E282
D38	组织论坛	4	E64、E84、E204、E205

● 对概念进行范畴化得到范畴

在概念化过程完成后，开放性编码的最后环节即是对所获得的 38 条概念进行范畴化，包括挖掘范畴含义，为范畴命名，理解每一个范畴所具有的意蕴。在进行范畴化的过程中，仍要对所有概念进行不断比较、归纳与凝练，并补充新的资料，尽量使每个概念都能达到饱和状态，使抽象出来的范畴既能够概括其所包含的所有概念，又能在相互之间保持独立状态。同时，这一过程还要尽可能摒弃个人已有观点，做到科学客观。按照上述过程，共凝练出 10 个概念（C1—C10），如表 3-10 所示。获得的范畴可被看作基于事件访谈的中小学体育教研员胜任力二级关键要素。

表 3–10　概念的范畴化结果（二级关键要素）统计表

编号	范畴名称	概念数量	概念代码	语句代码
C1	教研策略	8	D9 D13 D25 D27 D28 D29 D30 D32	E12、E31、E43、E138、E159、E187、E291、E35、E37、E38、E172、E175、E189、E15、E34、E71、E74、E75、E191、E288、E66、E125、E260、E263、E272、E359、E19、E122、E264、E377、E378、E379、E380、E381、E382、E383、E384、E385、E8、E89、E154、E157、E278、E302、E1、E5、E7、E46、E126、E158、E330、E346、E347、E2、E6、E36、E63、E128、E192、E249、E268
C2	指导教学	5	D1 D6 D10 D11 D18	E52、E133、E136、E140、E147、E186、E269、E313、E314、E315、E316、E317、E318、E319、E320、E321、E322、E323、E324、E325、E326、E327、E328、E331、E333、E335、E25、E78、E88、E131、E162、E177、E178、E231、E232、E233、E234、E289、E296、E297、E308、E311、E312、E3、E18、E22、E32、E62、E139、E143、E145、E146、E198、E245、E274、E275、E30、E49、E68、E83、E168、E197、E200、E202、E309、E26、E29、E72、E79、E116、E117、E118、E119、E120、E121、E123、E124、E306、E310
C3	指导科研	4	D8 D17 D22 D38	E27、E51、E55、E60、E76、E130、E195、E196、E201、E203、E276、E277、E298、E301、E362、E64、E84、E204、E205、E67、E81、E86、E87、E155、E214、E290、E376、E156、E206、E207、E212、E213、E215、E219、E220、E337、E248、E388
C4	教研知识	4	D5 D14 D23 D36	E33、E50、E95、E135、E190、E129、E132、E134、E188、E226、E227、E228、E229、E251、E265、E270、E299、E300、E305、E387、E390、E391、E54、E100、E137、E141、E142、E194、E285、E286、E287、E292、E295、E345、E9、E48、E247、E250、E262、E336、E386、E389
C5	职业态度	4	D3 D21 D31 D33	E24、E39、E99、E127、E150、E307、E348、E349、E350、E351、E353、E354、E355、E356、E357、E360、E361、E392、E393、E237、E267、E280、E358、E364、E374、E21、E199、E365、E367、E369、E370、E371、E375、E94、E366、E368、E372、E373

续表

编号	范畴名称	概念数量	概念代码	语句代码
C6	教研成就	3	D9 D17 D20	E11、E13、E244、E253、E293、E294、E329、E338、E339、E340、E341、E342、E343、E344、E4、E53、E153、E208、E209、E210、E216、E217、E218、E45、E91、E96、E97、E98、E193、E254、E261
C7	身心状态	3	D26 D37 D34	E10、E151、E279、E282、E283、E239、E240、E241、E266、E281、E283、E47、E90、E284、E304、E363
C8	队伍建设	3	D12 D4 D35	E20、E41、E42、E80、E82、E85、E110、E111、E112、E114、E115、E174、E58、E61、E65、E69、E77、E92、E93、E101、E102、E103、E104、E105、E106、E107、E108、E109、E252、E273、E303、E56、E57、E235、E236、E243
C9	成果应用	2	D16 D24	E14、E16、E44、E59、E179、E211、E246、E332、E334、E23、E148、E242、E255、E256、E257、E258、E259
C10	沟通交流	2	D2 D7	E28、E144、E149、E152、E164、E166、E176、E180、E181、E182、E183、E184、E221、E222、E223、E224、E225、E230、E271、E352、E394、E17、E40、E70、E73、E113、E160、E161、E163、E165、E167、E169、E170、E171、E173、E185

3.2.5.2　通过主轴编码分析得到主范畴

主轴编码是将开放性编码中所得出的各项范畴联结在一起的过程[135]。主轴编码是对主范畴和副范畴的凝练，而不是简单地把各项范畴堆砌到一起构建理论结构。也就是说，主轴编码仍然是一项发展范畴的工作，只不过是比开放性编码的范畴上升了一级。典范模型是扎根理论方法的一个重要分析工具。利用事件形成的条件、事件的进展过程、事件中运用的策略和所得到的结果，深入、准确地把握该事件。

从访谈资料中提炼的概念在一定程度上代表了基于事件访谈的中小学体育教研员胜任力关键要素，这一概念是中小学体育教研员胜任力有别于其他职业胜任力的重要元素。也就是说，通过开放性编码分析所得到的概念和范畴仅存在于“资料—概念—范畴”的逻辑关系之中。因此，借助典范模型的思维方式，反复考虑中小学体育教研职业特征和工作特性，直接将 10 个范畴归纳为 4 个主范畴（B1—B4），如表 3–11 所示。这些主范畴相当于基于事件访谈的中小学体育教研员胜任力一级关键要素。

表 3–11　主轴编码分析结果（一级关键要素）统计表

编号	主范畴名称	范畴数量	范畴名称与代码
B1	个人特质	3	C5 职业态度、C6 教研成就、C7 身心状态
B2	教研能力	3	C1 教研策略、C4 教研知识、C9 成果应用
B3	指导能力	2	C2 指导教学、C3 指导科研
B4	组织协调	2	C8 队伍建设、C10 沟通交流

3.2.5.3　通过选择性编码分析得到核心范畴

选择性编码是指选择核心范畴，并将其与其他范畴相联系，以补充尚未完备范畴的过程。选择性编码分析过程包括：识别出能够统领其所有范畴的核心范畴；用所有资料及由此开发出来的关系、范畴等简明扼要地阐述全部现象；通过典范模型将核心范畴与其他主范畴或副范畴联结，用所有资料验证范畴之间的联结关系；继续开发范畴使其具有更完备、更细微的特征四方面任务[136]。选择性编码中的资料分析过程与主轴编码资料分析过程差异并不明显，只不过前者处理的分析层次更抽象。

通过对 C1 教研策略、C2 指导教学、C3 指导科研、C4 教研知识、C5 职业态度、C6 教研成就、C7 身心状态、C8 队伍建设、C9 成果应用、C10 沟通交流 10 个范畴的继续考量，尤其对 B1 个人特质、B2 教研能力、B3 指导能力、B4 组织协调 4 个主范畴深入辨析，同时结合原始访谈资料进行互动比较与提问，研究者以“中小学体育教研员胜任力”为核心范畴，并凝练了核心范畴与主范畴关系结构的 4 条故事线，具体如表 3–12 所示。

表 3–12 选择性编码分析结果统计表

编号	核心范畴	主范畴	关系结构的内涵
A1	中小学体育教研员胜任力	B1 个性特质	个性特质是中小学体育教研员胜任力的基础
		B2 教研能力	教研能力是中小学体育教研员胜任力的关键
		B3 指导能力	指导能力是中小学体育教研员胜任力的核心
		B4 组织协调	组织协调是中小学体育教研员胜任力的支撑

3.2.5.4 理论饱和度验证

研究者运用预留的 2 份访谈原始资料进行理论饱和度验证，检验结果显示：除了中小学体育教研员胜任力的 4 个主范畴，即个人特质、教研能力、指导能力、组织协调 4 项一级关键要素，以及 10 个范畴，即教研策略、指导教学、指导科研、教研知识、职业态度、教研成就、身心状态、队伍建设、成果应用、沟通交流 10 项二级关键要素外，并未发现新的主范畴和范畴，在范畴内部也未发现有关中小学体育教研员胜任力的初始概念。因此，运用扎根理论分析所得出的基于事件访谈的中小学体育教研员胜任关键要素已经达到和通过了饱和度验证。

3.2.6 小结

以在全国范围内目的性抽取的 32 位不同类型的省、市、区（县）三级中小学体育教研员为访谈对象，运用扎根理论，通过开放性编码、主轴编码、选择性编码等研究过程，共得到 394 条概念化语句，身体健康、心理健康、性格特质、服务意识、敬业奉献、责任感等 38 个概念（中小学体育教研员胜任力三级关键要素），教研策略、指导教学、指导科研、教研知识、职业态度、教研成就等 10 个范畴（中小学体育教研员胜任力二级关键要素），以及个人特质、教研能力、指导能力、组织协调 4 个主范畴（中小学体育教研员胜任力一级关键要素），并以“中小学体育教研员胜任力”为核心范畴，凝练出核心范畴与主范畴之间关系结构的 4 条故事线。

3.3 中小学体育教研员胜任力关键要素的异同比较及整合

通过对基于文献分析和事件访谈两种方式所提取的中小学体育教研员胜任力

关键要素的比较与鉴别，汇总形成了中小学体育教研员胜任力初始关键要素，进而为下一步基于德尔菲法和统计分析筛选、修正和判定中小学体育教研员胜任力关键要素提供支持。

3.3.1　两种途径提取的中小学体育教研员胜任力关键要素异同分析

经文献分析提取的中小学体育教研员胜任力一级关键要素 4 项、二级关键要素 9 项、三级关键要素 28 项，经事件访谈提取的中小学体育教研员胜任力一级关键要素 4 项、二级关键要素 10 项、三级关键要素 38 项，如表 3–13 所示。

表 3–13　两种途径提取的中小学体育教研员胜任力关键要素比较表

要素级别	提取方式	要素内容
一级关键要素	文献分析提取	个性特质、教研能力、指导水平、组织协调
	事件访谈提取	个人特质、教研能力、指导能力、组织协调
二级关键要素	文献分析提取	身心状态、职业品质、教研成就、教研对策、教研知识、教研指导、教研应用、团队建设、沟通交流
	事件访谈提取	教研策略、指导教学、指导科研、教研知识、职业态度、教研成就、身心状态、队伍建设、成果应用、沟通交流
三级关键要素	文献分析提取	教研培训、听评课、教学培训、课题指导、示范课、打造学习共同体、课程建设、改革创新、资源开发、网络教研、信息化教学、心理状态、身体状态、性格特征、服务精神、敬业精神、责任心、体育学科知识、体育教研知识、教师教育知识、决策能力、贯彻执行、组织协调、上传下达、成果推广、成果转化、影响力、教研成果
	事件访谈提取	课程开发、课程建设、资源开发、教学改革、教学创新、模式改进、课堂问题研究、课程实施研究、听评课、展示课、教学培训、理论与技能培训、信息化教学、教研培训、组织论坛、课题指导、学术研究、教育通识知识、体育专业知识、体育教学知识、教师教育知识、教学成果、学术成就、业内影响、服务意识、敬业奉献、责任感、担当精神、身体健康、心理健康、性格特质、策划执行、组织管理、领导规划、成果推广、成果转化、上传下达、统筹协调

相较于运用文献提取的中小学体育教研员胜任力关键要素，基于关键事件访谈提取的关键要素，能更加符合中小学体育教研员对体育教研岗位所需胜任力的认识，获得的中小学体育教研员胜任力各级关键要素也相对更加全面。通过表 3–13 的直观比较可以发现，基于文献分析提取的中小学体育教研员胜任力关键要素和基于事件访谈提取的中小学体育教研员胜任力关键要素在一级要素的数量上保持相同，都为 4 项，在关键要素的名称上略有差异，表现在“个性特质”与“个人特质”的不同，“指导水平”与“指导能力”的区别，但二者所表达的实际含义趋于一致；在中小学体育教研员胜任力二级关键要素上，首先，基于文献分析的提取数量与基于事件访谈的提取数量略有不同，前者为 9 项，后者为 10 项；其次，基于文献分析的关键要素提取名称与基于事件访谈的关键要素提取名称具有一定差异，如教研指导、指导教学、指导科研、职业态度、职业品质、团队建设、队伍建设等；在中小学体育教研员胜任力三级关键要素的数量上，两种提取结果的差别较大，基于文献分析提取的关键要素为 28 项，基于事件访谈提取的关键要素为 38 项，且在关键要素的名称和含义上也差异较大，包括课程开发、教学改革、教学创新、模式改进、课堂问题研究、课程实施研究、展示课、示范课、业内影响、教育通识知识等。可以看出，这两种提取途径能够实现各级关键要素的相互补充，为提取出较为科学且相对完善的中小学体育教研员胜任力关键要素提供有力支撑。

3.3.2　两种途径提取的中小学体育教研员胜任力关键要素汇总整合

通过上述基于文献分析和基于关键事件访谈两种途径提取的中小学体育教研员胜任力各级关键要素的异同性比较与分析后，通过对每一个关键要素展开辨识和明晰及回归到原材料中捕捉和理解关键要素所代表的实际含义，最终完成了所提取的中小学体育教研员胜任力各级关键要素的调整与合并工作。确定了中小学体育教研员胜任力一级关键要素 4 项，中小学体育教研员胜任力二级关键要素 10 项，中小学体育教研员胜任力三级关键要素 39 项，如表 3–14 所示。

表 3-14　两种途径提取的中小学体育教研员胜任力关键要素汇总表

一级关键要素（4）	二级关键要素（10）	三级关键要素（39）
个性特质	身心状态	身体健康、心理健康、性格特征
	职业品质	服务精神、敬业奉献、责任感、担当精神
教研能力	教研成就	教学成果、学术成就、影响力
	教研知识	教育通识知识、体育学科知识、体育教研知识、教师教育知识
	教研策略	课程开发、课程建设、资源开发、信息化教学、教学改革、教学创新、模式改进、课堂问题研究、课程实施研究、网络教研
	成果应用	成果推广、成果转化
指导能力	指导教学	听评课、展示课、教学培训、理论与技能培训、示范课
	指导科研	课题指导、教研培训、打造学习共同体
组织协调	沟通交流	上传下达、组织协调
	团队建设	领导规划、策划执行、组织管理

3.4　本章小结

为使中小学体育教研员胜任力关键要素的提取更加合理，本章主要采用了两种经典的胜任力要素提取方式对其展开识别和提炼，并经过对提取结果的比较与整合形成了初始的中小学体育教研员胜任力关键要素。首先，运用计量分析，参考 Spencer 胜任力词典，对有关中小学教研员胜任力和中小学体育教研员胜任力的 497 篇文献进行剖析，共得出组织协调、教研培训、听评课等 28 项中小学体育教研员胜任力三级关键要素，教研指导、教研对策、身心状态等 9 项中小学体育教研员胜任力二级关键要素，个性特质、教研能力、指导水平、组织协调 4 项中小学体育教研员胜任力一级关键要素。其次，对 32 位不同类型的中小学体育教研员进行关键事件访谈，通过开放性编码、主轴编码、选择性编码等扎根理论分析过程，共归纳出身体健康、心理健康、性格特质等 38 项中小学体育教研员胜任力三级关键要素，教研策略、指导教学、指导科研等 10 项中小学体育教研员胜任力二级关键要素，个人特质、教研能力、指导能力、组织协调 4 项中小学体育教研员胜任力一级关键要素。最后，通过对两种途径提取的胜任力各级关键要素比较、分析与综合，汇总形成了初始的中小学体育教研员胜任力一级关键要素 4 项，即个性特质、教研能力、指导能力、组织协调；二级关键要素 10 项，即身心状态、职业品质、教研成就等；三级关键要素 39 项，即身体健康、心理健康、性格特征等。

中小学体育教研员胜任力关键要素的确立

CHAPTER 4

为了使中小学体育教研员胜任力关键要素的识别更加精准与可靠，就需要循证体育教研指向，扎根体育教研实际，征询体育教研权威。因此，本章先后运用了德尔菲法和统计分析方法，对中小学体育教研员胜任力关键要素的项数、名称、分类及重要性进行筛选、修正与判定，同时结合理论思辨、现实反馈进一步阐明中小学体育教研员胜任力关键要素的内涵与逻辑关系，以完成中小学体育教研员胜任力关键要素的最终确立。

4.1 基于德尔菲法确立中小学体育教研员胜任力关键要素

4.1.1 研究目的

通过对上文提取和整合的中小学体育教研员胜任力初拟关键要素，采用德尔菲法向体育教研领域专家征询修改建议，确定基于德尔菲法的中小学体育教研员胜任力关键要素，以及各级关键要素的分类和重要程度，进而为下文中小学体育教研员胜任力关键要素的应用奠定基础。

4.1.2 征询对象

德尔菲法应用的核心在于所选取的专家依据专业知识对研究问题进行的专业性判断，因此，专家的权威程度和数量对研究质量的高低具有直接影响[137]。截至目前，研究领域尚未对征询专家的选取制定出明确统一的标准。但有研究表明，当专家符合以下四个条件时，会提高结果的有效性：一是专业方向，看专家专业知识的储备和相关研究成果是否集中在某一个特定领域；二是时间精力，专家同意在研究中投入一定的时间和精力，承诺在中间过程尽量避免中途退出；三是言论自由，专家可以自由表达自己的观点，无须对自己的判断有所顾忌；四是积极反馈，专家能够用平和的心态面对每一轮次的调查，并能积极反馈，特别是当自己的判断与大多数专家的判断结果发生冲突或矛盾时，专家愿意就自己的意见给出合理解释[138-139]。

因此，结合研究主题，参考有关研究指出的德尔菲法中专家的数量一般以 8～20 人为宜[140]。在“量”上拟聘请专家 19 人，在“质”方面拟选择高校体育教研理论研究专家、体育教研管理者及工作在中小学体育教研一线的教研员共同参与中小学体育教研员胜任力关键要素的筛选和修正工作。在进行专家遴选过程中，将具有副高级以上职称、对教研工作有深入了解的高校教师或具有 10 年以上教研经验的教研员，作为纳入的基本标准。最终选择的专家中有博士生导师 6 人，体育与健康课程修订核心组 2 人，省级教学名师 6 人，市级教学名师 5 人。总体上看，所选专家具有较强的专业权威性和专业代表性。其基本情况如表 4–1 所示。

表 4–1　征询专家的基本信息表（N=19）

项目	类别	征询数 / 人	百分比 /%
性别	男	13	68.42
	女	6	31.58
年龄	35～45 岁	7	36.84
	46～55 岁	10	52.63
	56～65 岁	2	10.53
工作年限	10～15 年	6	31.58
	16～20 年	8	42.11
	20 年以上	5	26.32
学历	博士研究生	9	47.37
	硕士研究生	7	36.84
	本科	3	15.79
职称	正高级	14	73.68
	高级	5	26.32

4.1.3 研究方法

本节所使用的研究方法为定量与定性相结合的德尔菲法，应用过程中，严格按照“匿名、反馈、迭代”的要求进行[141]。通过匿名的方式对所选取的高校教育教学研究领域的专家、教研机构的领导以及中小学体育教研一线的教研员进行意见征询，与之展开反复多次的信息交流，根据每位专家所提供的反馈意见对胜任力各级关键要素不断地修正与完善，逐步达成意见一致，即理论饱和，从而确立基于德尔菲法的中小学体育教研员胜任力关键要素。

4.1.4 研究步骤

4.1.4.1 咨询问卷的设计

● 问卷内容

基于以上所提取的中小学体育教研员胜任力关键要素，编写制定《中小学体育教研员胜任力关键要素筛选调查表》。具体的问卷内容包括：中小学体育教研员胜任力各级关键要素的筛选、修正与补充；中小学体育教研员胜任力三级关键要素的重要性判断（仅在第二轮进行）；所咨询专家的基本情况调查；专家对各级要素的判断依据与熟悉程度，并设置补充意见栏，方便专家对各级关键要素进行筛选补充和提出修改建议，详见附录 3 和附录 4。

● 专家自我评价

专家依据理论分析、实践经验、国内研究的了解以及直觉选择四个维度对内容进行判断，并按照影响程度的不同对四个维度赋予不同的分值，如表 4–2 所示。对中小学体育教研员胜任力的熟悉与了解程度划分为 5 个等级，即“非常熟悉”“熟悉”“一般”“不熟悉”“非常不熟悉”，每个等级相应赋予 0.9、0.7、0.5、0.3、0.1 的分值。

表 4–2 专家判断依据及其影响程度量化表

要素判断依据	影响程度（专家自我评价）		
	大	中	小
实践经验	0.5	0.4	0.3

续表

要素判断依据	影响程度（专家自我评价）		
	大	中	小
理论分析	0.3	0.2	0.1
国内研究的了解	0.1	0.1	0.1
直觉选择	0.1	0.1	0.1

● 专家打分依据

评价要素按其重要性程度由高到低划分为5个等级，即"非常重要""重要""一般""不重要""非常不重要"，每个等级相应赋予0.9、0.7、0.5、0.3、0.1的分值，专家将严格按照赋值打分。

4.1.4.2 专家征询的实施

通过对既往研究的梳理发现，运用德尔菲法进行专家咨询时，调查轮数应随着调查的目的进行改变，通常需要2～3轮次[142]。依据本研究所聚焦的问题，结合专家对中小学体育教研员胜任力领域的认识来源和熟悉程度，并考虑每一轮专家的意见和分歧，确定本研究的专家函询以2轮次进行。首先面向19位专家发放预先设计的《中小学体育教研员胜任力关键要素筛选调查表》，在首轮函询结束后将回收的咨询问卷进行整理，对关键要素进行初筛，形成第二轮《中小学体育教研员胜任力关键要素筛选调查表》，再次将咨询问卷发放给各位专家进行评分，在回收所有问卷后汇总专家意见，并对各级要素进行整理、筛选、修正以及数据录入。

4.1.4.3 数理统计的分析

用Excel对数据进行录入整理，用SPSS Statistics 21.0统计软件对数据进行统计分析。用问卷的回收率表示专家积极性，用专家权威系数表示专家可靠性，用算术平均数表示各项要素的重要性，用变异系数表示专家对各要素的协调程度，用专家协调系数表示专家对整体方案的协调程度。

● 问卷回收率

计算公式：问卷回收率 =（收回征询问卷数 / 发出征询问卷数）×100%，问卷回收率越高则一定程度说明专家的积极性越高。

● 专家权威系数

计算公式：$C_r=\frac{C_a+C_s}{2}$

用专家权威系数表示专家可靠性，专家权威系数等于专家判断系数与专家熟悉程度系数的算术平均值，其中 C_r 表示专家权威系数，C_a 表示专家判断系数，C_s 表示专家熟悉程度系数。

● 要素集中程度

计算公式：$M_j=\frac{1}{m_j}\sum_{j=1}^{m}C_{ij}$

各项要素的集中程度用算术平均数表示，其中 M_j 为方案算术平均值，m_j 为参加 j 方案评价的专家数；C_{ij} 为 i 专家对 j 方案的平均值。

● 专家对要素的集中程度

计算公式：① $D_j=\frac{1}{m_j}\sum_{i=1}^{m}(C_{ij}-M_j)^2$

② $\sigma_j=\sqrt{D_j}$

③ $v_j=\frac{\sigma_j}{m_j}$

式①计算 j 方案评价结果的均方差；式②计算 j 方案评价结果的标准差；式③计算 j 方案结果的变异系数。其中，D_j 为 j 方案的方差，标准差代表评价意见的变异程度；v_j 表明了专家对 j 方案相对重要性评价的波动程度，即协调程度，v_j 越小，专家的协调程度越高。

● 专家对整体方案的协调程度

变异系数仅能说明 M_j 个专家对 j 要素的协调程度，但是在研究过程中还希望了解全部 M 个专家对全部 N 项要素的协调程度，通过计算协调系数（W）并进行显著性检验（F 检验）反映专家评价意见的协调程度，具体计算过程如下：

计算公式：① $S_j=\sum_{i=1}^{mj}R_{ij}$

② $M_{Sj}=\frac{1}{n}\sum_{i=1}^{m}S_j$

③ $W=\frac{12}{m^2(n^3-n)}=\sum_{j=1}^{n}d_j^2$

④ $W=\frac{12}{m^2(n^3-n)-m\sum_{j=1}^{m}T_i}=\sum_{j=1}^{m}d_j^2$

$$⑤\ \chi_R^2=\frac{12}{mn(n+1)-\frac{1}{n-1}\sum_{j=1}^{m}T_i}=\sum_{j=1}^{n}d_j^2$$

式①计算专家对 j 要素的等级和；式②计算专家对 j 要素等级和的算术平均值；计算协调系数 W 的值，当无相同等级时以式③计算，当有相同等级时以式④计算；式⑤对协调系数进行显著性检验。其中，S_j 表示 j 要素的等级和，R_{ij} 表示 i 专家对 j 要素的等级，S_j 越大则表示该要素的重要性越高；M_{sj} 表示全部方案评价等级和的算术平均值；T_i 表示相同等级要素，$T_i=\sum_{i=1}^{L}(t^3-t_i)$，$L$ 表示 i 专家在评价中相同的评价组数，T_i 表示在 L 组中的相同等级数；根据自由度（$D.F.$）$=N-1$ 和 χ_R^2 的值，从 χ_R^2 届值表中查出 P 值，若 $P<0.01$ 或 $P<0.05$，则认为其协调系数经检验后具有显著性差异，说明专家之间预测或评估意见的协调性较好；反之，如果 $P>0.05$，则说明专家之间预测或评估的意见协调性较差[143-144]。

4.1.4.4　质量控制

● 针对要素质量的控制

为了能够得到科学、准确、客观的中小学体育教研员胜任力各级要素，在关键要素的筛选过程中遵循以下五点原则[145]：一是全面性原则，所确立的中小学体育教研员胜任力关键要素应全面地反映中小学体育教研员岗位职责和工作内容所需的胜任力；二是科学性原则，在确立中小学体育教研员胜任力关键要素时要充分注意关键要素的分级分类是否合理，同级关键要素之间是否相互独立；三是可获得性原则，所确立的中小学体育教研员胜任力关键要素在体育教研实际工作中拥有可获得的途径；四是灵敏性原则，所确立的中小学体育教研员胜任力关键要素的评价效果要灵敏，要素在评价过程中要能起到较大的作用，并能很好地鉴别中小学体育教研员的胜任力，反之，则该要素不能纳入；五是简捷性原则，所确立的中小学体育教研员胜任力关键要素在满足完整性原则的前提下，为了抓住评价关键，便于处理评价数据，突出重点，避免繁杂，应尽可能地减少关键要素的数量。

● 针对函询质量的控制

调查人员在函询过程中通过向专家详细介绍研究的目的及填写要求，来保证两轮德尔菲专家咨询结果的质量，并在填写完成后认真检查问卷的填写情况，若发现不妥之处及时与专家进行沟通核实。

● 针对数据录入、数据分析的质量控制

在确定数据录入标准的基础上，对所有回收的《中小学体育教研员胜任力关键要素筛选调查表》进行筛查，以确定问卷是否有效，在数据录入的过程中对数据实时进行核查校对，除对录入程序加强控制外，在录入过程中若发现数据存在错误，及时按照有关解决办法进行核实订正。

4.1.5 研究结果

4.1.5.1 第一轮专家函询结果

● 专家积极性

第一轮中小学体育教研员胜任力关键要素筛选调查问卷共计发放 19 份，回收 19 份，问卷回收率与问卷有效率均为 100%。

● 专家权威性

第一轮咨询专家的判断系数为 0.89，咨询专家的熟悉程度为 0.75，计算得出专家的权威性为 0.82。通常来说，专家权威系数越大，权威程度则越高，当权威系数≥ 0.70 时，方可接受[146]。

● 专家意见的集中程度和变异系数

第一轮专家意见对中小学体育教研员胜任力各级关键要素的集中程度和变异系数具体结果如表 4–3～表 4–5 所示。

表 4–3 第一轮专家问卷胜任力一级要素均值与变异系数统计表

一级要素	均值	变异系数
A 个性特质	3.75 ± 0.72	0.19
B 教研能力	4.35 ± 0.75	0.11
C 指导能力	4.95 ± 0.22	0.07
D 组织协调	4.10 ± 0.79	0.15

注：专家意见的集中程度均值为 0～5 分，分值越大则表示要素的重要性越高[147]。要素的变异系数是专家对某一要素重要性的波动或协调程度，变异系数越小则表示专家意见的协调程度越高[148]。

表 4–4 第一轮专家问卷胜任力二级关键要素均值与变异系数统计表

一级要素	二级要素	均值	变异系数
A 个性特质	A1 身心状态	4.15 ± 0.43	0.12
	A2 职业品质	4.19 ± 0.54	0.13
	A3 教研成就	3.75 ± 0.72	0.19
B 教研能力	B1 教研知识	4.15 ± 0.22	0.14
	B2 教研策略	4.56 ± 0.63	0.11
	B3 成果应用	4.22 ± 0.39	0.15
C 指导能力	C1 指导教学	4.89 ± 0.42	0.06
	C2 指导科研	4.45 ± 0.43	0.09
D 组织协调	D1 沟通交流	4.03 ± 0.74	0.14
	D2 团队建设	3.84 ± 0.34	0.17

注：同表 4–3。

表 4–5 第一轮专家问卷胜任力三级关键要素均值与变异系数统计表

一级要素	二级要素	三级要素	均值	变异系数
A 个性特质	A1 身心状态	$A1_1$ 身体健康	4.21 ± 0.37	0.13
		$A1_2$ 心理健康	4.15 ± 0.43	0.16
		$A1_3$ 性格特征	3.72 ± 0.77	0.22
	A2 职业品质	$A2_1$ 服务精神	4.79 ± 0.54	0.11
		$A2_2$ 敬业奉献	4.27 ± 0.24	0.18
		$A2_3$ 责任感	4.12 ± 0.64	0.16
		$A2_4$ 担当精神	4.08 ± 0.71	0.18
	A3 教研成就	$A3_1$ 教学成果	4.33 ± 0.39	0.18
		$A3_2$ 学术成就	4.23 ± 0.48	0.16
		$A3_3$ 影响力	3.90 ± 0.53	0.19
B 教研能力	B1 教研知识	$B1_1$ 教育通识知识	3.97 ± 0.21	0.23
		$B1_2$ 体育学科知识	4.35 ± 0.22	0.15
		$B1_3$ 体育教研知识	4.14 ± 0.48	0.14
		$B1_4$ 教师教育知识	4.07 ± 0.41	0.17

续表

一级要素	二级要素	三级要素	均值	变异系数
B 教研能力	B2 教研策略	$B2_1$ 课程开发	4.14 ± 0.48	0.14
		$B2_2$ 课程建设	4.17 ± 0.59	0.15
		$B2_3$ 资源开发	3.98 ± 0.49	0.20
		$B2_4$ 教学改革	4.56 ± 0.81	0.15
		$B2_5$ 教学创新	4.03 ± 0.33	0.19
		$B2_6$ 模式改进	4.10 ± 0.41	0.18
		$B2_7$ 课堂问题研究	4.62 ± 0.73	0.13
		$B2_8$ 课程实施研究	4.34 ± 0.43	0.15
		$B2_9$ 网络教研	3.75 ± 0.72	0.17
		$B2_{10}$ 信息化教学	4.29 ± 0.51	0.15
	B3 成果应用	$B3_1$ 成果推广	3.98 ± 0.49	0.18
		$B3_2$ 成果转化	3.87 ± 0.72	0.19
C 指导能力	C1 指导教学	$C1_1$ 听评课	4.89 ± 0.32	0.08
		$C1_2$ 展示课	3.87 ± 0.57	0.19
		$C1_3$ 示范课	4.36 ± 0.56	0.17
		$C1_4$ 教学培训	4.53 ± 0.38	0.13
		$C1_5$ 理论与技能培训	4.22 ± 0.39	0.13
	C2 指导科研	$C2_1$ 课题指导	4.11 ± 0.62	0.12
		$C2_2$ 教研培训	4.14 ± 0.52	0.11
		$C2_3$ 打造学习共同体	3.72 ± 0.74	0.17
D 组织协调	D1 沟通交流	$D1_1$ 上传下达	4.07 ± 0.59	0.13
		$D1_2$ 统筹协调	4.01 ± 0.61	0.14
	D2 团队建设	$D2_1$ 领导规划	3.94 ± 0.34	0.09
		$D2_2$ 策划执行	4.03 ± 0.43	0.12
		$D2_3$ 组织管理	4.11 ± 0.38	0.11

注：同表 4-3。

- 专家协调系数

第一轮专家对中小学体育教研员胜任力各级关键要素的重要性协调系数及

X^2 检验结果见表 4–6 所示。

表 4–6　第一轮专家协调系数分析结果统计表

要素	*W* 值	X^2 值	*P* 值
一级要素	0.43	28.26	＜ 0.01
二级要素	0.41	119.93	＜ 0.01
三级要素	0.33	213.45	＜ 0.01

注：协调系数一般在 0～1 波动，对协调系数的显著性用 X^2 检验，若 $P > 0.05$，则认为专家意见的协调程度不好，评估或预测的可信度差，结果不可取；反之，则表明专家的协调程度好，结果可取。

● 专家意见与修改建议

第一轮专家对中小学体育教研员胜任力各级关键要素提出的主要意见集中于各级关键要素的表述不够清晰、关键要素的界定不够明确以及关键要素的划分不够合理三个方面。具体修改建议如下所述：

在中小学体育教研员胜任力一级关键要素方面，有专家认为“个性特质”的表述不清晰，容易产生混淆理解。“个性”通常是指一个人在一定社会环境和教育的影响下所形成的比较固定的特性，如此就难以涵盖身体健康或心理健康这一要素，考虑到无论是“身体健康”，还是“心理健康”，抑或“性格特征”都属于个人层面，所以建议将“个性特质”修改为“个人特质”更为贴切。

在中小学体育教研员胜任力二级关键要素方面，有专家认为“职业品质”容易产生歧义，“品质”一词常指人的行为、作风所表现的思想、认识、品性等本质，如果从三级关键要素“服务意识”“敬业奉献”“责任感”“担当精神”来看，本研究中此要素的含义更多的是要表达中小学体育教研员对于体育教研工作的态度，故建议将“职业品质”修改为“职业态度”。有专家认为“成果应用”应修改为“教研效益”，因为从“成果推广”和“成果转化”两个三级要素来看，二级要素“教研应用”是想表达通过体育教研工作的开展起到对体育与健康课程发展的效果与收益，而不仅仅是指体育教研成果方面的应用和运用。

在中小学体育教研员胜任力三级关键要素方面，有专家认为“身体健康”和“心理健康”的表述不够准确。世界卫生组织（WHO）认为，健康不仅是指没有身体上的疾病，同时在生理、心理和社会适应等方面都应处于良好的状态，可见健康是一个广义概念，包含不同的阐释维度，建议用“状态”予以概括和表达，即“身体状态”和“心理状态”。

有专家认为“责任感”和“担当精神”含义相近，从日常用语来看也更多地将“责任担当”放在一起使用，用以表达专门做某事的人要勇于承担重任和担负起自己的责任，所以建议将“责任感”和“担当精神”合二为一，调整为“责任担当”。

有专家认为三级关键要素“学术成就”与上位要素“教研成就”存在内容交叉，从“学术成就”的并列关键要素“教学成果”来看，将其修改为“学术成果”更为合理。

有专家认为“教育通识知识”“体育学科知识”“体育教研知识”“教师教育知识”之间并非并列互斥的关系，在“教育通识知识”中可包括“体育教研知识”“教师教育知识”，“体育学科知识”“体育教研知识”“教师教育知识”即已经能够准确地表达出中小学体育教研员所需的知识要求，建议将“教育通识知识”予以删除。

有专家认为“课程开发”与“课程建设”语意重复，二者都是通过对施教者和受教者的需求分析来确定课程开设的目的，再根据设定好的课程目的来选择教学内容、设计教学计划、制订实施方案、确定评价形式等一系列过程，因此建议用“课程建设”表述。

有专家认为“网络教研”和“信息化教学”并不属于二级要素“教研策略”的范畴，应该将“信息化教学”划分到“指导教学”中，将“网络教研”划分到“指导科研”中更为准确，因为无论是“信息化教学”还是“网络教研”都是教学或科研的形式之一。

有专家认为“展示课”和“示范课”的实质相同，都是一种以课堂教学为媒介，与体育教师共同挖掘教学规律、探讨教学方法、展示教学经验的教学组织形式，其目的都是要为体育教师的教学起到“示范”作用，是中小学一线体育教师课堂教学水平提高的重要途径，故建议删除“展示课”，保留“示范课”。

有专家认为“教研培训”过于宽泛，由于教研培训组织形式更多的是以专题为主，所以将其改为“专题教研培训”更为恰当。

有专家认为“组织管理”与上位一级要素“组织协调”语义相似，结合体育教研员在实际工作中的职责要求和岗位任务，建议将“组织管理”调整为“统筹协调”。

通过第一轮德尔菲法专家咨询，对中小学体育教研员胜任力各级关键要素进行了筛选、修正与补充，共得出中小学体育教研员胜任力一级关键要素 4 项，即个人特质、教研能力、指导能力、组织协调；二级关键要素 10 项，即身心状态、职业态度、教研成就、教研知识、教研策略、教研效益、指导教学、指导科研、沟通交流、团队建设；三级关键要素 35 项，即身体状态、心理状态、性格特征、服务精神、敬业奉献、责任担当、教学成果、学术成果、影响力、体育学科知识等，如表 4–7 所示。

表 4–7　第一轮专家咨询中小学体育教研员胜任力各级关键要素统计表

一级要素（4）	二级要素（10）	三级要素（35）
A 个人特质	A1 身心状态	$A1_1$ 身体状态 $A1_2$ 心理状态 $A1_3$ 性格特征
	A2 职业态度	$A2_1$ 服务精神 $A2_2$ 敬业奉献 $A2_3$ 责任担当
	A3 教研成就	$A3_1$ 教学成果 $A3_2$ 学术成果 $A3_3$ 影响力
B 教研能力	B1 教研知识	$B1_1$ 体育学科知识 $B1_2$ 体育教研知识 $B1_3$ 教师教育知识
	B2 教研策略	$B2_1$ 课程建设 $B2_2$ 资源开发 $B2_3$ 教学改革 $B2_4$ 教学创新 $B2_5$ 模式改进 $B2_6$ 课堂问题研究 $B2_7$ 课程实施研究
	B3 教研效益	$B3_1$ 成果推广 $B3_2$ 成果转化
C 指导能力	C1 指导教学	$C1_1$ 听评课 $C1_2$ 示范课 $C1_3$ 教学培训

续表

一级要素（4）	二级要素（10）	三级要素（35）
C 指导能力	C1 指导教学	$C1_4$ 信息化教学 $C1_5$ 理论与技能培训
	C2 指导科研	$C2_1$ 课题指导 $C2_2$ 网络教研 $C2_3$ 专题教研培训 $C2_4$ 打造学习共同体
D 组织协调	D1 沟通交流	$D1_1$ 上传下达 $D1_2$ 统筹协调
	D2 团队建设	$D2_1$ 领导规划 $D2_2$ 策划执行 $D2_3$ 组织管理

4.1.5.2 第二轮专家函询结果

● 专家积极性

第二轮中小学体育教研员胜任力关键要素筛选调查问卷共计发放 19 份，回收 19 份，问卷回收率和问卷有效率均为 100%。

● 专家权威性

第二轮所咨询专家的判断系数为 0.93，所咨询专家的熟悉程度为 0.78，计算得出专家的权威性为 0.86。一般而言，专家权威系数越大，权威程度越高，当权威系数≥ 0.70 时，方可接受[146]。

● 专家意见的集中程度和变异系数

第二轮专家意见对中小学体育教研员胜任力各级关键要素的集中程度和变异系数具体结果如表 4–8～表 4–10 所示。

表 4–8 第二轮专家问卷胜任力一级关键要素均值与变异系数统计表

一级要素	均值	变异系数
A 个人特质	4.14 ± 0.72	0.16
B 教研能力	4.85 ± 0.45	0.09
C 指导能力	4.93 ± 0.39	0.04
D 组织协调	4.39 ± 0.66	0.14

注：同表 4–3。

表 4-9 第二轮专家问卷胜任力二级关键要素均值与变异系数统计表

一级要素	二级要素	均值	变异系数
A 个人特质	A1 身心状态	4.17 ± 0.23	0.13
	A2 职业态度	4.23 ± 0.45	0.07
	A3 教研成就	4.04 ± 0.49	0.15
B 教研能力	B1 教研知识	4.35 ± 0.21	0.06
	B2 教研策略	4.46 ± 0.61	0.15
	B3 教研效益	4.27 ± 0.43	0.11
C 指导能力	C1 指导教学	4.92 ± 0.04	0.03
	C2 指导科研	4.71 ± 0.09	0.05
D 组织协调	D1 沟通交流	4.12 ± 0.34	0.14
	D2 团队建设	3.98 ± 0.27	0.15

注：同表 4-3。

表 4-10 第二轮专家问卷胜任力三级关键要素均值与变异系数统计表

一级要素	二级要素	三级要素	均值	变异系数
A 个人特质	A1 身心状态	$A1_1$ 身体状态	4.19 ± 0.41	0.14
		$A1_2$ 心理状态	4.21 ± 0.47	0.15
		$A1_3$ 性格特征	3.97 ± 0.65	0.19
	A2 职业态度	$A2_1$ 服务精神	4.80 ± 0.51	0.10
		$A2_2$ 敬业奉献	4.25 ± 0.31	0.16
		$A2_3$ 责任担当	4.11 ± 0.56	0.15
	A3 教研成就	$A3_1$ 教学成果	3.99 ± 0.51	0.17
		$A3_2$ 学术成果	4.13 ± 0.59	0.16
		$A3_3$ 影响力	4.05 ± 0.51	0.19
B 教研能力	B1 教研知识	$B1_1$ 体育学科知识	4.33 ± 0.53	0.15
		$B1_2$ 体育教研知识	4.22 ± 0.31	0.13
		$B1_3$ 教师教育知识	4.45 ± 0.22	0.12
	B2 教研策略	$B2_1$ 课程建设	4.21 ± 0.43	0.13
		$B2_2$ 资源开发	4.01 ± 0.44	0.16

续表

一级要素	二级要素	三级要素	均值	变异系数
B 教研能力	B2 教研策略	$B2_3$ 教学改革	4.39 ± 0.47	0.13
		$B2_4$ 教学创新	4.17 ± 0.59	0.15
		$B2_5$ 模式改进	4.10 ± 0.42	0.17
		$B2_6$ 课堂问题研究	4.56 ± 0.81	0.11
		$B2_7$ 课程实施研究	4.03 ± 0.33	0.16
	B3 教研效益	$B3_1$ 成果推广	4.11 ± 0.41	0.15
		$B3_2$ 成果转化	4.12 ± 0.43	0.14
C 指导能力	C1 指导教学	$C1_1$ 听评课	4.90 ± 0.33	0.07
		$C1_2$ 示范课	4.65 ± 0.43	0.10
		$C1_3$ 教学培训	4.59 ± 0.51	0.12
		$C1_4$ 信息化教学	4.31 ± 0.49	0.12
		$C1_5$ 理论与技能培训	4.34 ± 0.62	0.16
	C2 指导科研	$C2_1$ 课题指导	4.22 ± 0.32	0.08
		$C2_2$ 网络教研	3.89 ± 0.67	0.18
		$C2_3$ 专题教研培训	4.26 ± 0.56	0.14
		$C2_4$ 打造学习共同体	4.02 ± 0.44	0.16
D 组织协调	D1 沟通交流	$D1_1$ 上传下达	4.22 ± 0.39	0.13
		$D1_2$ 统筹协调	4.11 ± 0.62	0.12
	D2 团队建设	$D2_1$ 领导规划	3.95 ± 0.44	0.14
		$D2_2$ 策划执行	4.11 ± 0.45	0.13
		$D2_3$ 组织管理	4.20 ± 0.59	0.09

注：同表 4-3。

● 专家协调系数

第二轮专家对中小学体育教研员胜任力各级关键要素的重要性协调系数及 X^2 检验结果如表 4-11 所示。

表 4-11 第二轮专家协调系数分析结果统计表

要素	*W* 值	X^2 值	*P* 值
一级要素	0.51	39.34	＜ 0.01
二级要素	0.43	167.48	＜ 0.01

续表

要素	*W* 值	X^2 值	*P* 值
三级要素	0.37	227.36	< 0.01

注：同表 4-6。

● 专家意见与修改建议

第二轮征询，专家在要素的明确与完善方面对中小学体育教研员胜任力各级关键要素进一步提出了相应修改建议，具体如下：

有专家认为服务是一种意识或态度而不是一种精神，把“服务精神”修改为“服务意识”更能准确地表达出中小学体育教研员自觉主动地服务于基础教育阶段学校体育工作。

有专家认为三级关键要素“影响力”的涵盖范围过于广泛，在本研究中更多的是指向中小学体育教研领域的影响力，建议将其调整为“业内影响力”。从一级关键要素“个人特质”来看，把二级关键要素“教研成就”修改为“个人成就”更易理解。

有专家认为可考虑把三级关键要素“体育学科知识”和“体育教研知识”修改为“体育专业知识”和“体育教学知识”，这样二级关键要素“教研知识”所包含的三级关键要素“体育专业知识”“体育教学知识”和“教师教育知识”之间就能形成清晰的并列统一关系。

有专家认为“教学改革”“教学创新”与“模式改进”之间的表述不清、含义不明，“改革”从语意上来讲就是否定旧事物，追求新事物，本质上就是“创新”。同时“模式改进”即是对体育教学模式的改变和优化，一定意义上就是“教学改革”，所以需要对三者重新斟酌完善，建议将“模式改进”修改为“模式创新”，“教学改革”和“教学创新”合并为“教改实验”。

有专家认为“课程实施研究”并无存在的必要，因为无论是“成果推广”抑或是“成果转化”都包含着“课程实施”的含义，故建议将其删除。

有专家认为体育“理论与技能培训”就是指体育基本功培训，其目的即更好地开展体育教学，所以建议把“教学培训”和“理论与技能培训”进行组合，调整为“教学基本功培训”。

有专家认为“科研”与“教研”存在一定的差异，建议将二级关键要素“指导科研”修改为“指导教研”，且在指导教研中还有一种新的实施形态就是以论坛为方式组织体育教研活动，建议增加三级要素“组织教研论坛”。

有专家认为“课题指导”三级要素应该修改为“课题引领”，因为中小学一线体育教师仍以体育教学活动为主要任务和主要工作，在科学研究或课题撰写上，中小学体育教研员更多地担当一种引领者的角色。

有专家认为“领导规划”在中小学体育教研员实际的教研工作中体现得并不十分明显，以中小学体育教研员的角色和职能来看，其更多的是一群活跃于基础教育阶段学校体育领域专门从事教学研究、指导、服务、管理等工作的人员，从这点来看，建议把二级要素“团队建设”下设的“领导规划”“策划执行”和“组织管理”调整完善为“活动策划”“计划执行”和“组织管控”。

因此，通过第二轮德尔菲法专家咨询，主要对中小学体育教研员胜任力各级关键要素进行修改与完善，共得出中小学体育教研员胜任力一级关键要素 4 项，即个人特质、教研能力、指导能力、组织协调；二级关键要素 10 项，即身心状态、职业态度、个人成就、教研知识、教研策略、教研效益、指导教学、指导教研、沟通交流、团队建设；三级关键要素 33 项，即身体状态、心理状态、性格特征、服务意识、敬业精神、责任担当、教学成果、学术成果、业内影响力、体育专业知识等，如表 4–12 所示。

表 4–12　第二轮专家咨询中小学体育教研员胜任力各级关键要素统计表

一级要素（4）	二级要素（10）	三级要素（33）
A 个人特质	A1 身心状态	$A1_1$ 身体状态 $A1_2$ 心理状态 $A1_3$ 性格特征
	A2 职业态度	$A2_1$ 服务意识 $A2_2$ 敬业精神 $A2_3$ 责任担当
	A3 个人成就	$A3_1$ 教学成果 $A3_2$ 学术成果 $A3_3$ 业内影响力
B 教研能力	B1 教研知识	$B1_1$ 体育专业知识 $B1_2$ 体育教学知识 $B1_3$ 教师教育知识
	B2 教研策略	$B2_1$ 课程建设

续表

一级要素（4）	二级要素（10）	三级要素（33）
B 教研能力	B2 教研策略	$B2_2$ 资源开发 $B2_3$ 模式创新 $B2_4$ 教改实验 $B2_5$ 课堂问题研究
	B3 教研效益	$B3_1$ 成果转化 $B3_2$ 成果推广
C 指导能力	C1 指导教学	$C1_1$ 听评课 $C1_2$ 示范课 $C1_3$ 信息化教学 $C1_4$ 教学基本功培训
	C2 指导教研	$C2_1$ 课题引领 $C2_2$ 网络教研 $C2_3$ 专题教研培训 $C2_4$ 组织教研论坛 $C2_5$ 打造学习共同体
D 组织协调	D1 沟通交流	$D1_1$ 上传下达 $D1_2$ 统筹协调
	D2 团队建设	$D2_1$ 活动策划 $D2_2$ 计划执行 $D2_3$ 组织管控

- 中小学体育教研员胜任力关键要素分类

根据第二轮专家对中小学体育教研员胜任力三级关键要素分类的判断结果得出：中小学体育教研员胜任力三级关键要素中基本要素有 7 项，依次为身体状态、心理状态、性格特征、敬业精神、责任担当、上传下达、计划执行；中小学体育教研员胜任力三级关键要素中发展要素有 26 项，依次为服务意识、教学成果、学术成果、业内影响力、体育专业知识、体育教学知识、教师教育知识、课程建设、资源开发、模式创新、教改实验、课堂问题研究、成果转化、成果推广、听评课、示范课、信息化教学、教学基本功培训、课题引领、网络教研、专题教研培训、组织教研论坛、打造学习共同体、统筹协调、活动策划、组织管控，如表 4–13 所示。

表 4–13 中小学体育教研员胜任力三级关键要素的判断结果统计表

三级要素	基本要素		发展要素		分类判断
	人数	占比	人数	占比	
$A1_1$ 身体状态	19	100%	0	0	基本要素
$A1_2$ 心理状态	18	94.74%	1	5.26%	基本要素
$A1_3$ 性格特征	17	89.47%	2	10.53%	基本要素
$A2_1$ 服务意识	5	26.32%	14	73.68%	发展要素
$A2_2$ 敬业精神	15	78.95%	4	21.05%	基本要素
$A2_3$ 责任担当	17	89.47%	2	10.53%	基本要素
$A3_1$ 教学成果	0	0	19	100%	发展要素
$A3_2$ 学术成果	0	0	19	100%	发展要素
$A3_3$ 业内影响力	0	0	19	100%	发展要素
$B1_1$ 体育专业知识	0	0	19	100%	发展要素
$B1_2$ 体育教学知识	0	0	19	100%	发展要素
$B1_3$ 教师教育知识	0	0	19	100%	发展要素
$B2_1$ 课程建设	0	0	19	100%	发展要素
$B2_2$ 资源开发	0	0	19	100%	发展要素
$B2_3$ 模式创新	0	0	19	100%	发展要素
$B2_4$ 教改实验	0	0	19	100%	发展要素
$B2_5$ 课堂问题研究	2	10.53%	17	89.47%	发展要素
$B3_1$ 成果转化	1	5.26%	18	94.74%	发展要素
$B3_2$ 成果推广	1	5.26%	18	94.74%	发展要素
$C1_1$ 听评课	0	0	19	100%	发展要素
$C1_2$ 示范课	0	0	19	100%	发展要素
$C1_3$ 信息化教学	0	0	19	100%	发展要素
$C1_4$ 教学基本功培训	0	0	19	100%	发展要素
$C2_1$ 课题引领	0	0	19	100%	发展要素
$C2_2$ 网络教研	0	0	19	100%	发展要素
$C2_3$ 专题教研培训	0	0	19	100%	发展要素
$C2_4$ 组织教研论坛	0	0	19	100%	发展要素
$C2_5$ 打造学习共同体	0	0	19	100%	发展要素

续表

三级要素	基本要素		发展要素		分类判断
	人数	占比	人数	占比	
$D1_1$ 上传下达	10	52.63%	9	47.37%	基本要素
$D1_2$ 统筹协调	7	36.84%	12	63.16%	发展要素
$D2_1$ 活动策划	4	21.05%	15	78.95%	发展要素
$D2_2$ 计划执行	10	52.63%	9	47.37%	基本要素
$D2_3$ 组织管控	5	26.32%	11	73.68%	发展要素

注：为保证关键要素分类的科学性与合理性，以＞50%（＞9人）为要素的判断标准进而确定每一项要素的分类。

4.1.6　小结

采用德尔菲法对19位中小学体育教研领域的专家进行征询。两轮调查的回收率及有效率均为100%，说明专家的研究参与性非常高；两轮咨询专家的权威系数分别为0.82和0.86，说明专家的预测结果具有较高可靠性；两轮咨询专家对中小学体育教研员胜任力各级关键要素的重要性评分趋于一致，对要素的认可度和集中度趋于统一，其变异系数均未超过0.25，表明专家对要素的协调程度有所上升；从两轮专家的协调系数来看，各级要素第二轮的 W 值高于第一轮 W 值，且 $P < 0.01$，具有显著性差异，表明专家协调程度具有增高倾向，结果可取。从而确立了中小学体育教研员胜任力一级关键要素4项、二级关键要素10项、三级关键要素33项（基本要素7项和发展要素26项）。

4.2　基于统计分析确立中小学体育教研员胜任力关键要素

4.2.1　研究目的

通过以上基于德尔菲法确立的中小学体育教研员胜任力关键要素，编制和施测《中小学体育教研员胜任力水平自评问卷》，运用探索性因子分析确立最终的中小学体育教研员胜任力关键要素，进而为下文中小学体育教研员胜任力关键要素的应用奠定基础。

4.2.2 调查对象

基于研究目的与需要，采用分层随机抽样的方式，于 2020 年 12 月在全国范围内选取省、市、区（县）教育科学研究院、教师教育研究院、教师进修学校、教育局教研室等机构中不同类型的中小学体育教研员作为调查对象，进行《中小学体育教研员胜任力水平自评问卷》的网络发放与回收工作。共计发放《中小学体育教研员胜任力水平自评问卷》530 份，回收问卷 434 份，回收率为 81.89%；剔除无效和可疑问卷后，共得到有效《中小学体育教研员胜任力水平自评问卷》412 份，有效率为 94.93%。调查对象的基本情况如表 4–14 所示。

表 4–14 调查对象的基本信息表（*N*=412）

属性	类别	人数	所占百分比 /%
性别	男	248	60.19
	女	164	39.81
年龄	≤ 35 岁	54	13.11
	36～45 岁	143	34.71
	46～55 岁	177	42.96
	≥ 56 岁	38	9.22
职称	正高级	19	4.61
	高级	201	48.79
	一级	97	23.54
	其他	95	23.06
教研级别	省级	29	7.04
	市级	130	31.55
	区（县）级	253	61.41

4.2.3 研究方法

本节采用的方法为问卷调查法和数理统计法。在问卷调查法中使用的问卷为自制的《中小学体育教研员胜任力水平自评问卷》，此问卷包括由上文基于德尔菲法确立的中小学体育教研员胜任力关键要素为参照来源设计的 33 个项目，问卷采用 Likert 自评 5 点计分，得分共分为 1～5 个等级，分别对应 1～5 分，选择的得分越大，即表明中小学体育教研员胜任力水平越趋向于符合理想标准，反之则亦然，详见本书附录 5。在数理统计法中数据质量审核和分析工具将采用 SPSS Statistics 21.0 统计软件对所收集到的数据资料进行统计处理和探索性因子分析，并采用 AMOS 21.0 进行验证性因子分析。

4.2.4 研究步骤

首先，设计施测问卷。《中小学体育教研员胜任力水平自评问卷》的题项全部来源于基于文献分析和事件访谈所提取的要素和基于德尔菲法所确立的中小学体育教研员胜任力关键要素。包括一级关键要素 4 项、二级关键要素 10 项、三级关键要素 33 项。为使接受问卷调查的中小学体育教研员能够清晰了解各要素的内涵，自评问卷中对每一项关键要素所体现的内涵进行较为详细的标注。

其次，发放与回收问卷。在预调查的基础上进行正式的问卷施测，受疫情等因素影响，问卷的施测方式为网络发放并网络回收。问卷采取自我评价的答题方式，调查对象参照注释中关键要素内涵结合自身情况在每个题项下选择一项与自己相符的等级进行评分，5 个等级分别对应 1～5 分，问卷总得分范围在 33～165 分。填写问卷的时间要求控制在 15 分钟以内。统计处理前将问卷结果中含有较多空白值和所填写题项得分均相同的问卷作为无效及可疑调查问卷，予以剔除。

最后，统计与分析施测结果。在收集被调查者的中小学体育教研员胜任力水平自评得分基础上，进行项目与总分相关性分析、临界比率分析、探索性因子分析、主成分分析、验证性因子分析等统计处理，以剔除因子间区分度较低且不合逻辑的题项，并对剔除题项后的剩余题项进行信度和效度检验，以验证剩余题项之间的可靠性与有效性，进而实现中小学体育教研员胜任力关键要素的最终确立。

4.2.5 研究结果

4.2.5.1 项目分析

项目分析的主要目的在于检验所编制问卷的个别题项可靠程度以及适切性。

项目分析的检验就是探究问卷填写高低分的受试者在每个题项中的差异性或进行题项间同质性检验，项目分析结果可作为个别题项筛选或修改的依据[149]。基于此，本研究主要运用相关性分析和临界值对所得数据采取项目分析。

● 题项与总分的相关分析

在《中小学体育教研员胜任力水平自评问卷》中，题项与项目总分之间相关系数越大，说明题项与总体之间的一致性越高，与中小学体育教研员胜任力水平就越接近。结果显示，中小学体育教研员胜任力水平自评的 33 个题项相关系数高于 0.5，且 33 个题项与项目总分之间具有显著性水平（$P < 0.01$），故保留《中小学体育教研员胜任力水平自评问卷》中的 33 个题项。

● 临界比率分析

将《中小学体育教研员胜任力水平自评问卷》施测所得总分的前 27% 和后 27% 作为临界组界限，临界组在所有题项上的均值差异均达到了显著性水平（$P < 0.01$）。同时，胜任力水平个别题项与总得分相关性分析的结果表明，个别题项与总得分的相关系数均达到了显著性水平（$P < 0.01$），且 33 个胜任力水平自评题项的相关系数均高于 0.4，故保留《中小学体育教研员胜任力水平自评问卷》中的 33 个题项。

4.2.5.2 探索性因子分析

首先，运用探索性因子分析对分层随机抽取的半数 206 份问卷进行统计学分析，得出 KMO 系数为 0.979，Bartlett 球形检验系数为 40996.226（$P < 0.01$），表明适合对数据进行探索性因子分析，如表 4–15 所示。

表 4–15　中小学体育教研员胜任力自评问卷信度分析表

项目	系数	*P*
KMO 值	0.979	0.00
Bartlett 球形值	40996.226	0.00
df	528	0.00

其次，运用主成分分析法对数据进行分析提取公因子，再对因子负荷矩阵进行最大变异法正交旋转共提取 5 个公因子，其累计方差贡献率为 79.845%，如表 4–16 所示。

表 4-16 中小学体育教研员胜任力自评问卷的探索性因子分析表

项目	因子 1	因子 2	因子 3	因子 4	因子 5	共同度
$A1_1$ 身体状态	0.214	0.767	0.124	0.186	0.101	0.694
$A1_2$ 心理状态	0.211	0.86	0.188	0.162	0.134	0.864
$A1_3$ 性格特征	0.202	0.854	0.207	0.179	0.114	0.859
$A2_1$ 服务意识	0.158	0.802	0.279	0.222	0.174	0.826
$A2_2$ 敬业精神	0.128	0.851	0.251	0.162	0.131	0.847
$A2_3$ 责任担当	0.173	0.843	0.271	0.185	0.115	0.861
$A3_1$ 教学成果	0.310	0.324	0.094	0.283	0.698	0.777
$A3_2$ 学术成果	0.395	0.158	0.065	0.191	0.767	0.81
$A3_3$ 业内影响力	0.285	0.080	0.257	0.196	0.728	0.723
$B1_1$ 体育专业知识	0.186	0.426	0.365	0.514	0.423	0.792
$B1_2$ 体育教学知识	0.193	0.443	0.361	0.560	0.366	0.811
$B1_3$ 教师教育知识	0.228	0.443	0.366	0.559	0.291	0.780
$B2_1$ 课程建设	0.399	0.320	0.316	0.563	0.318	0.780
$B2_2$ 资源开发	0.545	0.245	0.192	0.570	0.240	0.776
$B2_3$ 模式创新	0.550	0.252	0.198	0.591	0.226	0.805
$B2_4$ 教改实验	0.587	0.276	0.167	0.577	0.200	0.821
$B2_5$ 课堂问题研究	0.455	0.346	0.306	0.590	0.191	0.805
$B3_1$ 成果转化	0.682	0.189	0.136	0.468	0.218	0.786
$B3_2$ 成果推广	0.670	0.158	0.171	0.44	0.256	0.762
$C1_1$ 听评课	0.335	0.385	0.506	0.442	0.184	0.746
$C1_2$ 示范课	0.376	0.330	0.474	0.465	0.236	0.746
$C1_3$ 信息化教学	0.436	0.383	0.485	0.389	0.223	0.773
$C1_4$ 教学基本功培训	0.706	0.236	0.309	0.186	0.149	0.707
$C2_1$ 课题引领	0.623	0.277	0.440	0.311	0.256	0.821
$C2_2$ 网络教研	0.712	0.204	0.324	0.202	0.322	0.798
$C2_3$ 专题教研培训	0.728	0.183	0.350	0.187	0.294	0.808
$C2_4$ 组织教研论坛	0.768	0.171	0.344	0.105	0.217	0.795
$C2_5$ 打造学习共同体	0.731	0.188	0.38	0.186	0.245	0.808

续表

项目	因子 1	因子 2	因子 3	因子 4	因子 5	共同度
$D1_1$ 上传下达	0.383	0.409	0.661	0.203	0.104	0.803
$D1_2$ 统筹协调	0.420	0.365	0.673	0.233	0.121	0.831
$D2_1$ 活动策划	0.458	0.332	0.681	0.194	0.183	0.855
$D2_2$ 计划执行	0.416	0.365	0.691	0.202	0.129	0.842
$D2_3$ 组织管控	0.395	0.356	0.669	0.271	0.185	0.838
特征根值（旋转前）	20.707	2.717	1.360	0.790	0.774	—
方差解释率（旋转前）	62.749%	8.234%	4.12%	2.393%	2.345%	—
累积方差解释率（旋转前）	62.749%	70.984%	75.106%	77.500%	79.845%	—
特征根值（旋转后）	7.238	6.675	4.902	4.395	3.139	—
方差解释率（旋转后）	21.932%	20.229%	14.854%	13.318%	9.511%	—
累积方差解释率（旋转后）	21.932%	42.161%	57.015%	70.333%	79.845%	—

复次，对探索性因子分析的结果进行筛选，剔除负荷值小于 0.5 的项目和两个项目间负荷值相近难以区分且不符合逻辑的 9 个项目，并对保留的 24 个项目再次进行信度检验，得出 KMO 系数为 0.971，Bartlett 球形检验系数为 28708.024（$P < 0.01$），表明适合对数据进行探索性因子分析，结果显示如表 4–17 所示。

表 4–17　中小学体育教研员胜任力自评问卷筛选后信度分析表

检验项	系数	*P*
KMO 值	0.971	0.00
Bartlett 球形值	28708.024	0.00
df	276	0.00

最后，运用主成分分析法对保留的 24 个项目提取公因子，再对因素负荷矩阵进行最大变异法正交旋转。将特征值作为提取因素的标准并结合陡坡检验共提取 5 个公因子，其累计方差贡献率为 82.849%，项目负荷介于 0.534～0.859，各因子间相互独立，且具有良好的方差解释率，因此，最终保留 24 个项目用于后续分析，如表 4–18 所示。

表 4-18 中小学体育教研员胜任力问卷的探索性因子分析表

项目	因子 1	因子 2	因子 3	因子 4	因子 5
$A1_2$ 心理状态	0.859				
$A1_3$ 性格特征	0.855				
$A2_2$ 敬业精神	0.846				
$A2_3$ 责任担当	0.841				
$A2_1$ 服务意识	0.801				
$A1_1$ 身体状态	0.770				
$C2_2$ 网络教研		0.827			
$C2_4$ 组织教研论坛		0.783			
$C2_5$ 打造学习共同体		0.765			
$C2_1$ 课题引领		0.763			
$C1_4$ 信息化教学		0.757			
$C2_3$ 专题教研培训		0.688			
$C1_3$ 教学基本功培训		0.534			
$D2_2$ 计划执行			0.718		
$D1_2$ 统筹协调			0.706		
$D2_1$ 活动策划			0.701		
$D2_3$ 组织管控			0.679		
$D1_1$ 上传下达			0.678		
$A3_2$ 学术成果				0.825	
$A3_1$ 教学成果				0.767	
$A3_3$ 业内影响力				0.699	
$B1_2$ 体育教学知识					0.68
$B1_3$ 教师教育知识					0.654
$B1_1$ 体育专业知识					0.649
特征根值（旋转前）	14.841	2.421	1.288	0.716	0.618
方差解释率（旋转前）	61.836%	10.085%	5.367%	2.983%	2.577%
累积方差解释率（旋转前）	61.836%	71.921%	77.289%	80.272%	82.849%
特征根值（旋转后）	5.900	5.497	3.687	2.751	2.048
方差解释率（旋转后）	24.584%	22.906%	15.362%	11.463%	8.533%
累积方差解释率（旋转后）	24.584%	47.490%	62.853%	74.315%	82.849%

根据各个因子所包含项目的具体内容，并参照上文所提取和确立的中小学体

育教研员胜任力各级关键要素，对抽取的5个因子分别进行命名和赋意，依次为个人特质、教研成就、教研知识、指导能力、组织协调。其中，个人特质是指中小学体育教研员在体育教研过程中所显现出来的认知、态度、意识、能力等相对稳定的特性。教研成就是指中小学体育教研员在体育教研领域取得的成绩、获得的荣誉和所具有的影响力。教研知识是指中小学体育教研员从事体育教研工作所需的原理性、概念性、程序性等系统化的知识体系。指导能力是指能够针对中小学体育教师的实际情况进行科学评价，并能帮助或指导中小学体育教师发现、分析和解决学校体育教学问题。组织协调是指中小学体育教研员为了高效完成体育教研活动所具有的沟通、策划、管理等多方面能力。

4.2.5.3 验证性因子分析

根据上文对中小学体育教研员胜任力水平自评问卷的探索性因子分析结果，依托另外206份施测数据对中小学体育教研员胜任力水平问卷剔除9个项目后的剩余项目进行验证性因子分析。运用AMOS检验由个人特质、教研成就、教研知识、指导能力及组织协调组成的中小学体育教研员胜任力问卷5因子拟合程度，如表4–19所示。其中，$\chi^2/df < 3$、GFI > 0.9、CFI > 0.9、NFI > 0.9、IFI > 0.9、RMSEA < 0.8，表明中小学体育教研员胜任力问卷各项因子拟合指数均符合统计学要求[150]，同时折射出该中小学体育教研员胜任力水平测试问卷项目的结构设置与构想较为合理。

表4–19 中小学体育教研员胜任力问卷的验证性因子分析拟合指数表

拟合指数	χ^2/df	GFI	CFI	NFI	IFI	RMSEA
数值	2.801	0.921	0.944	0.929	0.944	0.052
标准	$\chi^2/df < 3$	GFI > 0.9	CFI > 0.9	NFI > 0.9	IFI > 0.9	RMSEA < 0.08

4.2.5.4 信度分析

关于中小学体育教研员胜任力水平自评问卷剔除项目后剩余项目的信度主要采用同质性信度和分半信度进行考察。同质性信度用内部一致性系数（Cronbach’s Alpha，简称*A*系数）进行表示，如表4–20所示。结果表明，中小学体育教研员胜任力水平问卷在剔除项目后剩余项目的 A 系数为 0.972，各因子 A 系数在 0.838～0.959。分半信度采用 Spearman-Brown 分半相关系数的计算方法，剔除项目后剩余项目所得分半信度系数为 0.949，各因子的分半信度系数在 0.798～0.952，说明中小学体育教研员胜任力水平自评问卷在剔除 9 个项目后所得到的 24 个项目具有良好的信度指标[151]，可用于中小学体育教研员胜任力关键要素的应用讨论。

表 4-20 中小学体育教研员胜任力各因子的内部一致性信度表

因子	内部一致性系数	Spearman-Brown 分半相关系数	条目数
个人特质	0.956	0.924	6
教研成就	0.838	0.798	3
教研知识	0.933	0.925	3
指导能力	0.954	0.943	7
组织协调	0.959	0.952	5
总问卷	0.972	0.949	24

4.2.5.5 效度分析

关于中小学体育教研员胜任力水平自评问卷剔除项目后剩余项目的效度主要采用内容效度和结构效度进行考察。

首先，通过题目分布的合理性对内容效度进行检验与效度判断[152]。针对中小学体育教研员胜任力水平自评问卷剔除项目后剩余项目的成分细化及其对应指标，征询了多位教育学、统计学、心理学方面专家和学者的意见，得到大家一致认可，即表明中小学体育教研员胜任力水平自评问卷在剔除 9 个项目后所得到的 24 个项目具有良好的内容效度。

其次，结构效度是指测验实际测到所要测量的理论结构和特质的程度[153]。因此，针对中小学体育教研员胜任力水平自评问卷剔除项目后剩余项目进行了结构效度的分析，如表 4-21 所示。结果表明，中小学体育教研员胜任力水平自评问卷在剔除 9 个项目后所得到的 5 个因子之间存在显著性相关，相关系数在 0.475～0.825，呈中等程度相关；5 个因子与总分之间存在显著性相关，相关系数在 0.760～0.916，呈中高等程度相关，即说明包含不同数量项目的各因子间相互独立；同时剔除9个项目后所得到的24个项目能够展现出所要获取的内容，表明中小学体育教研员胜任力水平自评问卷具有良好的结构效度，可用于后续中小学体育教研员胜任力关键要素的应用讨论。

表 4–21　中小学体育教研员胜任力各维度与总分间相关系数矩阵表

项目	个人特质	教研成就	教研知识	指导能力	组织协调	总问卷
个人特质	1					
教研成就	0.475**	1				
教研知识	0.728**	0.669**	1			
指导能力	0.582**	0.687**	0.731**	1		
组织协调	0.697**	0.576**	0.738**	0.825**	1	
总问卷	0.812**	0.760**	0.874**	0.916**	0.911**	1

注：*$P < 0.05$，显著差异；**$P < 0.01$，非常显著差异；***$P < 0.001$，极其显著差异。

4.2.6　小结

采用问卷调查法和数理统计法对全国范围内不同类型的中小学体育教研员胜任力水平进行调查和分析。其中，33个项目与项目总分相关系数均达到显著性水平，且皆高于0.4；KMO系数为0.979，Bartlett球形检验系数为40996.226（$P < 0.01$），表明数据群的相关矩阵具有共同因素，经对因素负荷矩阵进行最大变异法正交旋转剔除两因子间区分度较低且不符合逻辑的9个项目后，共抽取5个因子；同时，验证性因素分析和信效度检验显示，中小学体育教研员胜任力问卷5个因子拟合度较高，各项因子拟合指数均符合统计学要求，且具有良好的信度指标以及有效的内容与结构效度。据此完成中小学体育教研员胜任力关键要素的最终确立，包括一级关键要素5项，二级关键要素24项。

4.3　中小学体育教研员胜任力关键要素的理论内涵与逻辑关系

通过对基于德尔菲法和基于统计分析两种方式先后筛选与完善的中小学体育教研员胜任力关键要素的内涵阐释和关系辨明，确立了最终的中小学体育教研员胜任力关键要素，进而为下文中小学体育教研员胜任力关键要素的应用奠定基础。

4.3.1　中小学体育教研员胜任力关键要素的理论内涵

梳理中小学体育教研员胜任力各级关键要素的理论内涵，是科学识别中小学体育教研员胜任力关键要素的核心所在。经过上文基于文献分析和关键事件访谈两种途径提取的中小学体育教研员胜任力关键要素，以及基于德尔菲法和统计分析两种方式确立的体育教研员关键要素，研究认为个人特质、教研成就、教研知识、指导能力、组织协调 5 项一级要素是构成中小学体育教研员胜任力关键要素的主要模块。

在一级关键要素下，进一步对应了包括身体状态、心理状态、性格特征、服务意识、敬业精神、责任担当、教学成果、学术成果、业内影响力、体育专业知识、体育教学知识、教师教育知识、教学基本功培训、信息化教学、专题教研培训、课题引领、组织教研论坛、网络教研、打造学习共同体、上传下达、统筹协调、活动策划、计划执行、组织管控在内的 24 项中小学体育教研员胜任力二级要素。其结构图如图 4–1 所示。

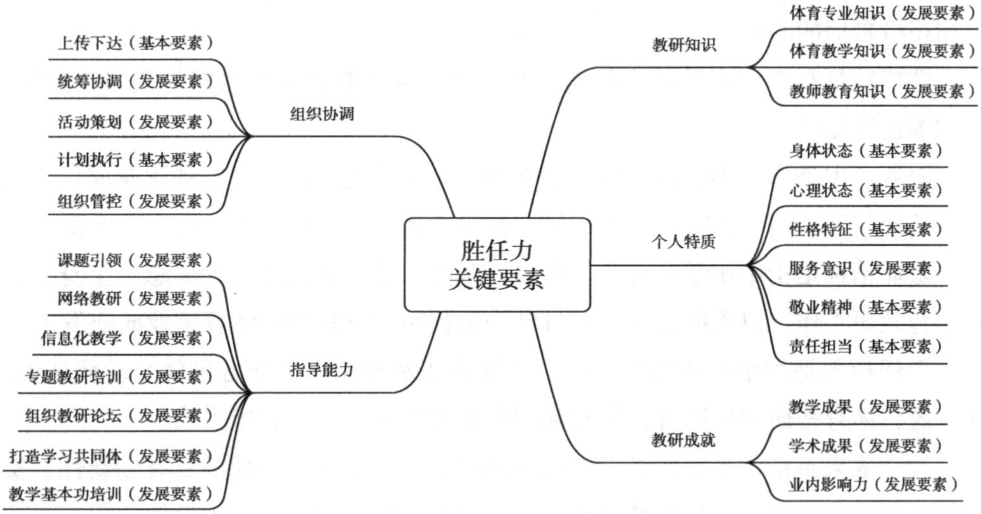

图 4–1　中小学体育教研员胜任力关键要素结构图

4.3.1.1　一级关键要素的理论内涵

个人特质是指中小学体育教研员在体育教研过程中显现出来的认知、态度、意识、能力等相对稳定的特性。

教研成就是指中小学体育教研员在体育教研领域取得的成绩、获得的荣誉和所具有的影响力。

指导能力是指中小学体育教研员能够指导或帮助体育教师发现、分析和解决学校体育教学问题，并根据体育教师的实际情况进行科学评价，以及提出改进建议。

教研知识是指中小学体育教研员从事体育教研工作所需的原理性、概念性、程序性等系统化的知识体系。

组织协调是指中小学体育教研员为了能高效完成体育教研活动所具有的沟通、策划、管理等多方面的能力。

4.3.1.2　二级关键要素的理论内涵

身体状态是指中小学体育教研员具备从事体育教研工作所需的良好身体素质和运动技能。

心理状态是指中小学体育教研员具备从事体育教研工作所需的乐观向上的心态和积极自信的心理。

性格特征是指中小学体育教研员具备从事体育教研工作所需的热情、勤勉、亲和等性情品格。

服务意识是指中小学体育教研员能够自觉主动地辅助体育教师职业成长，辅助行政部门开展培训活动，对学校体育教学工作进行过程性指导和全面性服务。

敬业精神是指中小学体育教研员具有强烈的职业认同感和使命感，全身心投入体育教研工作，以贯彻党的教育方针为前提努力推进学校体育事业向前发展。

责任担当是指中小学体育教研员能够勇于和敢于承担起各种体育教研任务，认真履行体育教研岗位职责，具有强烈的体育教研责任心和担当感。

教学成果是指中小学体育教研员在体育教研过程中所形成的具有创新性、实用性的系列教学成果，包括精品课、教学论文、教改课题、课程教材等。

学术成果是指中小学体育教研员在体育教研过程中所形成的具有科学性、创新性的学术研究成果，包括科研论文、课题、学术著作等。

业内影响力是指中小学体育教研员在全国或区域体育教研领域中具有一定的影响力和话语权。

体育专业知识是指中小学体育教研员具有的支撑体育学科基本逻辑体系的知识，包括体育的本质内容、体育的核心思想、体育的价值功能等。

体育教学知识是指中小学体育教研员在具体的教学情境中所需要的知识，包括体育课程的知识、有关学生的知识、教学评价的知识、教学策略的知识等。

教师教育知识是指中小学体育教研员具有的指导教师成长与发展所需要的知识，包括新课程所倡导的现代教育理念、相关教育教学理论等。

教学基本功培训是指中小学体育教研员能够了解新形势下体育改革与发展的需要，能够以鲜活的实例、精彩的设计，提高体育教师教学素养、增强专业能力等。

信息化教学是指中小学体育教研员能够利用信息工具、网络课程，扩大体育教师获取教学知识的途径和范围，解决传统教学指导的难题。

专题教研培训是指中小学体育教研员能够选取适切的议题作为教研培训主题，并有目的、有计划地安排教研活动，针对性地解决教研问题。

课题引领是指中小学体育教研员能够以研究项目为牵引，组织体育教师开展课题研究，提高区域体育教师的科研水平。

组织教研论坛是指中小学体育教研员能够组织和通过教研论坛向体育教师传授理论知识，协助体育教师用理论指导实践，进而解决具体的实践问题。

网络教研是指中小学体育教研员能够依托全国或区域教研网，以及 QQ、微信等社交软件，进行资源共享和信息交流，以确保教学研究有序开展。

打造学习共同体是指中小学体育教研员能够开发多样化的教研活动形式，注重搭建教师间研讨交流和经验分享的平台，增添教研路径，拓宽研修视野。

上传下达是指中小学体育教研员能够准确把握和领悟国家教育方针与政策，及时高效地将上级部门的任务要求向下传达，并收集、汇总相关反馈意见，为上级部门做决策提供参考。

统筹协调是指中小学体育教研员能够与体育教师、校主管领导、上级行政部门进行有效协商与沟通，并有力整合学校体育各类资源，使其效果达到最优化和最大化。

活动策划是指中小学体育教研员能够根据体育教研活动的对象及目的，用发展的眼光策划和组织教研活动，以满足体育教师多样化的发展需求。

计划执行是指中小学体育教研员能够协助教育行政部门贯彻落实学校体育国

家政策，并根据政策要求有计划、有安排、有步骤地制订出阶段性的推进方案。

组织管控是指中小学体育教研员具有统领区域体育教师开展教研活动的能力和水平，能够从教研层面对体育学科教学质量的提升和体育教师队伍的建设进行组织与管理。

4.3.2 中小学体育教研员胜任力关键要素的逻辑关系

把握中小学体育教研员胜任力关键要素的逻辑关系是科学运用胜任力关键要素的前提。本研究基于数理分析结合专家访谈，从学理和经验两个层面对中小学体育教研员胜任力各级关键要素之间的逻辑关系进行探究，如图 4–2 所示。

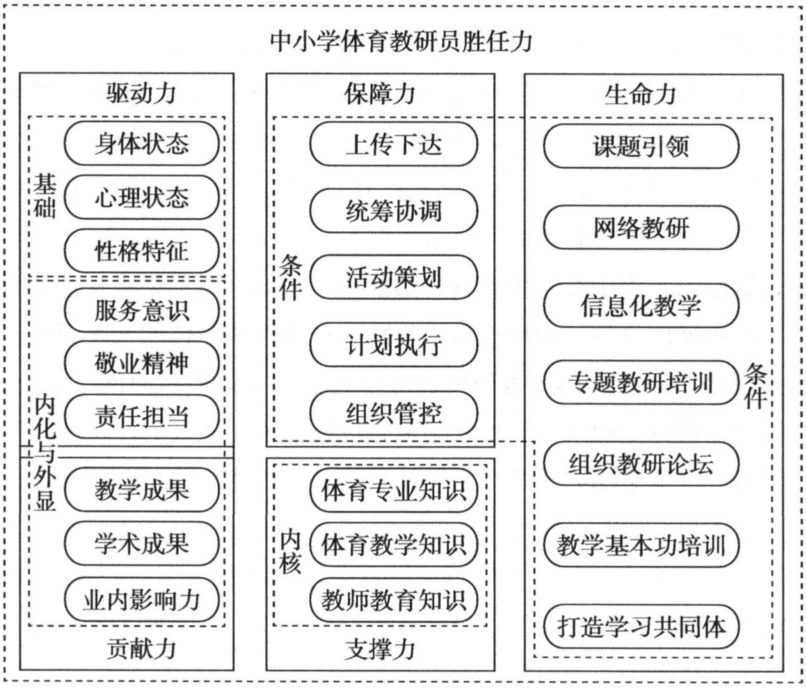

图 4–2 中小学体育教研员胜任力关键要素关系图

4.3.2.1 一级关键要素的逻辑关系

个人特质作为中小学体育教研员胜任力的驱动力，是中小学体育教研员职业共性与个性的统一。中小学体育教研员胜任力的提升需要建立在良好的个人特质基础上。对个人特质的把握需要将教研员的关键要素聚焦到工作实际中。具体包括身体状态、心理状态、性格特征、服务意识、敬业精神、责任担当六个方面。

教研成就作为中小学体育教研员胜任力的贡献力，既是对中小学体育教研员社会地位、职业认可度、教研成绩的观察点，也是中小学体育教研员专业理论与实践能力有效转换的连接点。具体包括教学成果、学术成果、业内影响力三个方面。

教研知识作为中小学体育教研员胜任力的支撑力，其包含的体育教研理论与实践知识体系是中小学体育教研员发展体育教研能力、胜任体育教研工作的基础前提。具备专业化、全面化、系统化的体育教研知识是中小学体育教研员胜任力提升的必要保证，具体包括体育专业知识、体育教学知识、教师教育知识三方面。

指导能力作为中小学体育教研员胜任力的生命力，是中小学体育教研员引领一线体育教师成长、实现"以研促教"的关键要义。"指导"作为中小学体育教研员胜任体育教研工作的逻辑起点，是中小学体育教研员的身份生成之基与确立之根，具体包括教学基本功培训、信息化教学、专题教研培训、课题引领、组织教研论坛、网络教研、打造学习共同体七个方面。

组织协调作为中小学体育教研员胜任力的保障力，其有序地组织和高效地协调是中小学体育教研员实现体育教研活动的重要基石，多元化的角色赋予了中小学体育教研员鲜明的职业特色，具体包括上传下达、统筹协调、活动策划、计划执行、组织管控五个方面。

4.3.2.2　二级关键要素的逻辑关系

在身体状态、心理状态、性格特征、服务意识、敬业精神、责任担当、教学成果、学术成果、业内影响力、体育专业知识、体育教学知识、教师教育知识、教学基本功培训、信息化教学、专题教研培训、课题引领、组织教研论坛、网络教研、打造学习共同体、上传下达、统筹协调、活动策划、计划执行、组织管控 24 项中小学体育教研员胜任力二级关键要素中，呈现出一种动态交互的作用关系。

第一，身体状态、心理状态和性格特征是中小学体育教研员胜任力的基础。就中小学体育教研员这一职业而言，具备从事体育教研工作所需的良好身体素质和优秀运动技能、乐观向上的心态、积极自信的心理，以及热情、勤勉、亲和等性情品格是中小学体育教研员在体育教研领域获得持续性发展和自我超越的首要前提。

第二，服务意识、敬业精神、责任担当以及教学成果、学术成果、业内影响力是中小学体育教研员胜任力的内化与外显。身份不清和角色不明一直是困扰中小学体育教研员自我认知和社会认同的主要问题。在此之下，树立起强烈的职业认同感、担当感和使命感，自觉地辅助与引领体育教师专业成长，以及主动地积累与转化体育教研心得与经验是激发中小学体育教研员工作积极性和内生动力以及凸显职业价值和诉求的必由途径。

第三，体育专业知识、体育教学知识、教师教育知识是中小学体育教研员胜任力的内核。体育教研的认识论与方法论取决于体育教研员的理论背景和知识水平，所以具备全面性与系统性的体育学科知识、专业性与前沿性的体育教学方法以及创造性与反思性的教师教育思维是中小学体育教研员落实体育教研任务、实现体育教研愿景的行动之源。

第四，教学基本功培训、信息化教学、专题教研培训、课题引领、组织教研论坛、网络教研、打造学习共同体、上传下达、统筹协调、活动策划、计划执行、组织管控是中小学体育教研员胜任力的重要条件。从本质上讲，以上 12 项关键要素共同架构起中小学体育教研员胜任力的核心维度，同时也共同保障着中小学体育教研实践与行动的良性运转。所以，12 项关键要素的联动发挥是提升中小学体育教研员工作效率、完善中小学体育教研员理论体系、强化中小学体育教研员实践能力、保障中小学体育教研员顺利完成教研任务的必要条件。

4.4 本章小结

为使中小学体育教研员胜任力关键要素的确立更加准确，本章主要采用了德尔菲法和统计分析两种典型的胜任力确立方式对提取的要素展开筛选和判定，并对确立的胜任力要素内涵及要素间的逻辑关系进行梳理，完成了最终的中小学体育教研员胜任力关键要素识别。其过程共分为三步。

首先，采用定量与定性相结合的德尔菲法，严格按照匿名、反馈、迭代的要求，征询来自全国体育教研领域 19 位专家的意见及修改建议，共得出个人特质、教研能力、指导能力、组织协调 4 项一级关键要素；身心状态、职业态度、个人成就等 10 项二级关键要素；身体状态、心理状态、性格特征等 33 项三级关键要素（基本要素 7 项和发展要素 26 项）。

其次，编制《中小学体育教研员胜任力水平自评问卷》，并面向 412 名体育教研员进行施测，通过对有效数据进行探索性因子分析和主成分分析处理，共得出个人特质、教研成就、教研知识、指导能力、组织协调 5 项一级关键要素；身体状态、心理状态、性格特征等 24 项目二级关键要素。

最后，对所确立的中小学体育教研员胜任力关键要素展开内涵阐释和关系辨析，如个人特质是指中小学体育教研员在体育教研过程中所显现出来的认知、态度、意识、能力等相对稳定的特性；教研成就是指中小学体育教研员在体育教研领域取得的成绩、获得的荣誉和所具有的影响力等。并进一步指出个人特质是中小学体育教研员胜任力的驱动力，教研成就是贡献力，教研知识是支撑力，指导能力是生命力，组织协调是保障力。

中小学体育教研员胜任力关键要素的应用

CHAPTER 5

中小学体育教研员作为学校体育生态系统中独特且重要的存在，其胜任力水平是影响职业成长道路的重要因素，是推动体育教研发展的核心中介。以现状调查为逻辑起点，借助数据分析方法，由点及面探析中小学体育教研员胜任力的特征差异、水平差异、深层肇因及制约因素，以期为下文构建针对性策略提供证据支持。

本章首先从问卷调查出发，讨论了中小学体育教研员胜任力在不同要素上的差异及成因；其次从聚类分析入手，探究了中小学体育教研员之间胜任力的水平差异及表现；再次从个案分析着眼，剖析了三种类型中小学体育教研员胜任力变量数据背后的深层原因；最后从现象学研究发力，阐释了中小学体育教研员胜任力关键要素发展的制约因素。

5.1 应用设计与分析方法

5.1.1 调查对象

5.1.1.1 问卷调查对象

根据中小学体育教研员胜任力要素差异和水平差异分析的研究目的，于2021年3月选择全国范围内各省、市、区（县）不同特征的中小学体育教研员作为问卷调查对象进行网络问卷的施测。问卷调查采用多阶段抽样的方法：第一阶段，按照我国省级行政区域结合是否拥有独立教研部门情况，确定除青海、台湾、香港和澳门以外的 21 个省、5 个自治区和 4 个直辖市为第一阶段样本区；第二阶段，按照行政级别，选取各样本区中的省会城市、自治区首府和一个以上非省会（非首府）城市、直辖市各区的教研员，兼顾教研级别，进行问卷调查。调查共收到问卷 1138 份，剔除无效、可疑问卷后，共得到有效问卷 1042 份，有效率为 91.56%。问卷调查对象的基本情况如表 5–1 所示。

表 5–1　问卷调查对象的基本信息表（*N*=1042）

属性	类别	人数 / 人	所占百分比 /%
性别	男	766	73.51
	女	276	26.49
年龄	≤ 35 岁	152	14.59
	36～45 岁	382	36.67
	46～55 岁	420	40.30
	≥ 56 岁	88	8.45
学历	大专及以下	55	5.28
	本科	853	81.86
	研究生	134	12.86
职称	正高级	40	3.84
	高级	525	50.38
	一级	360	34.55
	其他	117	11.23
教研级别	省级	54	5.18
	市级	221	21.21
	区（县）级	767	73.61
教研学段	小学	281	26.97
	初中	190	18.23
	高中	136	13.05
	小学 + 初中	108	10.36
	初中 + 高中	49	4.70
	小学 + 初中 + 高中	278	26.68

续表

属性	类别	人数 / 人	所占百分比 /%
兼职与否	兼职	271	26.01
	专职	771	73.99
教研年限	0～5 年	275	26.39
	6～10 年	247	23.71
	11～15 年	179	17.18
	16～20 年	113	10.84
	21 年及以上	228	21.88
一线教学年限	0～5 年	136	13.05
	6～10 年	181	17.37
	11～15 年	212	20.35
	16～20 年	252	24.18
	21 年及以上	261	25.05
地区	东北	175	16.79
	华北	112	10.75
	华东	236	22.65
	华南	104	9.98
	华中	131	12.57
	西北	95	9.12
	西南	189	18.14

5.1.1.2 访谈对象

首先，根据中小学体育教研员胜任力情况个案分析的研究目的，考虑马伊库特（Maykut）与莫尔豪斯（Morehouse）所提出的“质化研究的样本（数据收集的对象）是研究者依研究需要来挑选，而非随机抽样”的观点，在经过对中小学体育教研员个体的初步了解后，本研究目的性地选择了 3 位具有代表性的中小学体育教研员作为访谈对象。为保护受访者的个人信息与隐私，访谈对象分别以中文代号甲、乙、丙表示，具体信息如表 5–2 所示。

表 5–2　访谈对象的基本情况一览表（*N*=3）

代号	性别	年龄 / 岁	学历	职称	教研年限 / 年	教研级别
甲	女	42	研究生	一级	8	市级
乙	男	59	本科	高级	23	区级
丙	男	37	研究生	二级	3	区级兼市级

其次，根据中小学体育教研员胜任力关键要素发展制约因素分析的研究目的，依据“朝向事实本身”的研究精神，在不被外界干扰的空间区域内选择对20位中小学体育教研员进行持续时间为20～30分钟的半结构式个人访谈，访谈对象的选择原则：中小学体育教研工作时间在5年以上；能够完整地参与整个研究过程；对研究内容知情同意，并自愿参加。为保护受访者的个人信息与隐私，访谈对象分别以字母代号A、B、C等进行表示，访谈对象的基本情况如表5–3所示。

表 5–3　访谈对象的基本信息表（*N*=20）

代号	性别	单位类别	教研年限 / 年	学历	职称
A	男	省级	21	硕士	正高级
B	女	市级	10	本科	一级
C	男	区 / 县级	6	硕士	二级
D	女	市级	13	本科	高级
E	男	市级	8	硕士	一级
F	男	省级	15	本科	高级
G	男	区 / 县级	11	本科	一级
H	女	区 / 县级	7	本科	二级
I	男	市级	8	本科	二级
J	女	区 / 县级	5	本科	三级
K	男	区 / 县级	8	本科	二级
L	男	省级	27	专科	正高级
M	女	省级	20	博士	正高级
N	男	市级	8	硕士	一级

续表

代号	性别	单位类别	教研年限 / 年	学历	职称
O	女	区 / 县级	14	本科	高级
P	男	市级	15	本科	高级
Q	女	市级	13	硕士	一级
R	女	区 / 县级	7	硕士	一级
S	男	省级	17	本科	正高级
T	男	区 / 县级	5	硕士	二级

5.1.2 研究方法

5.1.2.1 问卷调查法

基于中小学体育教研员胜任力要素差异和水平差异分析的研究目的，本研究主要采用问卷调查法获取信息资料，所采用的问卷为《中小学体育教研员胜任力水平调查表》。此调查问卷共分为两个部分：第一部分是参测中小学体育教研员的基本信息，包括性别、年龄、学历、职称、教研级别、教研学段、教研年限、是否兼职、所在地区等；第二部分是中小学体育教研员胜任力水平自评量表，该内容是由上文所识别的中小学体育教研员胜任力关键要素为参照来源所确立的 24 个项目，共分为 5 个维度：个人特质（6 个要素）、教研成就（3 个要素）、教研知识（3 个要素）、指导能力（7 个要素）、组织协调（5 个要素）。量表采用 Likert 自评 5 点计分，得分分为 1～5 个等级，分别对应 1～5 分，得分越大，表明中小学体育教研员胜任力水平越趋向于符合，反之则亦然，详见本书附录 6。

《中小学体育教研员胜任力水平调查表》经过文献分析、扎根理论、专家意见征询、因子分析等过程设计开发而来，具有较高的内容效度。

调查前向各省级中小学体育教研员说明调查内容、目的与意义，在取得省级体育教研员的支持后，由省级体育教研员将问卷下发至市区级体育教研员。调查表采用匿名在线填答方式，每个 IP 只能填答一次。在数据整理过程中，将答题时间少于 2 分钟的问卷作为可疑问卷剔除。

关于《中小学体育教研员胜任力水平调查表》的信度检测主要采用的

是同质性信度和分半信度予以考察。同质性信度采用的是内部一致性系数（Cronbach's Alpha，简称 *A* 系数）进行表示，如表 5–4 所示。结果表明，《中小学体育教研员胜任力水平调查表》的 *A* 系数为 0.972，各维度 *A* 系数为 0.838～0.959。分半信度则采用 Spearman–Brown 分半相关系数的计算方法，所得分半相关系数为 0.949，各维度的分半相关系数为 0.798～0.952，说明《中小学体育教研员胜任力水平调查表》具有良好的信度指标[154]，可用于后续的特征差异讨论分析。

表 5–4　《中小学体育教研员胜任力水平调查表》的内部一致性信度表

维度	*A* 系数	Spearman–Brown 分半相关系数	条目数
个人特质	0.956	0.924	6
教研成就	0.838	0.798	3
教研知识	0.933	0.925	3
指导能力	0.954	0.943	7
组织协调	0.959	0.952	5
总量表	0.972	0.949	24

5.1.2.2　个案分析法

个案分析法是一种实证研究的方法，通常以某一典型的事例或人物作为研究对象，通过对其人其事的直接或间接调查，了解其人其事发展变化的某些线索及特点[155]。本方法以探视中小学体育教研员胜任力水平形成的深层原因为目的，首先确定 3 位具有代表性的中小学体育教研员作为访谈对象，在征得 3 位访谈交流对象的同意后，预约访谈时间并告知访谈最终结果将会以匿名的方式呈现。受疫情影响，访谈采取半结构式电话访谈的方式进行，访谈内容主要围绕 3 位教研员《中小学体育教研员胜任力水平调查表》的填答情况展开，每位受访者的访谈时间约为 1 小时，并将用录音设备进行记录，访谈结束后逐字逐句地将录音内容及时转成文字，作为个案分析的研究材料。

5.1.2.3　现象学研究法

现象学研究（Phenomenological Research）是一种广泛应用于人文社会科学

研究领域的质性研究方法。本章主要使用以胡塞尔为代表的先验现象学，试图不带有任何背景认知，通过“本质直观”把握事件规律。访谈的基本内容包括：您怎样评价中小学体育教研工作的总体性；您认为现阶段制约中小学体育教研员胜任力提升的因素包括哪些；为了中小学体育教研员更好地提升胜任力关键要素水平，您有哪些建议等问题。并在获得有效访谈信息的基础上采取 Colaizzi 现象学分析步骤对所得资料展开剖析与厘定，进而从真实体验和实际感受的角度挖掘、总结和阐释中小学体育教研员胜任力发展的制约因素。

5.1.3 分析技术

5.1.3.1 统计分析

在不同特征中小学体育教研员胜任力要素差异分析中，采用 SPSS Statistics 21.0 数据质量审核和分析工具对所收集到的数据进行统计分析。对个人情况、中小学体育教研员胜任力水平及各维度变量进行描述时，分类变量采用构成比（%）表示，连续型变量采用平均值 ± 标准差（M ± SD）表示。分析中小学体育教研员胜任力各维度和各要素变量在不同组间的分布及差异时，对方差齐的数据采用 *T* 检验或方差分析，两两比较采用 LSD 比较法。对方差不齐的数据采用非参数秩和检验，两两比较采用 Jonckheere-Terpstra 法。

5.1.3.2 聚类分析

聚类分析（Cluster Analysis），是通过数值分析对事物进行分类的多元分析方法，其基本原理是根据研究对象或指标的诸多特性进行分类，同一类别中对象有很大的相似性，而不同类别间对象有很大的相异性[156]。K-Means 则是一种通过计算样本特征空间距离的非层次聚类算法，应用于小样本时具有速度快、结果可靠性高、可解释性强等优点[157]。在本研究中基于大数据理念引入聚类分析和 K-Means 算法，通过由系统聚类所得数据簇呈现出的相似性、同质性或者差别性、区异性，对中小学体育教研员胜任力水平进行划分，以挖掘其胜任力水平的“族群”特征。

5.1.3.3 Colaizzi 现象学分析

Colaizzi 现象学分析 7 个步骤的方法是在现象学质性研究中常用的资料分析

方法，是通过对某种特定现象的观察，提取该现象中的内外成分并进行分析，从中提炼出重要要素并保障现象学研究的准确性、真实性和可信程度的一种分析方法。研究者应该严格按照 7 个步骤对其所收集到的资料进行分析。这 7 个步骤包括：熟悉、识别意义陈述、构建意义、聚类主题、进行详细描述、生产基本结构和验证基本结构，步骤如图 5–1 所示。

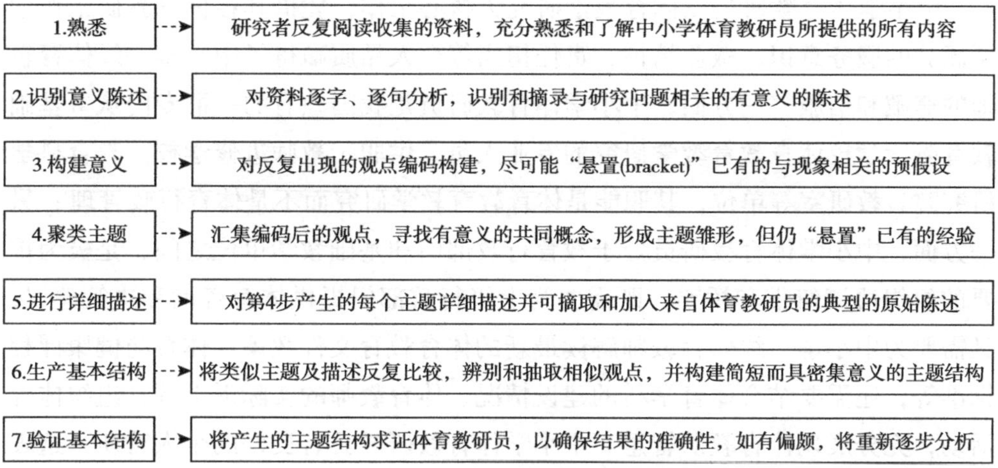

图 5–1　Colaizzi 分析步骤及描述

5.2　中小学体育教研员胜任力要素的差异分析

5.2.1　中小学体育教研员胜任力要素的总体特征

如表 5–5 所示，中小学体育教研员各胜任力要素值均在 3 分以上，说明中小学体育教研员能够较为有效地胜任体育教研工作。其中，个人特质、教研知识和组织协调 3 个维度的胜任力要素值在 4 分以上且较为接近，呈现出“体育教研内驱型”的发展特质。

表 5–5　中小学体育教研员胜任力要素的总体特征一览表

维度	均值（M）	标准差（SD）	排序
个人特质	4.59	0.76	1
教研成就	3.72	0.94	5

续表

维度	均值（M）	标准差（SD）	排序
教研知识	4.22	0.84	3
指导能力	3.97	0.88	4
组织协调	4.26	0.87	2

中小学体育教研员以体育教学研究为核心工作，凭借其在体育教研工作中所涵养的服务意识、敬业精神、责任担当等个人品质赢得了中小学一线体育教师的尊敬和信服。一方面，中小学体育教研员是我国独有的一群专门从事基础教育阶段学校体育教育教学研究的专业人员，供职于教师进修学校、教育科学研究院、教研室等单位，其职能是体育教育教学研究而不是体育行政管理；另一方面，中小学体育教研员处于教育行政部门和基础教学单位之间，是极为重要的组织协调纽带和桥梁，既需要为上级行政部门提供体育咨询和决策建议，又需要为中小学一线体育教师解读最新的体育教育文件政策、体育与健康课程标准等，还需要结合体育学科的建设情况、体育教师的实际诉求等，组织体育活动，充分展现体育教研智慧。中小学体育教研员具有良好的个人特质，这表明中小学体育教研员高度认同该胜任力要素，这不仅是由体育教研员职业岗位规范和教研工作机制等外在条件所致的，更是中小学体育教研员实现自我价值和职业价值的坚实基础和必然选择。当前基础教育阶段学校体育目标的现代化走向、体育课程改革的持续深化推进，亟须一线体育教育人员以过硬的专业素养和职业能力迎接多元文化所带来的一系列挑战，而中小学体育教研员具备良好的个人特质能帮助其从容应对。

5.2.2 中小学体育教研员胜任力要素的差异描述

5.2.2.1 中小学体育教研员胜任力要素的性别差异描述

为探究中小学体育教研员胜任力要素的性别差异，对调查数据进行了独立样本 T 检验，如表 5-6 所示。

表 5–6　中小学体育教研员胜任力要素的性别差异一览表

要素	女性（N=276）	男性（N=766）	T
维度 1：个人特质	**27.31 ± 4.96**	**27.65 ± 4.37**	**–0.999**
身体状态	4.29 ± 0.97	4.43 ± 0.88	–2.111
心理状态	4.55 ± 0.90	4.61 ± 0.80	–0.982
性格特征	4.58 ± 0.92	4.61 ± 0.80	–0.441
服务意识	4.56 ± 0.90	4.60 ± 0.81	–0.656
敬业精神	4.64 ± 0.87	4.69 ± 0.76	–0.898
责任担当	4.67 ± 0.85	4.68 ± 0.77	–0.239
维度 2：指导能力	**27.68 ± 6.68**	**27.86 ± 5.95**	**–0.393***
教学基本功培训	4.14 ± 1.00	4.29 ± 0.89	–2.173
信息化教学	3.89 ± 0.96	3.89 ± 0.92	–0.122
专题教研培训	4.08 ± 1.03	4.08 ± 0.93	–0.054
课题引领	3.89 ± 1.06	3.89 ± 1.00	–0.009
组织教研论坛	3.85 ± 1.08	3.85 ± 1.02	–0.004
网络教研	3.86 ± 1.08	3.86 ± 1.03	0.040
打造学习共同体	3.94 ± 1.11	3.96 ± 0.99	–0.265**
维度 3：组织协调	**20.85 ± 4.95**	**21.49 ± 4.11**	**–1.903****
上传下达	4.22 ± 1.07	4.36 ± 0.90	–2.017**
统筹协调	4.14 ± 1.05	4.28 ± 0.89	–1.957**
活动策划	4.14 ± 1.04	4.24 ± 0.90	–1.451*
计划执行	4.16 ± 1.02	4.30 ± 0.88	–1.931*
组织管控	4.17 ± 1.03	4.28 ± 0.90	–1.595
维度 4：教研成就	**10.92 ± 3.10**	**11.23 ± 2.72**	**–1.459****
教学成果	3.89 ± 1.03	3.97 ± 0.96	–1.142*
学术成果	3.62 ± 1.09	3.66 ± 1.01	–0.548
业内影响力	3.40 ± 1.33	3.59 ± 1.18	–2.042**
维度 5：教研知识	**12.45 ± 2.66**	**12.73 ± 2.46**	**–1.519**
体育专业知识	4.08 ± 0.98	4.20 ± 0.89	–1.799
体育教学知识	4.19 ± 0.92	4.26 ± 0.87	–1.029

续表

要素	女性（N=276）	男性（N=766）	T
教师教育知识	4.17 ± 0.92	4.26 ± 0.84	−1.426
总分	99.23 ± 19.54	100.97 ± 16.91	−1.311*

注：*$P < 0.05$，显著差异；**$P < 0.01$，非常显著差异。

由表 5–6 可知，不同性别的中小学体育教研员在胜任力要素总体平均分上，男性高于女性，差异具有显著性。

从中小学体育教研员胜任力各维度来看，在指导能力、组织协调和教研成就三个维度上男性平均分均高于女性，差异具有显著性。

从中小学体育教研员胜任力各要素来看，在打造学习共同体、上传下达、统筹协调、活动策划、计划执行、教学成果和业内影响力 7 个具有统计学意义的要素上，男性平均分也高于女性。

数据显示，不同性别的中小学体育教研员无论是总分、各维度得分还是关键要素得分，男性体育教研员都高于女性体育教研员。形成这一结果的主要原因可能是由于我国的体育学科生态、体育教师数量、社会劳动分工、性别角色定位等因素造成的。《中国教育统计年鉴 2018》统计数据显示，截至 2018 年全国共有中小学体育教师约 65 万人，且从性别比例来看男性体育教师所占比例远高于女性体育教师[158]。中小学一线体育教师作为中小学体育教研员选拔的重要来源，庞大的男性基数占比使得男性体育教研员的选拔条件更为严格和苛刻，唯有在一线体育教学中的教学科研佼佼者才能脱颖而出。因此，经历激烈竞争进而入聘的男性体育教研员显然更能认同体育教研职业、胜任体育教研工作。此外，男性中小学体育教研员身上特有的阳刚、开朗、坚韧、勇敢等性格特质，能够使其更加有效地处理各种体育教研事务和维护人际交往关系。对比一线体育教师身份，中小学体育教研员拥有相对较高的社会地位和较大的发展空间，在业内影响方面更能够从体育教研工作中获得一定的成就。

5.2.2.2 中小学体育教研员胜任力要素的年龄差异描述

为探究中小学体育教研员胜任力要素的年龄差异，对调查数据进行了单因素方差分析和多重比较，如表 5–7 所示。

表 5-7　中小学体育教研员胜任力要素的年龄差异表

要素	年龄≤ 35（1）（N=152）	36 ≤年龄≤ 45（2）（N=382）	46 ≤年龄≤ 55（3）（N=420）	年龄≥ 56（4）（N=88）	F	事后多重比较（LSD）
维度 1：个人特质	27.33 ± 3.66	27.89 ± 3.32	27.55 ± 5.17	26.62 ± 6.66	2.058	—
身体状态	4.42 ± 0.78	4.44 ± 0.75	4.38 ± 1.00	4.23 ± 1.23	1.279	—
心理状态	4.52 ± 0.74	4.64 ± 0.65	4.61 ± 0.91	4.44 ± 1.17	1.856	—
性格特征	4.53 ± 0.75	4.65 ± 0.67	4.62 ± 0.91	4.42 ± 1.16	2.272	—
服务意识	4.50 ± 0.73	4.65 ± 0.64	4.60 ± 0.94	4.45 ± 1.17	1.993	—
敬业精神	4.65 ± 0.64	4.74 ± 0.60	4.66 ± 0.91	4.55 ± 1.11	1.752	—
责任担当	4.69 ± 0.64	4.75 ± 0.59	4.65 ± 0.90	4.51 ± 1.16	2.443	—
维度 2：指导能力	26.27 ± 6.33	28.12 ± 5.66	28.04 ± 6.31	28.04 ± 6.77	3.769^{*}	$1 < 2^{*}$；$1 < 3^{*}$；$1 < 4^{*}$
教学基本功培训	3.97 ± 0.89	4.26 ± 0.82	4.34 ± 0.95	4.33 ± 1.11	6.18^{***}	$1 < 2^{**}$；$1 < 3^{***}$；$1 < 4^{**}$
信息化教学	3.77 ± 0.97	4.00 ± 0.89	3.86 ± 0.93	3.83 ± 1.03	2.735^{*}	$1 < 2^{*}$；$3 < 2^{*}$
专题教研培训	3.86 ± 0.91	4.09 ± 0.87	4.13 ± 1.01	4.18 ± 1.03	3.237^{*}	$1 < 2^{*}$；$1 < 3^{*}$；$1 < 4^{*}$
课题引领	3.69 ± 1.06	3.92 ± 0.96	3.92 ± 1.02	4.00 ± 1.09	2.415	
组织教研论坛	3.58 ± 1.09	3.89 ± 0.97	3.91 ± 1.03	3.93 ± 1.16	4.201^{**}	$1 < 2^{*}$；$1 < 3^{*}$；$1 < 4^{*}$
网络教研	3.66 ± 1.07	3.97 ± 0.97	3.85 ± 1.07	3.76 ± 1.15	3.611^{*}	$1 < 2^{*}$
打造学习共同体	3.70 ± 1.03	3.97 ± 0.95	4.01 ± 1.05	4.01 ± 1.09	3.768^{*}	$1 < 2^{*}$；$1 < 3^{*}$；$1 < 4^{*}$

续表

要素	年龄≤35（1）（N=152）	36≤年龄≤45（2）（N=382）	46≤年龄≤55（3）（N=420）	年龄≥56（4）（N=88）	F	事后多重比较（LSD）
维度3：组织协调	19.69±4.41	21.53±3.76	21.67±4.51	21.53±5.32	8.482^{***}	$1<2^{***}$；$1<3^{***}$；$1<4^{**}$
上传下达	3.96±0.98	4.36±0.83	4.41±0.98	4.37±1.09	9.216^{***}	$1<2^{***}$；$1<3^{***}$；$1<4^{**}$
统筹协调	3.93±0.95	4.30±0.81	4.31±0.96	4.27±1.18	6.881^{***}	$1<2^{***}$；$1<3^{***}$；$1<4^{**}$
活动策划	3.88±1.01	4.27±0.81	4.27±0.97	4.29±1.09	7.788^{***}	$1<2^{***}$；$1<3^{***}$；$1<4^{**}$
计划执行	3.96±0.93	4.31±0.80	4.33±0.95	4.23±1.11	6.547^{***}	$1<2^{***}$；$1<3^{***}$；$1<4^{*}$
组织管控	3.95±0.97	4.27±0.84	4.33±0.94	4.35±1.10	6.595^{***}	$1<2^{***}$；$1<3^{***}$；$1<4^{*}$
维度4：教研成就	10.04±3.15	11.21±2.54	11.32±2.82	11.93±2.98	10.852^{***}	$1<2^{***}$；$1<3^{***}$；$1<4^{***}$；$2<4^{*}$
教学成果	3.71±1.06	3.96±0.89	4.00±0.99	4.09±1.04	3.89^{**}	$1<2^{**}$；$1<3^{**}$；$1<4^{**}$
学术成果	3.42±1.11	3.69±0.97	3.66±1.02	3.81±1.17	3.53^{*}	$1<2^{*}$；$1<3^{*}$；$1<4^{*}$
业内影响力	2.90±1.39	3.55±1.10	3.66±1.18	4.02±1.22	20.50^{***}	$1<2^{***}$；$1<3^{***}$；$1<4^{***}$
维度5：教研知识	12.26±2.44	12.71±2.13	12.74±2.67	12.68±3.28	1.472	—
体育专业知识	4.02±0.96	4.19±0.79	4.20±0.97	4.19±1.11	1.511	—
体育教学知识	4.11±0.89	4.27±0.77	4.27±0.92	4.23±1.12	1.304	—
教师教育知识	4.11±0.86	4.25±0.72	4.26±0.92	4.25±1.14	1.108	—
总分	95.61±16.19	101.48±14.59	101.34±19.13	100.82±22.97	4.647^{**}	$1<2^{**}$；$1<3^{**}$；$1<4^{*}$

注：同表5-6。

由表 5-7 可知，不同年龄的中小学体育教研员在胜任力要素总体平均分上差异具有显著性。年龄在 36～45 岁的中小学体育教研员胜任力总体平均分最高，年龄在 35 岁以下的中小学体育教研员胜任力总体平均分最低，总体呈现出中间高两边低的态势。

从中小学体育教研员胜任力各维度来看，在指导能力、组织能力和教研成就 3 个维度上差异具有显著性。指导能力平均得分最高的是 36～45 岁年龄段；组织协调平均得分最高的是 46～55 岁年龄段；教研成就平均得分最高的是 55 岁以上年龄段，而在 3 个维度上平均得分最低的都是 36 岁以下年龄段，且 36 岁以下年龄段与其他 3 个年龄段之间差异均具有显著性。

从中小学体育教研员胜任力各要素来看，在教学基本功培训、信息化教学、专题教研培训、组织教研论坛、网络教研、打造学习共同体、上传下达、统筹协调、活动策划、计划执行、组织管控、教学成果、学术成果和业内影响力 14 个要素上差异具有显著性。36～45 岁年龄段在网络教研要素上的平均得分最高；46～55 岁年龄段在教学基本功培训、上传下达、统筹协调、计划执行 4 个要素上平均分最高；56 岁以上年龄段在组织教研论坛、打造学习共同体、活动策划、组织管控、教学成果、学术成果和业内影响力 7 个要素上的得分最高，而 36 岁以下组在具有统计学意义的各要素上依旧得分最低，且与其他 3 个年龄段之间差异均具有显著性。

出现以上情况的主要原因可能在于，36～45 岁和 46～55 岁两个年龄段的中小学体育教研员相较于 55 岁以上的体育教研员，精力更为充沛，捕捉新鲜事物的意识更为敏感，掌握新型信息的能力更为全面，从而有利于提升其胜任力水平；相较于 36 岁以前的中小学体育教研员，体育教研经验的积累更为全面和丰富，在取得一定的体育教研成果后更愿意去尝试新的教研方式和教研方法，这在一定程度上也助推了其提升胜任力水平。此外，中小学体育教研员职称评定和晋升也主要集中于 36～55 岁的年龄阶段，其专业发展诉求和工作成就动机相较于其他两个阶段更加强烈，由此表现出更高的胜任力水平。

5.2.2.3　中小学体育教研员胜任力要素的学历差异描述

为探究不同学历中小学体育教研员胜任力关键要素差异情况，对调查数据进行了单因素方差分析和多重比较，如表 5-8 所示。

表 5-8　中小学体育教研员胜任力要素的学历差异表

要素	研究生（1）（N=134）	本科（2）（N=853）	大专及以下（3）（N=55）	F	事后多重比较（LSD）
维度 1：个人特质	**28.13 ± 2.68**	**27.58 ± 4.59**	**25.89 ± 6.57**	**4.839^{**}**	$3 < 1^{**}$；$3 < 2^{**}$
身体状态	4.52 ± 0.60	4.40 ± 0.92	4.03 ± 1.21	5.641^{**}	$3 < 1^{**}$；$3 < 2^{**}$
心理状态	4.68 ± 0.60	4.60 ± 0.83	4.34 ± 1.12	3.316^{*}	$3 < 1^{*}$；$3 < 2^{*}$
性格特征	4.65 ± 0.62	4.61 ± 0.84	4.32 ± 1.15	3.328^{*}	$3 < 1^{*}$；$3 < 2^{*}$
服务意识	4.72 ± 0.54	4.59 ± 0.84	4.23 ± 1.23	6.68^{**}	$3 < 1^{**}$；$3 < 2^{**}$
敬业精神	4.77 ± 0.50	4.68 ± 0.80	4.47 ± 1.15	2.838	—
责任担当	4.76 ± 0.50	4.68 ± 0.80	4.47 ± 1.21	2.682	—
维度 2：指导能力	**28.73 ± 5.10**	**27.75 ± 6.19**	**26.43 ± 7.56**	**2.912**	—
教学基本功培训	4.32 ± 0.78	4.26 ± 0.92	4.03 ± 1.18	1.979	—
信息化教学	4.03 ± 0.84	3.88 ± 0.94	3.80 ± 1.04	1.739	—
专题教研培训	4.18 ± 0.82	4.08 ± 0.96	3.80 ± 1.12	3.199^{*}	$3 < 1^{*}$；$3 < 2^{*}$
课题引领	4.12 ± 0.85	3.86 ± 1.02	3.74 ± 1.15	4.387^{*}	$3 < 1^{*}$；$2 < 1^{*}$
组织教研论坛	4.03 ± 0.90	3.85 ± 1.04	3.56 ± 1.24	4.081^{*}	$3 < 1^{*}$；$3 < 2^{*}$
网络教研	4.03 ± 0.90	3.85 ± 1.05	3.67 ± 1.20	2.672	—
打造学习共同体	4.00 ± 0.90	3.95 ± 1.02	3.81 ± 1.20	0.625	—

续表

要素	研究生（1）（N=134）	本科（2）（N=853）	大专及以下（3）（N=55）	F	事后多重比较（LSD）
维度 3：组织协调	21.39 ± 3.80	21.37 ± 4.37	20.32 ± 5.24	1.512	—
上传下达	4.35 ± 0.80	4.33 ± 0.96	4.14 ± 1.06	1.078	—
统筹协调	4.23 ± 0.82	4.26 ± 0.94	4.10 ± 1.13	0.731	—
活动策划	4.29 ± 0.83	4.22 ± 0.94	3.94 ± 1.17	2.807	—
计划执行	4.27 ± 0.81	4.27 ± 0.92	4.05 ± 1.07	1.512	—
组织管控	4.23 ± 0.86	4.27 ± 0.93	4.07 ± 1.18	1.178	—
维度 4：教研成就	11.67 ± 2.41	11.13 ± 2.83	10.12 ± 3.43	5.924^{**}	$2 < 1^{*}$；$3 < 1^{*}$；$3 < 2^{**}$
教学成果	4.14 ± 0.76	3.95 ± 0.99	3.58 ± 1.16	6.482^{**}	$2 < 1^{*}$；$3 < 1^{**}$；$3 < 2^{**}$
学术成果	3.94 ± 0.81	3.63 ± 1.03	3.20 ± 1.28	10.692^{***}	$2 < 1^{**}$；$3 < 1^{***}$；$3 < 2^{**}$
业内影响力	3.59 ± 1.17	3.54 ± 1.21	3.34 ± 1.50	0.816	—
维度 5：教研知识	13.13 ± 1.91	12.62 ± 2.53	12.01 ± 3.26	4.281^{*}	$2 < 1^{*}$；$3 < 1^{*}$
体育专业知识	4.36 ± 0.73	4.15 ± 0.93	3.94 ± 1.14	4.751^{**}	$2 < 1^{*}$；$3 < 1^{**}$
体育教学知识	4.39 ± 0.71	4.23 ± 0.88	4.01 ± 1.14	3.766^{*}	$3 < 1^{*}$
教师教育知识	4.37 ± 0.67	4.22 ± 0.87	4.05 ± 1.12	2.918	—
总分	103.07 ± 12.81	100.48 ± 17.82	94.8 ± 23.31	4.311^{*}	$3 < 1^{*}$；$3 < 2^{*}$

注：同表 5-6。

由表 5–8 可知，具有不同学历的中小学体育教研员在胜任力要素总体平均分上差异具有显著性。具有研究生学历的体育教研员总体平均分最高，大专及以下学历最低，学历与胜任力总体平均分呈正相关。

从中小学体育教研员胜任力各维度来看，具有研究生学历的中小学体育教研员组在各维度上的平均分均高于其他两个组，在个人特质、教研成就和教研知识 3 个维度上差异具有显著性。

从中小学体育教研员胜任力各要素来看，在身体状态、心理状态、性格特征、服务意识、专题教研培训、课题引领、组织教研论坛、教学成果、学术成果、体育专业知识和体育教学知识 11 个要素上差异具有显著性。具有研究生学历的中小学体育教研员在具有统计学意义的各要素上的平均分均高于其他两个组。

整体来看，研究生学历的中小学体育教研员无论是总分、各维度得分和具体要素得分都要明显高于本科学历和大专及以下学历体育教研员的胜任力水平。在我国高等教育培养体系中，研究生教育是高度专门化的专业性教育，其目的旨在培养各行各业的高级专门服务人才[159]。所以，在此培养目标的统领下，研究生学历的中小学体育教研员在一定程度上能够掌握更为完整的体育教育教学理论框架，拥有更为强烈的体育教学研究欲望和实践操作能力，能够及时发现体育学科教学问题背后隐匿的深层次关系。同时，研究生阶段更加关注科研能力、学术思维的培养，而发现问题、分析问题的能力恰恰也是教研员所应具备的关键能力，有助于高学历体育教研员在教研实践过程中快速捕捉问题，针对性地开展教学指导和教学研究，更加科学地规划出区域体育教研发展路径和推进策略。

5.2.2.4 中小学体育教研员胜任力要素的职称差异描述

为探究不同职称中小学体育教研员胜任力要素的差异，对调查数据进行了单因素方差分析和多重比较，如表 5–9 所示。

表 5-9 中小学体育教研员胜任力要素的职称差异表

要素	正高级（1）（N=40）	高级（2）（N=525）	一级（3）（N=360）	二级及以下（4）（N=117）	F	事后多重比较（LSD）
维度 1：个人特质	**28.32 ± 4.06**	**27.48 ± 5.14**	**27.75 ± 3.66**	**27.10 ± 4.19**	**1.029**	—
身体状态	4.60 ± 0.77	4.36 ± 1.00	4.44 ± 0.79	4.34 ± 0.85	1.342	—
心理状态	4.77 ± 0.69	4.59 ± 0.91	4.62 ± 0.70	4.46 ± 0.83	1.783	—
性格特征	4.72 ± 0.71	4.60 ± 0.91	4.62 ± 0.72	4.48 ± 0.83	1.096	—
服务意识	4.70 ± 0.72	4.61 ± 0.91	4.58 ± 0.74	4.50 ± 0.79	0.761	—
敬业精神	4.77 ± 0.69	4.65 ± 0.90	4.73 ± 0.63	4.63 ± 0.74	0.945	—
责任担当	4.75 ± 0.70	4.64 ± 0.90	4.73 ± 0.65	4.67 ± 0.71	1.104	—
维度 2：指导能力	**29.9 ± 4.59**	**28.30 ± 6.17**	**27.48 ± 5.90**	**25.87 ± 6.78**	**7.042^{***}**	$3<1^{*}$；$4<1^{***}$；$3<2^{*}$；$4<2^{***}$
教学基本功培训	4.65 ± 0.76	4.34 ± 0.93	4.18 ± 0.87	3.94 ± 0.94	9.187^{***}	$2<1^{*}$；$3<1^{**}$；$4<1^{***}$；$2<3^{*}$；$2<4^{***}$；$3<4^{*}$
信息化教学	4.05 ± 0.78	3.90 ± 0.95	3.91 ± 0.91	3.75 ± 0.99	1.351	
专题教研培训	4.47 ± 0.78	4.17 ± 0.97	4.00 ± 0.92	3.78 ± 0.96	8.304^{***}	$2<1^{*}$；$3<1^{**}$；$4<1^{***}$；$2<3^{*}$；$2<4^{***}$；$3<4^{*}$
课题引领	4.32 ± 0.61	3.96 ± 1.02	3.84 ± 0.98	3.59 ± 1.10	7.159^{***}	$2<1^{*}$；$3<1^{**}$；$4<1^{***}$；$2<3^{*}$；$2<4^{***}$；$3<4^{*}$
组织教研论坛	4.17 ± 0.87	3.96 ± 1.01	3.76 ± 1.01	3.54 ± 1.16	7.627^{***}	$3<1^{*}$；$4<1^{**}$；$2<3^{**}$；$2<4^{***}$；$3<4^{*}$
网络教研	4.05 ± 0.93	3.90 ± 1.04	3.86 ± 1.02	3.61 ± 1.15	2.842^{*}	$4<1^{*}$；$4<2^{*}$；$4<3^{*}$
打造学习共同体	4.20 ± 1.06	4.05 ± 1.00	3.88 ± 0.99	3.63 ± 1.11	6.994^{***}	$4<1^{**}$；$3<2^{*}$；$4<2^{***}$；$4<3^{*}$
维度 3：组织协调	**22.55 ± 3.32**	**21.66 ± 4.53**	**21.16 ± 3.99**	**19.82 ± 4.61**	**6.994^{***}**	$4<1^{**}$；$4<2^{***}$；$4<3^{**}$

续表

要素	正高级（1）（N=40）	高级（2）（N=525）	一级（3）（N=360）	二级及以下（4）（N=117）	F	事后多重比较（LSD）
上传下达	4.52 ± 0.75	4.42 ± 0.97	4.28 ± 0.90	3.97 ± 1.00	7.975^{***}	$4 < 1^{**}$；$3 < 2^{*}$；$4 < 2^{***}$；$4 < 3^{**}$
统筹协调	4.47 ± 0.71	4.32 ± 0.97	4.21 ± 0.87	3.93 ± 0.9	6.633^{***}	$4 < 1^{**}$；$4 < 2^{***}$；$4 < 3^{**}$
活动策划	4.52 ± 0.78	4.28 ± 0.96	4.19 ± 0.87	3.90 ± 1.02	6.799^{***}	$4 < 1^{***}$；$3 < 1^{*}$；$4 < 2^{***}$；$4 < 3^{**}$
计划执行	4.50 ± 0.75	4.31 ± 0.96	4.23 ± 0.85	4.03 ± 0.96	3.98^{**}	$4 < 1^{**}$；$4 < 2^{**}$；$4 < 3^{*}$
组织管控	4.52 ± 0.75	4.31 ± 0.95	4.23 ± 0.88	3.98 ± 1.00	5.226^{**}	$4 < 1^{**}$；$4 < 2^{**}$；$4 < 3^{*}$
维度 4：教研成就	**12.57 ± 2.17**	**11.52 ± 2.70**	**10.93 ± 2.69**	**9.65 ± 3.34**	18.865^{***}	$4 < 1^{***}$；$3 < 1^{***}$；$2 < 1^{*}$；$3 < 2^{**}$；$4 < 2^{***}$；$4 < 3^{**}$
教学成果	4.42 ± 0.71	4.03 ± 0.96	3.90 ± 0.93	3.60 ± 1.14	9.721^{***}	$4 < 1^{***}$；$3 < 1^{**}$；$2 < 1^{*}$；$3 < 2^{*}$；$4 < 2^{***}$；$4 < 3^{*}$
学术成果	4.12 ± 0.91	3.75 ± 0.99	3.61 ± 0.99	3.17 ± 1.22	13.361^{***}	$4 < 1^{***}$；$3 < 1^{**}$；$2 < 1^{*}$；$4 < 2^{***}$；$4 < 3^{***}$
业内影响力	4.02 ± 0.97	3.73 ± 1.14	3.41 ± 1.20	2.88 ± 1.41	20.271^{***}	$4 < 1^{***}$；$3 < 1^{**}$；$3 < 2^{***}$；$4 < 2^{***}$；$4 < 3^{***}$
维度 5：教研知识	**13.2 ± 2.12**	**12.73 ± 2.70**	**12.69 ± 2.15**	**12.00 ± 2.71**	3.607^{*}	$4 < 1^{**}$；$4 < 2^{**}$；$4 < 3^{**}$
体育专业知识	4.32 ± 0.76	4.22 ± 0.95	4.16 ± 0.82	3.91 ± 1.04	3.927^{**}	$4 < 1^{*}$；$4 < 2^{**}$；$4 < 3^{**}$
体育教学知识	4.42 ± 0.78	4.26 ± 0.93	4.27 ± 0.77	4.02 ± 0.97	3.179^{*}	$4 < 1^{*}$；$4 < 2^{**}$；$4 < 3^{**}$
教师教育知识	4.50 ± 0.67	4.24 ± 0.92	4.25 ± 0.76	4.06 ± 0.92	2.914^{*}	$4 < 1^{**}$；$4 < 2^{*}$；$4 < 3^{*}$
总分	**106.64 ± 14.44**	**101.72 ± 18.94**	**100.03 ± 15.52**	**94.46 ± 17.40**	1.699^{***}	$4 < 1^{***}$；$4 < 2^{***}$；$4 < 3^{**}$；$3 < 1^{*}$

注：同表 5-6。

由表 5-9 可知，不同职称的中小学体育教研员在胜任力要素总体平均分上差异具有显著性。具有正高级职称的中小学体育教研员总体平均分最高，具有二级及以下职称的中小学体育教研员总体平均分最低，职称和总体平均分之间呈正相关。

从中小学体育教研员胜任力各维度来看，随着职称的升高，中小学体育教研员胜任力在各维度上的平均分呈上升趋势，除个人特质维度外，在其他四个维度上差异均具有显著性，且职称在二级及以下的中小学体育教研员与其他三组差异非常显著。

从中小学体育教研员胜任力各要素来看，具有正高级职称的中小学体育教研员，其胜任力各要素平均得分最高，而二级及以下中小学体育教研员胜任力各要素的平均得分则最低。且在除身体状态、心理状态、性格特征、服务意识、敬业精神、责任担当、信息化教学以外的其他要素上差异均具有显著性。

整体来看，正高级职称的中小学体育教研员无论是总分、各维度得分，还是具体要素得分都要明显优于其他三组中小学体育教研员的胜任力水平。个人特质维度上的差异不具显著性，深思其现象背后所产生的原因可能在于，当前大多数中小学体育教研员均选自中小学一线骨干体育教师、教学名师或体育教研组长，都具有较强的服务意识、敬业精神和责任担当意识，而这些都属于教师的内在特质，一般不会随着职称的改变而变化，因此各组间的平均分差异不大。在指导能力、组织协调和教研成就维度上则呈现出极其显著的差异，究其原因可能在于，职称是我国专业技术人员学术水平、技术水平、科研能力和专业能力高低的主要标志，一般职称越高代表个体的专业水平和专业素养越高[160]。

5.2.2.5 中小学体育教研员胜任力要素的教研级别差异描述

为探究不同教研级别中小学体育教研员胜任力要素的差异，对调查数据进行了单因素方差分析和多重比较，如表 5-10 所示。

表 5-10　中小学体育教研员胜任力要素的教研级别差异表

要素	省级（1）（N=54）	市级（2）（N=221）	区（县）级（3）（N=767）	F	事后多重比较（LSD）
维度 1：个人特质	**28.29 ± 3.55**	**27.39 ± 4.84**	**27.56 ± 4.50**	**0.850**	—
身体状态	4.59 ± 0.74	4.37 ± 0.92	4.39 ± 0.91	1.294	—
心理状态	4.75 ± 0.64	4.57 ± 0.91	4.59 ± 0.81	1.141	—
性格特征	4.72 ± 0.65	4.55 ± 0.93	4.6 ± 0.82	0.904	—
服务意识	4.68 ± 0.69	4.57 ± 0.89	4.59 ± 0.83	0.376	—
敬业精神	4.75 ± 0.67	4.66 ± 0.83	4.68 ± 0.79	0.302	—
责任担当	4.77 ± 0.63	4.65 ± 0.85	4.68 ± 0.79	0.508	—
维度 2：指导能力	**29.75 ± 4.47**	**28.08 ± 6.16**	**27.59 ± 6.23**	**3.391^{*}**	**$3 < 1^{*}$**
教学基本功培训	4.61 ± 0.68	4.27 ± 0.97	4.22 ± 0.91	4.410^{*}	$3 < 1^{**}$；$2 < 1^{*}$
信息化教学	4.13 ± 0.72	3.90 ± 0.95	3.87 ± 0.94	1.816	—
专题教研培训	4.40 ± 0.68	4.11 ± 0.97	4.05 ± 0.96	3.658^{*}	$3 < 1^{**}$；$2 < 1^{*}$
课题引领	4.31 ± 0.79	3.93 ± 1.02	3.85 ± 1.02	5.452^{**}	$3 < 1^{**}$；$2 < 1^{*}$
组织教研论坛	4.18 ± 0.89	3.92 ± 1.01	3.81 ± 1.05	3.813^{*}	$3 < 1^{*}$
网络教研	3.96 ± 0.93	3.89 ± 1.07	3.84 ± 1.05	0.437	—
打造学习共同体	4.14 ± 0.87	4.02 ± 0.97	3.92 ± 1.04	1.884	—

续表

要素	省级（1）（N=54）	市级（2）（N=221）	区（县）级（3）（N=767）	F	事后多重比较（LSD）
维度3：组织协调	22.09 ± 3.26	21.34 ± 4.68	21.26 ± 4.32	0.922	—
上传下达	4.44 ± 0.79	4.36 ± 1.02	4.31 ± 0.94	0.674	—
统筹协调	4.33 ± 0.75	4.23 ± 1.02	4.25 ± 0.92	0.237	—
活动策划	4.37 ± 0.83	4.26 ± 0.96	4.19 ± 0.94	1.109	—
计划执行	4.48 ± 0.69	4.24 ± 0.98	4.25 ± 0.91	1.586	—
组织管控	4.46 ± 0.71	4.24 ± 0.98	4.24 ± 0.93	1.387	—
维度4：教研成就	12.35 ± 2.48	11.67 ± 2.52	10.91 ± 2.89	11.506^{***}	$3 < 1^{***}$；$3 < 2^{***}$
教学成果	4.33 ± 0.84	4.10 ± 0.91	3.88 ± 0.99	8.621^{***}	$3 < 1^{**}$；$3 < 2^{**}$
学术成果	4.00 ± 0.99	3.87 ± 0.92	3.56 ± 1.05	10.939^{***}	$3 < 1^{***}$；$3 < 2^{**}$
业内影响力	4.01 ± 1.05	3.69 ± 1.11	3.46 ± 1.25	7.480^{**}	$3 < 1^{**}$；$3 < 2^{*}$
维度5：教研知识	13.33 ± 2.17	12.85 ± 2.69	12.55 ± 2.48	3.258^{*}	$3 < 1^{*}$
体育专业知识	4.42 ± 0.76	4.27 ± 0.93	4.12 ± 0.92	4.287^{*}	$3 < 1^{*}$；$3 < 2^{*}$
体育教学知识	4.42 ± 0.76	4.32 ± 0.92	4.21 ± 0.87	2.419	—
教师教育知识	4.48 ± 0.74	4.25 ± 0.93	4.21 ± 0.85	2.486	—
总分	105.83 ± 14.10	101.35 ± 18.37	99.89 ± 17.61	3.186^{*}	$3 < 1^{*}$

注：同表5-6。

由表 5–10 可知，不同教研级别的中小学体育教研员在胜任力要素总体平均分上差异显著。省级体育教研员胜任力总体平均分最高，区（县）级体育教研员胜任力总体平均分最低，教研级别与胜任力总体平均分呈正相关。

从中小学体育教研员胜任力各维度来看，省级体育教研员在各维度上的平均分均高于市、区（县）级体育教研员，在指导能力、教研成就和教研知识维度上差异显著。

从中小学体育教研员胜任力各要素来看，省级体育教研员在各要素上的平均分均高于市、区（县）级体育教研员，在教学基本功培训、专题教研培训、课题引领、组织教研论坛、教学成果、学术成果、业内影响力和体育专业知识 8 个要素上差异显著。

整体来看，省级中小学体育教研员无论是总分、各维度得分还是具体要素得分，都明显高于市级和区（县）级体育教研员。造成这一特征差异的主要原因一方面可能在于不同的体育教研价值观念在一定程度上影响着省、市、县（区）三级中小学体育教研员的胜任力水平，市级区域的优质学校较多，这就要求市级中小学体育教研员率先吸收最新的体育教育教学理念，掌握最优的体育教育教学方法，提高胜任力水平，满足优质学校教学质量快速发展的需求；另一方面，省级教研员作为省内等级最高的教研员，能够拥有更高水平的发展平台和更高质量的发展机会，但同时更高的平台也要求体育教研员具有更好的胜任力，即省级体育教研员对于时事要有敏锐的洞察、对于教育教学的相关政策要能及时解读、对于体育领域的相关问题要有准确的把握、对于各种培训的组织要高质高效。因此，省级体育教研员会表现出优于市、区（县）级体育教研员的胜任力。

5.2.2.6 中小学体育教研员胜任力要素的教研学段差异描述

为探究中小学体育教研员胜任力要素的教研学段差异，对调查数据进行了单因素方差分析和多重比较，如表 5–11 所示。

表 5-11 中小学体育教研员胜任力要素的教研学段差异表

要素	小学（1）（N=281）	初中（2）（N=190）	高中（3）（N=136）	小学 + 初中（4）（N=108）	初中 + 高中（5）（N=49）	小学 + 初中 + 高中（6）（N=278）	F	事后多重比较（LSD）
维度 1：个人特质	27.42 ± 5.08	27.29 ± 4.28	27.75 ± 3.72	27.42 ± 5.18	28.32 ± 3.40	27.72 ± 4.40	0.604	—
身体状态	4.40 ± 0.96	4.41 ± 0.91	4.36 ± 0.82	4.29 ± 0.95	4.44 ± 0.79	4.43 ± 0.90	0.434	—
心理状态	4.56 ± 0.92	4.51 ± 0.82	4.58 ± 0.72	4.58 ± 0.92	4.77 ± 0.55	4.67 ± 0.77	1.476	—
性格特征	4.57 ± 0.91	4.51 ± 0.85	4.63 ± 0.70	4.63 ± 0.92	4.69 ± 0.58	4.65 ± 0.80	0.854	—
服务意识	4.55 ± 0.91	4.55 ± 0.84	4.65 ± 0.71	4.57 ± 0.91	4.79 ± 0.64	4.6 ± 0.81	0.949	—
敬业精神	4.65 ± 0.87	4.64 ± 0.76	4.77 ± 0.64	4.66 ± 0.89	4.83 ± 0.62	4.68 ± 0.78	0.879	—
责任担当	4.67 ± 0.87	4.65 ± 0.78	4.74 ± 0.65	4.66 ± 0.90	4.77 ± 0.65	4.67 ± 0.78	0.353	—
维度 2：指导能力	27.94 ± 6.58	26.54 ± 6.32	27.32 ± 5.81	28.25 ± 6.50	29.73 ± 4.31	28.27 ± 5.75	3.217^{**}	$2<1^{*}$；$2<4^{*}$；$2<5^{**}$；$2<6^{**}$；$3<5^{*}$
教学基本功培训	4.19 ± 1.03	4.12 ± 0.91	4.27 ± 0.82	4.22 ± 1.02	4.61 ± 0.63	4.36 ± 0.83	3.242^{**}	$1<5^{**}$；$1<6^{*}$；$2<5^{**}$；$2<6^{**}$；$3<5^{*}$；$4<5^{*}$
信息化教学	3.93 ± 1.00	3.78 ± 0.93	3.89 ± 0.90	3.87 ± 0.97	4.04 ± 0.76	3.92 ± 0.90	0.881	—
专题教研培训	4.05 ± 1.00	3.86 ± 0.98	3.95 ± 0.86	4.15 ± 1.02	4.53 ± 0.68	4.21 ± 0.90	5.944^{***}	$2<1^{*}$；$1<5^{**}$；$2<4^{*}$；$2<5^{**}$；$2<6^{***}$；$3<5^{***}$；$3<6^{**}$；$4<5^{*}$；$6<5^{*}$

续表

要素	小学（1）（N=281）	初中（2）（N=190）	高中（3）（N=136）	小学＋初中（4）（N=108）	初中＋高中（5）（N=49）	小学＋初中＋高中（6）（N=278）	F	事后多重比较（LSD）
课题引领	3.91 ± 1.05	3.70 ± 1.03	3.85 ± 0.99	3.98 ± 1.00	4.14 ± 0.79	3.95 ± 1.00	2.385^{*}	$2<1^{*}$；$2<4^{*}$；$2<5^{*}$；$2<6^{**}$
组织教研论坛	3.85 ± 1.05	3.60 ± 1.11	3.81 ± 1.01	3.98 ± 1.04	4.12 ± 0.80	3.96 ± 0.99	3.96^{**}	$2<1^{**}$；$2<4^{**}$；$2<5^{**}$；$2<6^{**}$
网络教研	3.95 ± 1.07	3.71 ± 1.09	3.72 ± 1.07	3.95 ± 1.03	4.12 ± 0.88	3.86 ± 0.99	2.48^{*}	$2<1^{*}$；$3<1^{*}$；$2<5^{*}$；$3<5^{*}$
打造学习共同体	4.02 ± 1.06	3.75 ± 1.07	3.81 ± 0.99	4.09 ± 1.01	4.16 ± 0.87	4.00 ± 0.95	3.221^{**}	$2<1^{**}$；$2<4^{**}$；$2<5^{*}$；$2<6^{**}$；$3<4^{*}$；$3<5^{*}$
维度 3：组织协调	21.21 ± 4.79	20.63 ± 4.31	20.64 ± 4.27	21.78 ± 4.63	22.61 ± 2.81	21.82 ± 3.97	3.521^{**}	$1<5^{*}$；$2<4^{**}$；$2<5^{*}$；$2<6^{**}$；$3<4^{*}$；$3<5^{**}$；$3<6^{*}$
上传下达	4.26 ± 1.03	4.20 ± 0.96	4.18 ± 0.96	4.39 ± 0.95	4.61 ± 0.63	4.47 ± 0.86	3.797^{**}	$1<5^{*}$；$1<6^{*}$；$2<5^{**}$；$2<6^{**}$；$3<5^{**}$；$3<6^{**}$
统筹协调	4.24 ± 0.98	4.13 ± 0.93	4.11 ± 0.94	4.33 ± 1.02	4.46 ± 0.64	4.33 ± 0.89	2.250^{*}	$2<5^{*}$；$2<6^{*}$；$3<5^{*}$；$3<6^{*}$
活动策划	4.22 ± 1.02	4.04 ± 0.96	4.11 ± 0.91	4.34 ± 0.97	4.53 ± 0.61	4.29 ± 0.87	3.521^{**}	$2<1^{*}$；$1<5^{*}$；$2<4^{**}$；$2<5^{**}$；$2<6^{**}$；$3<5^{**}$

续表

要素	小学（1）（N=281）	初中（2）（N=190）	高中（3）（N=136）	小学＋初中（4）（N=108）	初中＋高中（5）（N=49）	小学＋初中＋高中（6）（N=278）	F	事后多重比较（LSD）
计划执行	4.26 ± 1.00	4.16 ± 0.92	4.11 ± 0.91	4.35 ± 0.94	4.40 ± 0.67	4.35 ± 0.85	2.100	—
组织管控	4.22 ± 1.01	4.08 ± 0.96	4.11 ± 0.91	4.36 ± 0.98	4.59 ± 0.6	4.37 ± 0.85	4.339^{**}	$1<5^{*}$；$2<4^{*}$；$2<5^{**}$；$2<6^{**}$；$3<4^{*}$；$3<5^{*}$；$3<6^{**}$
维度 4：教研成就	10.92 ± 3.05	10.73 ± 2.88	11.46 ± 2.40	11.04 ± 2.96	12.30 ± 1.96	11.34 ± 2.76	3.482^{**}	$1<5^{**}$；$2<3^{*}$；$2<5^{**}$；$2<6^{*}$；$4<5^{*}$；$5<6^{*}$
教学成果	3.93 ± 1.04	3.80 ± 1.01	4.11 ± 0.82	3.90 ± 1.04	4.20 ± 0.76	3.97 ± 0.95	2.381^{*}	$2<3^{**}$；$2<5^{*}$
学术成果	3.58 ± 1.10	3.51 ± 1.02	3.81 ± 0.90	3.62 ± 1.07	4.00 ± 0.76	3.69 ± 1.03	2.922^{*}	$1<3^{*}$；$1<5^{**}$；$2<3^{**}$；$2<5^{**}$；$4<5^{*}$
业内影响力	3.40 ± 1.32	3.42 ± 1.21	3.52 ± 1.15	3.51 ± 1.22	4.10 ± 0.91	3.67 ± 1.18	3.802^{**}	$1<5^{**}$；$1<6^{**}$；$2<5^{*}$；$2<6^{**}$；$3<5^{**}$；$4<5^{**}$；$5<6^{*}$
维度 5：教研知识	12.42 ± 2.88	12.44 ± 2.38	12.86 ± 2.10	12.67 ± 2.60	13.67 ± 1.96	12.75 ± 2.39	2.671^{*}	$1<5^{**}$；$2<5^{**}$；$4<5^{*}$；$5<6^{*}$

续表

要素	小学（1）（N=281）	初中（2）（N=190）	高中（3）（N=136）	小学＋初中（4）（N=108）	初中＋高中（5）（N=49）	小学＋初中＋高中（6）（N=278）	F	事后多重比较（LSD）
体育专业知识	4.07 ± 1.01	4.05 ± 0.96	4.29 ± 0.76	4.18 ± 0.97	4.53 ± 0.71	4.22 ± 0.85	3.446^{**}	$1<3^{*}$；$1<5^{**}$；$1<6^{*}$；$2<3^{*}$；$2<5^{**}$；$4<5^{*}$；$5<6^{**}$
体育教学知识	4.16 ± 1.01	4.15 ± 0.87	4.30 ± 0.75	4.28 ± 0.88	4.59 ± 0.64	4.28 ± 0.83	2.616^{*}	$1<5^{**}$；$2<5^{**}$；$4<5^{*}$；$6<5^{*}$
教师教育知识	4.18 ± 0.98	4.22 ± 0.79	4.26 ± 0.76	4.20 ± 0.88	4.55 ± 0.73	4.24 ± 0.84	1.582	—
总分	**99.92 ± 19.74**	**97.65 ± 16.9**	**100.06 ± 14.57**	**101.19 ± 20.09**	**106.65 ± 12.02**	**101.93 ± 16.81**	2.675^{*}	$1<5^{*}$；$2<5^{**}$；$2<6^{*}$；$3<5^{*}$

注：同表5-6。

由表 5–11 可知，不同教研学段的中小学体育教研员在胜任力要素总体平均分上差异显著。初中 + 高中学段的中小学体育教研员胜任力总体平均分最高，初中组的中小学体育教研员胜任力总体平均分最低。

从中小学体育教研员胜任力各维度来看，初中 + 高中学段的体育教研员在 5 个维度上的得分均最高，在教研知识维度上得分最低的是小学体育教研员，在个人特质、指导能力、组织协调和教研成就维度上得分最低的是中学体育教研员。不同教研学段在指导能力、组织协调、教研成就和教研知识 4 个维度上差异显著。

从中小学体育教研员胜任力各要素来看，初中 + 高中学段的体育教研员在全部 24 个要素上的得分均最高，在教学基本功培训、专题教研培训、课题引领、组织教研论坛、网络教研、打造学习共同体、上传下达、统筹协调、活动策划、组织管控、教学成果、学术成果、业内影响力、体育专业知识和体育教学知识 15 个要素上差异显著。

整体来看，初中 + 高中学段的中小学体育教研员无论是在总分、维度还是具体要素上，都明显优于其他学段体育教研员的胜任力水平，其他五个学段的体育教研员胜任力水平相差不大。呈现这一现象的主要原因与当前我国各个学段体育的基本思路有关，如小学阶段是以游戏和运动项目的基本动作为主要内容，通过走、跑、跳、投、滚、爬、投掷等形式的活动，发展学生的基础运动能力；初中是以技能和技巧为主，通过体育教育教学、课外体育活动，使学生掌握基本的体育与健康知识和技术，进而提高身体素质，帮助学生掌握 1～2 项体育运动技能；高中阶段则是以选择运动项目和专门的身体素质练习为主要内容，达到发展学生运动专长的目的[161]。所以，在这种目标定位下，首先，初中 + 高中学段的体育教研员与其他单学段的体育教研员相比，在专业素养上具有综合性和全面性，必须同时掌握初中和高中两个学段的体育教研内容和方式；其次，初中 + 高中学段的体育教研员与其他学段的体育教研员相比，在专业能力上又具有指向性和衔接性，因为初中体育是基础，高中体育是对其进一步的提升和深化。如此原因可能造成了初中 + 高中学段的体育教研员在胜任力水平上表现较好。

5.2.2.7 中小学体育教研员胜任力要素的一线教学经验差异描述

为探究中小学体育教研员胜任力要素的一线教学经验差异，对调查数据进行了单因素方差分析和多重比较，如表 5–12 所示。

表 5-12　中小学体育教研员胜任力要素的一线教学经验差异表

要素	0～5 年（1）（N=136）	6～10 年（2）（N=181）	11～15 年（3）（N=212）	16～20 年（4）（N=252）	21 年以上（5）（N=261）	F	事后多重比较（LSD）
维度 1：个人特质	**27.17 ± 4.27**	**27.08 ± 4.98**	**27.6 ± 4.57**	**27.96 ± 4.02**	**27.69 ± 4.76**	**1.296**	—
身体状态	4.31 ± 0.94	4.34 ± 0.94	4.45 ± 0.90	4.38 ± 0.86	4.45 ± 0.92	0.873	—
心理状态	4.50 ± 0.90	4.53 ± 0.87	4.63 ± 0.81	4.63 ± 0.77	4.62 ± 0.83	1.058	—
性格特征	4.50 ± 0.90	4.54 ± 0.87	4.59 ± 0.85	4.67 ± 0.76	4.64 ± 0.83	1.351	—
服务意识	4.51 ± 0.82	4.48 ± 0.92	4.59 ± 0.81	4.70 ± 0.74	4.60 ± 0.87	2.213	—
敬业精神	4.65 ± 0.69	4.58 ± 0.86	4.66 ± 0.82	4.78 ± 0.68	4.69 ± 0.86	1.722	—
责任担当	4.69 ± 0.71	4.59 ± 0.88	4.66 ± 0.82	4.77 ± 0.69	4.67 ± 0.85	1.539	—
维度 2：指导能力	**26.04 ± 6.61**	**27.89 ± 6.41**	**27.87 ± 5.86**	**28.32 ± 5.86**	**28.13 ± 6.11**	**3.467^{**}**	**$1<2^{**}$；$1<3^{**}$；$1<4^{***}$；$1<5^{**}$**
教学基本功培训	3.91 ± 1.00	4.22 ± 0.99	4.25 ± 0.86	4.35 ± 0.85	4.36 ± 0.89	6.339^{***}	$1<2^{**}$；$1<3^{**}$；$1<4^{***}$；$1<5^{***}$
信息化教学	3.69 ± 1.03	3.86 ± 0.93	3.88 ± 0.91	3.97 ± 0.91	3.95 ± 0.91	2.316	—
专题教研培训	3.86 ± 0.95	4.09 ± 1.00	4.09 ± 0.93	4.15 ± 0.93	4.10 ± 0.95	2.299	—
课题引领	3.63 ± 1.07	3.95 ± 1.05	3.92 ± 0.95	3.91 ± 0.99	3.94 ± 1.02	2.675^{*}	$1<2^{**}$；$1<3^{**}$；$1<4^{**}$；$1<5^{**}$
组织教研论坛	3.59 ± 1.11	3.89 ± 1.06	3.85 ± 1.02	3.93 ± 0.98	3.89 ± 1.02	2.692^{*}	$1<2^{**}$；$1<3^{**}$；$1<4^{**}$；$1<5^{**}$
网络教研	3.62 ± 1.10	3.88 ± 1.05	3.91 ± 1.00	3.94 ± 0.98	3.86 ± 1.10	2.228	—
打造学习共同体	3.71 ± 1.05	3.96 ± 1.01	3.94 ± 0.95	4.04 ± 1.04	4.00 ± 1.03	2.517^{*}	$1<2^{*}$；$1<3^{*}$；$1<4^{**}$；$1<5^{**}$
维度 3：组织协调	**20.19 ± 4.66**	**20.97 ± 4.87**	**21.28 ± 4.06**	**22.02 ± 3.83**	**21.49 ± 4.42**	**4.345^{**}**	**$1<3^{*}$；$1<4^{***}$；$1<5^{***}$；$2<4^{*}$**
上传下达	4.08 ± 1.03	4.21 ± 1.03	4.35 ± 0.88	4.49 ± 0.83	4.35 ± 0.98	4.943^{**}	$1<3^{**}$；$1<4^{***}$；$1<5^{**}$；$2<4^{**}$

续表

要素	0～5年（1）（N=136）	6～10年（2）（N=181）	11～15年（3）（N=212）	16～20年（4）（N=252）	21年以上（5）（N=261）	F	事后多重比较（LSD）
统筹协调	3.99 ± 1.00	4.21 ± 1.02	4.27 ± 0.87	4.38 ± 0.83	4.26 ± 0.98	4.013^{**}	$1<2^{*}$；$1<3^{**}$；$1<4^{***}$；$1<5^{**}$
活动策划	3.98 ± 1.03	4.11 ± 1.05	4.22 ± 0.84	4.36 ± 0.83	4.26 ± 0.96	4.435^{**}	$1<3^{*}$；$1<4^{***}$；$1<5^{***}$；$2<4^{***}$
计划执行	4.09 ± 0.95	4.19 ± 1.01	4.21 ± 0.87	4.4 ± 0.82	4.30 ± 0.93	3.16^{*}	$1<4^{**}$；$1<5^{*}$；$2<4^{*}$；$3<4^{*}$
组织管控	4.04 ± 1.01	4.23 ± 1.00	4.21 ± 0.93	4.37 ± 0.84	4.29 ± 0.91	3.026^{*}	$1<4^{**}$；$1<5^{*}$
维度4：教研成就	**9.89 ± 3.26**	**11.49 ± 2.63**	**11.34 ± 2.6**	**11.23 ± 2.68**	**11.33 ± 2.89**	**8.099^{***}**	**$1<2^{***}$；$1<3^{***}$；$1<4^{***}$；$1<5^{***}$**
教学成果	3.61 ± 1.10	4.04 ± 0.91	4.02 ± 0.91	3.95 ± 0.95	4.01 ± 1.00	4.939^{**}	$1<2^{***}$；$1<3^{***}$；$1<4^{**}$；$1<5^{***}$
学术成果	3.32 ± 1.16	3.77 ± 0.91	3.73 ± 1.00	3.66 ± 0.99	3.66 ± 1.08	4.516^{**}	$1<2^{***}$；$1<3^{***}$；$1<4^{**}$；$1<5^{**}$
业内影响力	2.95 ± 1.41	3.66 ± 1.14	3.59 ± 1.14	3.61 ± 1.17	3.65 ± 1.21	9.382^{***}	$1<2^{***}$；$1<3^{***}$；$1<4^{***}$；$1<5^{***}$
维度5：教研知识	**11.95 ± 2.78**	**12.81 ± 2.61**	**12.59 ± 2.51**	**12.82 ± 2.33**	**12.80 ± 2.42**	**3.399^{**}**	**$1<2^{**}$；$1<3^{*}$；$1<4^{**}$；$1<5^{**}$**
体育专业知识	3.90 ± 1.03	4.25 ± 0.91	4.16 ± 0.91	4.21 ± 0.86	4.21 ± 0.90	3.577^{**}	$1<2^{**}$；$1<3^{*}$；$1<4^{**}$；$1<5^{**}$
体育教学知识	4.01 ± 0.98	4.29 ± 0.91	4.22 ± 0.87	4.31 ± 0.84	4.28 ± 0.84	3.041^{*}	$1<2^{**}$；$1<3^{*}$；$1<4^{**}$；$1<5^{**}$
教师教育知识	4.03 ± 0.94	4.27 ± 0.92	4.19 ± 0.88	4.29 ± 0.80	4.29 ± 0.82	2.552^{*}	$1<2^{*}$；$1<4^{**}$；$1<5^{**}$
总分	**95.27 ± 17.98**	**100.26 ± 19.16**	**100.71 ± 17.33**	**102.37 ± 16.34**	**101.45 ± 17.46**	**3.939^{**}**	**$1<2^{*}$；$1<3^{**}$；$1<4^{***}$；$1<5^{**}$**

注：同表5–6。

由表 5-12 可知，不同一线教学经验的中小学体育教研员在胜任力要素总体平均分上差异显著。具有 16～20 年一线教学经验的中小学体育教研员胜任力总体平均分最高，具有 0～5 年一线教学经验的中小学体育教研员胜任力总体平均分最低。

从中小学体育教研员胜任力各维度看，除教研成就的最高分是具有 6～10 年一线教学经验的体育教研员外，其他维度上的最高分均为具有 16～20 年一线体育教学经验的教研员。在指导能力、组织协调、教研成就和教研知识 4 个维度上，6 年以下一线教学经验的体育教研员得分明显低于其他组，且差异显著。

从中小学体育教研员胜任力各要素来看，在教学基本功培训、课题引领、组织教研论坛、打造学习共同体、上传下达、统筹协调、活动策划、计划执行、组织管控、教学成果、学术成果、业内影响力、体育专业知识、体育教学知识和教师教育知识 15 个要素上差异显著。在具有统计学意义的各要素上，得分最低的均为具有 6 年以下一线教学经验的中小学体育教研员。

整体来看，6 年以下一线教学经验的中小学体育教研员无论是在总分、维度还是具体要素上，都明显低于其他组体育教研员的胜任力水平，其他四个组的中小学体育教研员胜任力水平虽然相差不大，但总体具有逐级提升的趋势。究其原因主要是中小学体育教研员的思维方式、工作方式、专业能力不可避免地会受到一线工作经历的影响。作为教师，其专业发展过程实质上是一个自我完善的过程，在外界环境与价值的共同引导下，教师内在专业结构不断更新、演进和丰富，其中包括知识的积累、技能的掌握、能力的提升、态度的转变与情意的发展，是一个不断进化发展的动态过程[162]。体育教师的成长大体需要经过适应期、熟练期、探索期、成熟期、专家期五个阶段，不同的阶段，体育教师要面对的问题与困难不同，发展的关键素质也不同，而进入专家期后（一线工作 20 年左右），体育教师已经完成了从新任教师到专家型教师的转变。因此，从前四组来看，一线体育教学经验越丰富的中小学体育教研员，在指导体育教学教研时自我评价得分会越高，而一线教学经验在 16～20 年组和 21 年以上组的差异不大。

5.2.2.8 中小学体育教研员胜任力要素的教研年限差异描述

为探究中小学体育教研员胜任力水平的教研年限差异，对调查数据进行了单因素方差分析和多重比较，如表 5-13 所示。

表 5-13 中小学体育教研员胜任力要素的教研年限差异表

要素	0～5 年（1）（N=275）	6～10 年（2）（N=247）	11～15 年（3）（N=179）	16～20 年（4）（N=113）	21 年以上（5）（N=228）	F	事后多重比较（LSD）
维度 1：个人特质	27.82 ± 3.26	27.81 ± 3.79	27.35 ± 4.95	27.36 ± 5.00	27.25 ± 5.84	0.826	—
身体状态	4.45 ± 0.78	4.43 ± 0.79	4.39 ± 0.93	4.34 ± 0.96	4.33 ± 1.11	0.723	—
心理状态	4.64 ± 0.67	4.65 ± 0.70	4.56 ± 0.88	4.55 ± 0.89	4.53 ± 1.03	0.856	—
性格特征	4.64 ± 0.64	4.66 ± 0.70	4.57 ± 0.91	4.57 ± 0.90	4.53 ± 1.05	0.950	—
服务意识	4.61 ± 0.65	4.62 ± 0.73	4.54 ± 0.89	4.57 ± 0.93	4.58 ± 1.03	0.299	—
敬业精神	4.73 ± 0.55	4.70 ± 0.68	4.62 ± 0.88	4.67 ± 0.90	4.64 ± 1.00	0.759	—
责任担当	4.74 ± 0.59	4.72 ± 0.66	4.64 ± 0.87	4.63 ± 0.89	4.62 ± 1.00	1.026	—
维度 2：指导能力	27.57 ± 6.12	28.34 ± 5.54	28.19 ± 6.17	26.77 ± 6.74	27.72 ± 6.46	1.551	—
教学基本功培训	4.18 ± 0.88	4.31 ± 0.82	4.31 ± 0.90	4.12 ± 1.00	4.30 ± 1.04	1.512	—
信息化教学	3.94 ± 0.95	3.96 ± 0.85	3.87 ± 0.93	3.79 ± 1.01	3.83 ± 0.96	1.030	—
专题教研培训	4.00 ± 0.92	4.17 ± 0.85	4.12 ± 0.99	3.97 ± 1.09	4.1 ± 0.99	1.409	—
课题引领	3.81 ± 1.05	3.98 ± 0.94	3.98 ± 0.96	3.69 ± 1.08	3.93 ± 1.04	2.520^{*}	$4 < 2^{*}$；$4 < 3^{*}$；$5 < 4^{*}$
组织教研论坛	3.82 ± 1.02	3.90 ± 0.94	3.91 ± 1.08	3.71 ± 1.09	3.87 ± 1.08	0.841	—
网络教研	3.88 ± 1.03	3.97 ± 0.97	3.95 ± 1.04	3.71 ± 1.10	3.71 ± 1.10	2.719^{*}	$4 < 2^{*}$；$5 < 2^{**}$；$5 < 3^{*}$
打造学习共同体	3.91 ± 0.98	4.04 ± 0.92	4.02 ± 1.02	3.76 ± 1.15	3.96 ± 1.07	1.803	—
维度 3：组织协调	21.27 ± 3.95	21.53 ± 3.95	21.59 ± 4.41	20.54 ± 4.90	21.31 ± 4.88	1.221	—
上传下达	4.34 ± 0.87	4.38 ± 0.84	4.35 ± 0.97	4.18 ± 1.08	4.3 ± 1.06	0.912	—
统筹协调	4.24 ± 0.86	4.28 ± 0.86	4.31 ± 0.93	4.1 ± 1.01	4.24 ± 1.07	0.936	—

续表

要素	0～5 年（1）（N=275）	6～10 年（2）（N=247）	11～15 年（3）（N=179）	16～20 年（4）（N=113）	21 年以上（5）（N=228）	F	事后多重比较（LSD）
活动策划	4.21 ± 0.89	4.26 ± 0.88	4.28 ± 0.93	4.02 ± 1.04	4.23 ± 1.02	1.540	—
计划执行	4.26 ± 0.87	4.32 ± 0.82	4.30 ± 0.93	4.09 ± 1.03	4.26 ± 1.00	1.226	—
组织管控	4.21 ± 0.86	4.29 ± 0.87	4.33 ± 0.94	4.13 ± 1.03	4.26 ± 1.02	1.038	—
维度 4：教研成就	**10.34 ± 3.10**	**11.39 ± 2.39**	**11.49 ± 2.54**	**11.13 ± 2.73**	**11.6 ± 3.00**	**8.392^{***}**	$1 < 2^{***}$；$1 < 3^{***}$；$1 < 4^{*}$；$1 < 5^{***}$
教学成果	3.72 ± 1.08	4.02 ± 0.84	4.03 ± 0.88	3.98 ± 0.93	4.07 ± 1.03	5.285^{***}	$1 < 2^{***}$；$1 < 3^{**}$；$1 < 4^{*}$；$1 < 5^{***}$
学术成果	3.37 ± 1.15	3.78 ± 0.86	3.78 ± 0.91	3.61 ± 1.02	3.76 ± 1.10	7.408^{***}	$1 < 2^{***}$；$1 < 3^{***}$；$1 < 4^{*}$；$1 < 5^{***}$
业内影响力	3.23 ± 1.26	3.58 ± 1.19	3.67 ± 1.11	3.54 ± 1.17	3.76 ± 1.24	6.853^{***}	$1 < 2^{**}$；$1 < 3^{***}$；$1 < 4^{*}$；$1 < 5^{***}$
维度 5：教研知识	**12.43 ± 2.34**	**12.74 ± 2.14**	**12.73 ± 2.60**	**12.75 ± 2.65**	**12.72 ± 2.92**	**0.746**	—
体育专业知识	4.07 ± 0.91	4.21 ± 0.79	4.21 ± 0.92	4.22 ± 0.94	4.19 ± 1.04	1.112	—
体育教学知识	4.17 ± 0.84	4.27 ± 0.77	4.30 ± 0.89	4.23 ± 0.93	4.26 ± 1.01	0.668	—
教师教育知识	4.18 ± 0.78	4.25 ± 0.74	4.22 ± 0.93	4.29 ± 0.90	4.26 ± 1.01	0.492	—
总分	**99.46 ± 15.44**	**101.84 ± 14.91**	**101.37 ± 18.68**	**98.58 ± 19.62**	**100.62 ± 20.75**	**1.041**	—

注：同表 5-6。

由表 5-13 可知，不同教研年限的中小学体育教研员在胜任力要素总体平均分上无显著差异。

从中小学体育教研员胜任力各维度来看，只有教研成就维度的差异显著，得分最高的是具有 21 年以上教研年限的体育教研员，得分最低的是只有 0～5 年教研年限的体育教研员。

从中小学体育教研员胜任力各要素来看，只有课题引领、网络教研、教学成果、学术成果和业内影响力 5 个维度平均得分的差异显著。

整体来看，虽然在总体得分上没有体现出显著差异，但教研年限在 6～10 年和 11～15 年的中小学体育教研员胜任力水平表现较优，教研年限在 16～20 年和 0～5 年的中小学体育教研员胜任力水平表现一般。究其原因可能是随着体育教研年限的增长，中小学体育教研员的胜任力水平得到了不断提升，这与体育教研员的入职方式、职业成长周期等因素相关。比照伯林纳（Berliner）对教师发展阶段的新手教师、熟练新手教师、胜任型教师、业务精干型教师和专家型教师的五维划分[163]，可发现中小学体育教研员多选聘于中小学一线体育教师，往往只有业务精干型和专家型的教师佼佼者才能脱颖而出。虽然中小学体育教研员在进行教研工作之前已具备一定的教龄和体育教学经验，但在刚入职体育教研体系后仍是位“新手”，而“新手”和“专家”的区别主要在于专业知识、问题解决的效率和洞察力等方面，最基本的差异则体现在专家能够将更多的知识运用于专业范围内问题的解决，并且比新手更为有效[164]。

教研年限在 6～10 年和 11～15 年的中小学体育教研员正值专业发展的成熟期，其在体育教研工作中能够灵活运用所掌握的各种知识，能够根据体育教研活动的性质或一线体育教师发展的需求，针对体育专业知识展开精细化加工、组织和转化，进而从过去经验式的指导转变为现代科学理论引领的规范化指导。反之，刚入职 0～5 年的中小学体育教研员尚处于体育教研生涯的适应期，沉重的体育教研任务常使其疲于应对各种事务性工作，而教研年限在 16～20 年和 21 年以上的中小学体育教研员已经处于教研职业生涯的中后期，其专业发展诉求和岗位成就动机表现出减弱倾向，由此也体现出了较低的胜任力水平。

5.2.2.9　中小学体育教研员胜任力要素的专兼职差异描述

为探究中小学体育教研员胜任力要素的专兼职差异，对调查数据进行了独立

样本 T 检验，如表 5–14 所示。

表 5–14　中小学体育教研员胜任力要素的专兼职差异表

项目	专职（N=771）	兼职（N=271）	T
维度 1：个人特质	**27.52 ± 4.46**	**27.58 ± 4.56**	**0.184**
身体状态	4.36 ± 0.96	4.41 ± 0.89	0.652
心理状态	4.62 ± 0.82	4.59 ± 0.83	–0.489
性格特征	4.61 ± 0.80	4.60 ± 0.84	–0.208
服务意识	4.55 ± 0.84	4.61 ± 0.83	1.026
敬业精神	4.68 ± 0.76	4.68 ± 0.80	–0.051
责任担当	4.68 ± 0.77	4.68 ± 0.80	–0.051
维度 2：指导能力	**27.28 ± 5.91**	**27.99 ± 6.22**	**1.686**
教学基本功培训	4.17 ± 0.92	4.28 ± 0.92	1.759
信息化教学	3.87 ± 0.92	3.90 ± 0.94	0.393
专题教研培训	3.94 ± 0.90	4.13 ± 0.97	2.928
课题引领	3.85 ± 0.97	3.90 ± 1.03	0.759
组织教研论坛	3.79 ± 1.01	3.88 ± 1.04	1.157
网络教研	3.76 ± 1.03	3.89 ± 1.05	1.772
打造学习共同体	3.87 ± 1.01	3.98 ± 1.02	1.620
维度 3：组织协调	**21.11 ± 4.15**	**21.39 ± 4.43**	**0.954**
上传下达	4.26 ± 0.95	4.35 ± 0.95	1.253
统筹协调	4.22 ± 0.88	4.25 ± 0.96	0.480*
活动策划	4.18 ± 0.91	4.23 ± 0.95	0.671
计划执行	4.22 ± 0.88	4.28 ± 0.93	0.927
组织管控	4.20 ± 0.88	4.27 ± 0.95	1.051
维度 4：教研成就	**11.10 ± 2.66**	**11.16 ± 2.89**	**0.358**
教学成果	3.91 ± 1.01	3.96 ± 0.97	0.759
学术成果	3.60 ± 1.03	3.67 ± 1.03	0.897
业内影响力	3.57 ± 1.14	3.52 ± 1.25	–0.606*

续表

项目	专职（*N*=771）	兼职（*N*=271）	*T*
维度 5：教研知识	**12.45 ± 2.46**	**12.72 ± 2.53**	**1.568**
体育专业知识	4.08 ± 0.92	4.20 ± 0.92	1.746
体育教学知识	4.18 ± 0.86	4.26 ± 0.89	1.304
教师教育知识	4.17 ± 0.86	4.25 ± 0.86	1.321
总体平均分	**99.47 ± 16.51**	**100.87 ± 18.03**	**1.173**

注：同表 5-6。

由表 5-14 可知，专职和兼职的中小学体育教研员在胜任力要素总体平均分上无显著差异。

从中小学体育教研员胜任力各维度来看，专职体育教研员得分高于兼职体育教研员，但差异无显著性。

从中小学体育教研员胜任力各要素来看，只有统筹协调和业内影响力 2 个要素的平均分差异具有显著性，其他要素平均分差异均无显著性。

整体来看，专职中小学体育教研员和兼职中小学体育教研员在胜任力各个维度和各个要素上各有千秋，但兼职中小学体育教研员的胜任力水平要略微优于专职中小学体育教研员的胜任力水平。具体来看，一方面，专职中小学体育教研员相较于兼职中小学体育教研员可以在有限的时间内更加专注于体育教研各项工作，一定程度上避免了“双肩挑”“两头跑”的难题，从而在业内影响力的胜任力具体要素上表现较好。另一方面，兼职中小学体育教研员具有的双重身份，使其既能扎根基层、融入一线，和其他一线体育教师一样，共同面对体育与健康课程教学的各项内容，又能使其职能扩展、高位引领，在体育教育理论和体育教学实践之间架起“桥梁”，既是一线体育教师共同成长的同伴又是他们可以信赖的引路人。所以，兼职中小学体育教研员相较于专职中小学体育教研员能够更加切实地结合一线体育教育教学实际，统筹协调各项体育教研工作。

5.2.2.10　中小学体育教研员胜任力要素的区域差异描述

为探究中小学体育教研员胜任力要素的区域差异，对调查数据进行了单因素方差分析和多重比较，如表 5-15 所示。

表 5-15　中小学体育教研员胜任力要素的区域差异表

项目	东北（1）（N=175）	华北（2）（N=112）	华东（3）（N=236）	华南（4）（N=104）	华中（5）（N=131）	西北（6）（N=95）	西南（7）（N=189）	F	事后多重比较（LSD）
维度 1：个人特质	27.85 ± 4.77	28.47 ± 2.94	27.63 ± 4.76	27.00 ± 5.22	27.48 ± 4.78	27.25 ± 3.50	27.20 ± 4.65	1.429	—
身体状态	4.44 ± 0.93	4.43 ± 0.75	4.43 ± 0.95	4.39 ± 0.89	4.40 ± 0.94	4.30 ± 0.90	4.35 ± 0.92	0.385	—
心理状态	4.67 ± 0.83	4.74 ± 0.58	4.62 ± 0.87	4.47 ± 0.91	4.57 ± 0.85	4.46 ± 0.82	4.57 ± 0.83	1.711	—
性格特征	4.67 ± 0.83	4.75 ± 0.60	4.61 ± 0.86	4.53 ± 0.93	4.57 ± 0.86	4.48 ± 0.79	4.55 ± 0.86	1.442	—
服务意识	4.62 ± 0.84	4.80 ± 0.53	4.63 ± 0.85	4.45 ± 0.97	4.61 ± 0.89	4.54 ± 0.66	4.48 ± 0.89	2.451^{*}	$4 < 2^{*}$；$6 < 2^{*}$；$7 < 2^{*}$
敬业精神	4.71 ± 0.82	4.84 ± 0.50	4.66 ± 0.85	4.57 ± 0.93	4.67 ± 0.86	4.72 ± 0.57	4.62 ± 0.80	1.394	—
责任担当	4.72 ± 0.81	4.88 ± 0.46	4.66 ± 0.82	4.56 ± 0.92	4.64 ± 0.90	4.72 ± 0.55	4.62 ± 0.84	1.931	—
维度 2：指导能力	29.10 ± 6.16	28.98 ± 6.15	28.64 ± 5.76	26.17 ± 6.10	27.39 ± 5.93	26.15 ± 5.98	26.91 ± 6.40	5.996^{***}	$6 < 1^{***}$；$4 < 1^{***}$；$7 < 1^{**}$；$5 < 1^{*}$；$4 < 2^{**}$；$5 < 2^{*}$；$6 < 2^{**}$；$7 < 2^{**}$；$4 < 3^{**}$；$6 < 3^{**}$；$7 < 3^{**}$
教学基本功培训	4.48 ± 0.87	4.41 ± 0.80	4.33 ± 0.93	4.01 ± 0.89	4.22 ± 0.94	4.04 ± 0.93	4.12 ± 0.95	5.325^{***}	$6 < 1^{***}$；$4 < 1^{***}$；$7 < 1^{***}$；$5 < 1^{***}$；$4 < 2^{**}$；$6 < 2^{*}$；$7 < 2^{**}$；$4 < 3^{**}$；$6 < 3^{**}$；$7 < 3^{*}$

续表

项目	东北（1）（N=175）	华北（2）（N=112）	华东（3）（N=236）	华南（4）（N=104）	华中（5）（N=131）	西北（6）（N=95）	西南（7）（N=189）	F	事后多重比较（LSD）
信息化教学	3.99 ± 0.96	4.12 ± 0.83	3.96 ± 0.93	3.75 ± 0.93	3.79 ± 0.90	3.77 ± 0.93	3.80 ± 0.96	2.884^{**}	$4<1^{*}$；$4<2^{**}$；$5<2^{**}$；$6<2^{**}$；$7<2^{**}$；$4<3^{**}$；$6<3^{**}$；$7<3^{**}$
专题教研培训	4.28 ± 0.96	4.27 ± 0.96	4.19 ± 0.94	3.80 ± 0.92	4.04 ± 0.91	3.82 ± 0.88	3.94 ± 0.97	6.161^{***}	$6<1^{***}$；$4<1^{***}$；$7<1^{**}$；$5<1^{*}$；$4<2^{***}$；$6<2^{**}$；$7<2^{**}$；$4<3^{***}$；$6<3^{**}$；$7<3^{**}$
课题引领	4.12 ± 0.99	4.08 ± 1.01	3.98 ± 0.95	3.74 ± 1.03	3.81 ± 1.01	3.67 ± 0.97	3.70 ± 1.06	5.009^{***}	$6<1^{***}$；$4<1^{**}$；$7<1^{***}$；$5<1^{**}$；$4<2^{*}$；$5<2^{*}$；$6<2^{**}$；$7<2^{**}$；$4<3^{*}$；$6<3^{*}$；$7<3^{**}$
组织教研论坛	4.00 ± 1.06	4.00 ± 1.08	4.02 ± 0.96	3.55 ± 1.10	3.85 ± 0.94	3.57 ± 1.06	3.75 ± 1.02	4.891^{***}	$6<1^{**}$；$4<1^{**}$；$7<1^{*}$；$4<2^{**}$；$6<2^{**}$；$7<2^{*}$；$4<3^{***}$；$6<3^{***}$；$7<3^{**}$；$6<5^{*}$

续表

项目	东北（1）（N=175）	华北（2）（N=112）	华东（3）（N=236）	华南（4）（N=104）	华中（5）（N=131）	西北（6）（N=95）	西南（7）（N=189）	F	事后多重比较（LSD）
网络教研	4.05 ± 1.07	4.00 ± 1.12	3.98 ± 0.94	3.62 ± 1.03	3.77 ± 1.02	3.61 ± 1.04	3.77 ± 1.08	4.085^{***}	$6<1^{**}$；$4<1^{**}$；$7<1^{*}$；$5<1^{*}$；$4<2^{**}$；$6<2^{**}$；$4<3^{**}$；$6<3^{**}$；$7<3^{*}$
打造学习共同体	4.16 ± 1.00	4.08 ± 1.06	4.15 ± 0.95	3.67 ± 0.99	3.88 ± 0.98	3.65 ± 1.02	3.80 ± 1.05	6.667^{***}	$6<1^{***}$；$4<1^{***}$；$7<1^{*}$；$5<1^{**}$；$4<2^{**}$；$6<2^{**}$；$7<2^{*}$；$4<3^{***}$；$5<3^{*}$；$6<3^{***}$；$7<3^{***}$
维度 3：组织协调	**22.29 ± 4.14**	**22.24 ± 3.98**	**21.96 ± 4.14**	**19.61 ± 4.51**	**21.35 ± 4.39**	**20.07 ± 4.07**	**20.60 ± 4.57**	**8.277^{***}**	**$6<1^{***}$；$4<1^{***}$；$7<1^{***}$；$4<2^{***}$；$6<2^{***}$；$7<2^{*}$；$4<3^{***}$；$6<3^{***}$；$4<5^{**}$；$7<3^{**}$；$6<5^{*}$**
上传下达	4.56 ± 0.82	4.53 ± 0.85	4.46 ± 0.91	3.93 ± 1.01	4.38 ± 0.94	4.03 ± 0.92	4.13 ± 1.03	9.845^{***}	$6<1^{***}$；$4<1^{***}$；$7<1^{***}$；$4<2^{***}$；$6<2^{***}$；$7<2^{**}$；$4<3^{***}$；$6<3^{***}$；$7<3^{**}$；$4<5^{**}$；$6<5^{*}$；$7<5^{*}$

续表

项目	东北（1）（N=175）	华北（2）（N=112）	华东（3）（N=236）	华南（4）（N=104）	华中（5）（N=131）	西北（6）（N=95）	西南（7）（N=189）	F	事后多重比较（LSD）
统筹协调	4.42 ± 0.88	4.41 ± 0.87	4.39 ± 0.89	3.94 ± 1.00	4.22 ± 0.94	4.01 ± 0.91	4.12 ± 0.98	6.047^{***}	$6<1^{***}$；$4<1^{***}$；$7<1^{***}$；$4<2^{***}$；$6<2^{***}$；$7<2^{**}$；$4<3^{***}$；$5<3^{***}$；$6<3^{***}$；$7<3^{**}$；$4<5^{*}$；$6<5^{*}$
活动策划	4.40 ± 0.90	4.37 ± 0.87	4.36 ± 0.89	3.89 ± 0.95	4.24 ± 0.88	4.00 ± 0.95	4.06 ± 1.03	6.405^{***}	$6<1^{**}$；$4<1^{***}$；$7<1^{**}$；$4<2^{***}$；$6<2^{**}$；$7<2^{**}$；$4<3^{***}$；$6<3^{**}$；$7<3^{**}$；$4<5^{**}$
计划执行	4.45 ± 0.88	4.44 ± 0.86	4.35 ± 0.90	3.97 ± 0.90	4.27 ± 0.92	4.02 ± 0.89	4.14 ± 0.94	5.962^{***}	$6<1^{***}$；$4<1^{***}$；$7<1^{**}$；$4<2^{***}$；$6<2^{**}$；$7<2^{**}$；$4<3^{***}$；$6<3^{**}$；$7<3^{**}$；$4<5^{*}$；$6<5^{*}$
组织管控	4.44 ± 0.88	4.47 ± 0.86	4.39 ± 0.88	3.87 ± 0.97	4.22 ± 0.97	4.01 ± 0.88	4.13 ± 0.97	7.812^{***}	$6<1^{***}$；$4<1^{***}$；$7<1^{***}$；$4<2^{***}$；$6<2^{***}$；$7<2^{**}$；$4<3^{***}$；$5<3^{***}$；$6<3^{***}$；$7<3^{**}$；$4<5^{*}$；$6<5^{*}$

续表

项目	东北（1）（N=175）	华北（2）（N=112）	华东（3）（N=236）	华南（4）（N=104）	华中（5）（N=131）	西北（6）（N=95）	西南（7）（N=189）	F	事后多重比较（LSD）
维度 4：教研成就	11.74 ± 2.71	11.58 ± 2.52	11.40 ± 2.79	11.14 ± 2.66	10.89 ± 2.64	10.41 ± 2.85	10.57 ± 3.17	4.696^{***}	$6<1^{***}$；$7<1^{***}$；$5<1^{**}$；$6<2^{**}$；$7<2^{**}$；$6<3^{**}$；$7<3^{**}$
教学成果	4.12 ± 0.89	4.12 ± 0.89	3.97 ± 1.03	3.93 ± 0.92	3.87 ± 0.94	3.77 ± 0.96	3.82 ± 1.06	2.723^{*}	$6<1^{*}$；$7<1^{*}$；$5<1^{*}$；$5<2^{*}$；$6<2^{*}$；$7<2^{*}$
学术成果	3.83 ± 1.00	3.88 ± 0.98	3.73 ± 1.01	3.67 ± 0.92	3.56 ± 0.93	3.35 ± 1.08	3.45 ± 1.15	4.818^{***}	$6<1^{***}$；$7<1^{***}$；$5<1^{*}$；$5<2^{*}$；$6<2^{***}$；$7<2^{***}$；$6<3^{**}$；$7<3^{**}$；$6<4^{*}$
业内影响力	3.78 ± 1.20	3.58 ± 1.17	3.69 ± 1.09	3.53 ± 1.24	3.45 ± 1.19	3.27 ± 1.27	3.30 ± 1.35	3.892^{**}	$6<1^{**}$；$7<1^{*}$；$5<1^{***}$；$6<3^{**}$；$7<3^{**}$
维度 5：教研知识	13.12 ± 2.59	13.35 ± 1.92	12.68 ± 2.63	12.10 ± 2.56	12.47 ± 2.67	12.40 ± 2.11	12.34 ± 2.53	4.107^{***}	$6<1^{*}$；$4<1^{**}$；$7<1^{**}$；$5<1^{*}$；$3<2^{*}$；$4<2^{***}$；$5<2^{**}$；$6<2^{**}$；$7<2^{**}$；$4<3^{***}$

续表

项目	东北（1）（N=175）	华北（2）（N=112）	华东（3）（N=236）	华南（4）（N=104）	华中（5）（N=131）	西北（6）（N=95）	西南（7）（N=189）	F	事后多重比较（LSD）
体育专业知识	4.36 ± 0.88	4.42 ± 0.71	4.13 ± 0.99	4.01 ± 0.92	4.13 ± 0.94	4.12 ± 0.80	4.02 ± 0.96	4.252^{***}	$3<1^{*}$；$6<1^{**}$；$4<1^{**}$；$7<1^{***}$；$5<1^{*}$；$3<2^{**}$；$4<2^{**}$；$5<2^{*}$；$6<2^{*}$；$7<2^{***}$
体育教学知识	4.40 ± 0.89	4.43 ± 0.72	4.29 ± 0.91	4.03 ± 0.90	4.19 ± 0.93	4.11 ± 0.78	4.15 ± 0.90	3.609^{**}	$6<1^{*}$；$4<1^{**}$；$7<1^{**}$；$5<1^{*}$；$4<2^{**}$；$5<2^{*}$；$6<2^{**}$；$7<2^{**}$；$4<3^{*}$
教师教育知识	4.35 ± 0.89	4.49 ± 0.69	4.25 ± 0.89	4.04 ± 0.88	4.13 ± 0.93	4.15 ± 0.73	4.16 ± 0.87	3.623^{**}	$4<1^{**}$；$7<1^{*}$；$5<1^{*}$；$3<2^{*}$；$4<2^{***}$；$5<2^{**}$；$6<2^{**}$；$7<2^{**}$
总体平均分	104.13 ± 18.30	104.64 ± 14.41	102.33 ± 17.73	96.04 ± 17.51	99.6 ± 18.15	96.29 ± 15.36	97.65 ± 18.18	5.718^{***}	$6<1^{***}$；$4<1^{***}$；$7<1^{***}$；$5<1^{*}$；$4<2^{***}$；$5<2^{*}$；$6<2^{**}$；$7<2^{**}$；$4<3^{**}$；$6<3^{**}$；$7<3^{**}$

注：同表 5-6。

由表 5–15 可知，不同区域的中小学体育教研员在胜任力要素总体平均分上华北地区得分最高，华南地区得分最低，各地域间差异具有显著性。

从中小学体育教研员胜任力各维度来看，东北和华北地区的得分普遍高于华南和西北地区，除个人特质维度外，在其他 4 个维度上的平均分差异均具有显著性。

从中小学体育教研员胜任力各要素来看，除身体状态、心理状态、性格特征、敬业精神和责任担当 5 个要素的平均分差异无显著性外，其他要素的平均分差异均具有显著性。

整体来看，各区域表现出较大的胜任力要素差异。造成这一要素差异的原因可能在于我国幅员辽阔，区域之间差距显著，各地区在经济发展、历史文化、教育投入、供给需求等方面存在着较大的区别，教研部门乃至体育教研机构在如此环境下必然受其影响。华北和华东地区地处环渤海、长三角经济圈，无论是在区域经济发展程度和对外开放程度上，还是在对体育教育的重视程度上都要明显优于中西部地区，在体育教研资源配置方面亦是如此。同时，受东北振兴政策的影响，基础教育阶段学校体育在东北地区得到了较快的发展，在体育教研资源配置方面发生了明显改善。坚实的体育教研资源配置基础，成为影响中小学体育教研员胜任力水平提升和发展的重要原因。

5.2.3 小结

在全国范围内运用多阶段抽样的方法抽取不同特征的中小学体育教研员作为调查对象，进行《中小学体育教研员胜任力水平调查表》的施测。通过对 1042 份有效问卷展开独立样本 T 检验、单因素方差分析以及事后多重比较。结果发现：受性别、年龄、学历、职称、教研级别、教研学段、一线教学年限、教研年限、是否兼职、所在地区等因素影响，中小学体育教研员在胜任力总平均分，个人特质、指导能力、组织协调、教研成就、教研知识 5 个维度得分，以及身体状态、教学基本功培训、上传下达、教学成果、体育专业知识等具体 24 个要素得分上表现各异。

5.3　中小学体育教研员胜任力水平的差异分析

5.3.1　中小学体育教研员胜任力水平的聚类分析

在本研究中，为了尽可能根据客观指标来选择聚类的数量，采用贝叶斯信息准则以确定最优分类数目对中小学体育教研员胜任力水平自评问卷因子分析后得到的五个维度进行聚类，以实现对中小学体育教研员胜任力的分类。依据贝叶斯信息准则确定最优分类数目为 5 类，并基于此结果将聚类数目设置成 5，其他参数均采用默认参数，对中小学体育教研员胜任力水平的 5 个维度进行聚类分析，划分出 5 个中小学体育教研员胜任力类型，结果如表 5–16 所示。

表 5–16　中小学体育教研员胜任力水平聚类表

簇类	样本数
第一簇	36
第二簇	44
第三簇	181
第四簇	400
第五簇	381

由表 5–16 可知，第一簇共有 36 个样本，占样本总数的 3.5%，第二簇共有 44 个样本，占样本总数的 4.2%；第三簇共有 181 个样本，占总样本数的 17.4%；第四簇共有 400 个样本，占总样本数的 38.4%；第五簇共有 381 个样本，占总样本数的 36.6%。

以五种聚类结果作为标签，将中小学体育教研员胜任力水平的 5 个维度得分作为特征构建训练集，分别输入 Extra Trees Classifier（ETC）、Gradient Boosting Classifier（GBC）、KNN、Linear Discriminant Analysis（LDA）、Logistic Regression（LR）、LGBM、Decision Tree（DT）、SVC、Random Forest（RF）、Xgboost（XGB）。使用准确率、加权精准率、加权召回率、加权 F_1 作为模型评价标准，各模型评价结果如表 5–17 所示。在此数据基础上，对训练集进行十折交叉验证，其结果表明 ETC 模型比其他模型结果更优。

表 5-17 模型评价结果表

模型	准确率	精准率	召回率	F_1
ETC	0.972	0.947	0.947	0.947
SVC	0.968	0.962	0.961	0.961
XGB	0.960	0.937	0.937	0.937
GBC	0.954	0.952	0.952	0.951
LGBM	0.952	0.957	0.956	0.956
KNN	0.940	0.932	0.933	0.932
DT	0.935	0.895	0.894	0.894
LDA	0.935	0.943	0.942	0.940
RF	0.918	0.890	0.889	0.888
LR	0.875	0.901	0.899	0.892

对五种类型中小学体育教研员自评问卷总分的分布进行拟合，以确定体育教研员胜任力水平等级划分的阈值，具体如图 5-2 所示。以正确分类量最大为准则，将相邻数据分布拟合曲线交点对应的得分作为划分中小学体育教研员胜任力水平等级的阈值，分别是 59、81、95、109。将总分≤ 59 的体育教研员命名为胜任力不良型；59 ＜总分≤ 81 的体育教研员命名为胜任力及格型；81 ＜总分≤ 95 的体育教研员命名为胜任力一般型；95 ＜总分≤ 109 的体育教研员命名为胜任力良好型；总分＞ 109 的体育教研员命名为胜任力优异型。

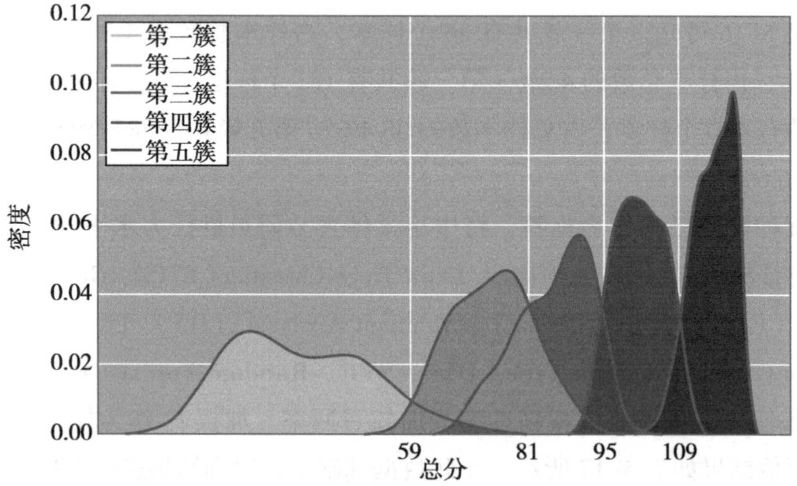

图 5-2 五种类型中小学体育教研员自评问卷总分分布图

为进一步验证5个因子对中小学体育教研员胜任力水平类型划分的有效性，将个人特质、指导能力、组织协调、教研成就和教研知识作为校标，使用Superman相关系数验证5个因子的预测效度，结果如表5-18所示，相关系数均大于0.6，$P < 0.01$，说明个人特质、指导能力、组织协调、教研成就和教研知识5个维度对中小学体育教研员胜任力水平的类型划分具有很好的预测效度。

表5-18 中小学体育教研员胜任力水平划分的预测效度分析表

维度	个人特质	指导能力	组织协调	教研成就	教研知识	教研员等级
个人特质	1	0.527***	0.561***	0.418***	0.562***	0.623***
指导能力	0.527***	1	0.796***	0.666***	0.700***	0.901***
组织协调	0.561***	0.796***	1	0.525***	0.659***	0.833***
教研成就	0.418***	0.666***	0.525***	1	0.641***	0.733***
教研知识	0.562***	0.700***	0.659***	0.641***	1	0.782***
教研员等级	0.623***	0.901***	0.833***	0.733***	0.782***	1

注：同表5-6。

5.3.1.1 中小学体育教研员胜任力类型与各要素间的关系

结构方程模型是一种建立、估计和检验因果关系的模型分析方法，其中的影响关系和测量关系可以明确影响路径，并比较变量之间的相对重要程度。因此，为确定各要素对中小学体育教研员胜任力类型的影响程度和各要素间的影响关系，以个人特质、指导能力、组织协调、教研成就和教研知识为观测变量，以24项要素和中小学体育教研员胜任力类型为测量变量，构建了中小学体育教研员胜任力类型与各要素的重要程度及影响关系的结构方程模型，结果如图5-3所示。其中，指导能力对中小学体育教研员胜任力类型的影响程度最大，路径系数为0.544，个人特质、组织协调、教研成就和教研知识之间差异较小，与中小学体育教研员胜任力类型间的路径系数分别为0.161、0.264、0.217和0.148，如表5-19所示。

并经模型拟合发现，各要素与中小学体育教研员胜任力类型的结构方程模型的卡方自由度比（Chi/DF）< 3，常用反应模型拟合度的GFI、CFI、NFI、IFI各指标均 >0.9，RMSEA < 0.08，说明模型拟合度较好，结果可靠。

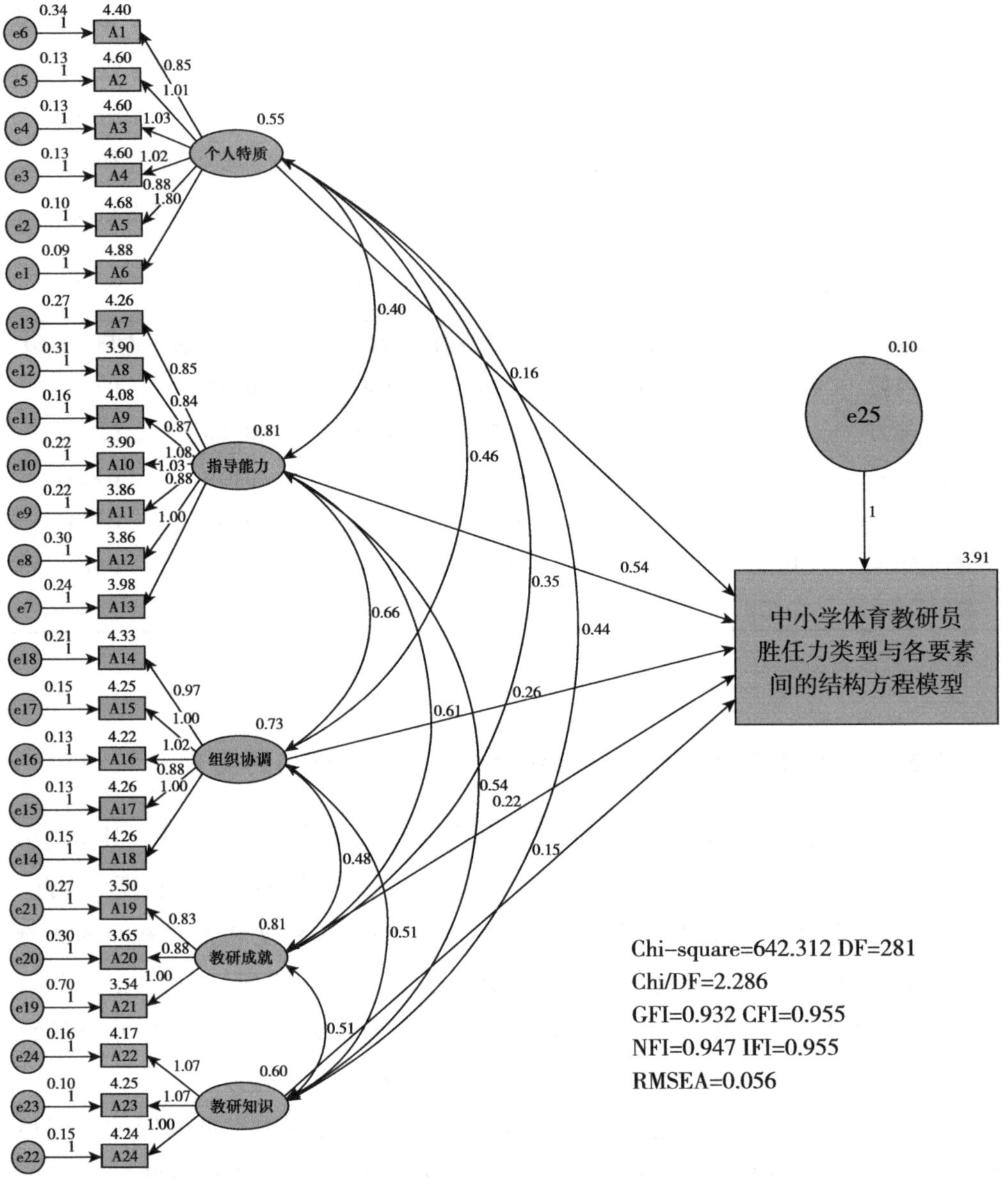

图 5-3　中小学体育教研员胜任力类型与各要素间的结构方程模型图

表 5-19　各维度对中小学体育教研员胜任力类型的影响程度一览表

维度	路径系数	SE（误差）
个人特质	0.161***	0.027

续表

维度	路径系数	SE（误差）
指导能力	0.544***	0.035
组织协调	0.264***	0.034
教研成就	0.217***	0.026
教研知识	0.148***	0.034

注：同表 5-6。

5.3.1.2 五种类型中小学体育教研员胜任力各维度差异分析

五种类型中小学体育教研员胜任力各维度总得分均值及中位数如表 5-20 所示。

表 5-20 五种类型中小学体育教研员胜任力各维度得分统计表

维度	胜任力不良型		胜任力及格型		胜任力一般型		胜任力良好型		胜任力优异型	
	平均值	中位数	平均值	中位数	平均值	中位数	平均值	中位数	平均值	中位数
个人特质	7.79	6	24.08	24	26.73	27	28.52	29	29.69	30
指导能力	12.17	11	18.24	20	23.25	23	28.20	28	33.45	34
组织协调	7.35	7	15.04	15	19.12	20	21.87	21	24.69	25
教研成就	5.26	5	7.60	8	9.44	10	11.19	12	13.37	14
教研知识	4.26	3	9.78	9	11.50	12	12.77	12	14.59	15
总得分	36.82	34	74.75	76	90.05	91	102.56	103	115.81	116

由表 5-20 中数据可知，胜任力不良型中小学体育教研员无论是总得分还是在 5 个维度上的得分均明显低于其他四种类型的中小学体育教研员，尤其是个人特质维度在胜任力不良型中的得分只有 7.79 分，而其他四种类型的个人特质得分均为 24 分以上。个人特质维度是影响中小学体育教研员胜任力水平最基本的因素，它将在一段时间内保持在相对稳定的状态。健康的身心状态、稳定的情绪状态、乐观的性格特征、广泛的兴趣爱好、丰富的内心情感等一系列情绪情感特征，有助于中小学体育教研员与一线体育教师建立和谐友好的体育教研伙伴关系，是中小学体育教研员不可或缺的重要品质和品格，而服务意识、敬业精神和

责任担当是中小学体育教研员胜任力发展的内在动力，是影响中小学体育教研员专业投入、职业追求和专业发展的重要中介，在中小学体育教研员专业素养构成中位于较高层次的地位。中小学体育教研员只有明确并认可现代教育观念，恪尽职守、甘于奉献、勇于担当，才能从根本上提高其胜任力的水平。胜任力优异型中小学体育教研员在 5 个维度上均有较好表现。这一类型中小学体育教研员在个人特质、组织协调和教研知识维度上得分趋近于满分，说明这一类中小学体育教研员拥有健康的身体、积极的心态、乐于奉献的精神、丰富的教研知识和教研成就、较强的指导能力和组织协调能力，能有效胜任中小学体育教研岗位。

5.3.1.3 五种类型中小学体育教研员胜任力各要素差异分析

五种类型中小学体育教研员胜任力各要素得分的均值及中位数如表 5-21 所示。

表 5-21 五种类型中小学体育教研员胜任力各要素得分统计表

要素	胜任力不良型		胜任力及格型		胜任力一般型		胜任力良好型		胜任力优异型	
	平均值	中位数	平均值	中位数	平均值	中位数	平均值	中位数	平均值	中位数
个人特质	1.30		4.01		4.46		4.75		4.95	
身体状态	1.32	1	3.83	4	4.19	4	4.49	5	4.83	5
心理状态	1.35	1	3.96	4	4.45	5	4.75	5	4.96	5
性格特征	1.29	1	3.98	4	4.45	5	4.77	5	4.95	5
服务意识	1.20	1	3.95	4	4.44	5	4.77	5	4.95	5
敬业精神	1.41	1	4.15	4	4.58	5	4.85	5	4.99	5
责任担当	1.20	1	4.17	4	4.60	5	4.86	5	4.99	5
指导能力	1.74		2.61		3.32		4.03		4.78	
教学基本功培训	1.50	1	3.04	3	3.70	4	4.39	4	4.94	5
信息化教学	2.00	2	2.72	3	3.25	3	3.93	4	4.63	5
专题教研培训	1.61	1	2.68	3	3.46	3	4.14	4	4.89	5
课题引领	1.61	1.50	2.49	3	3.22	3	3.94	4	4.73	5
组织教研论坛	1.70	1.50	2.37	3	3.16	3	3.86	4	4.75	5
网络教研	1.85	2	2.44	3	3.16	3	3.91	4	4.69	5

续表

要素	胜任力不良型		胜任力及格型		胜任力一般型		胜任力良好型		胜任力优异型	
	平均值	中位数	平均值	中位数	平均值	中位数	平均值	中位数	平均值	中位数
打造学习共同体	1.85	2	2.47	3	3.27	3	3.99	4	4.80	5
组织协调	**1.47**		**3.01**		**3.82**		**4.37**		**4.94**	
上传下达	1.44	1	3.09	3	3.89	4	4.49	5	4.94	5
统筹协调	1.44	1	3.06	3	3.75	4	4.37	4	4.92	5
活动策划	1.50	1	2.84	3	3.79	4	4.30	4	4.94	5
计划执行	1.47	1	3.06	3	3.88	4	4.34	4	4.92	5
组织管控	1.5	1	2.97	3	3.79	4	4.34	4	4.96	5
教研成就	**1.75**		**2.53**		**3.15**		**3.73**		**4.46**	
教学成果	1.61	1	2.93	3	3.49	4	4.01	4	4.59	5
学术成果	1.91	2	2.53	3	3.07	3	3.66	4	4.37	4
业内影响力	1.73	1	2.12	2	2.88	3	3.52	4	4.40	5
教研知识	**1.42**		**3.26**		**3.83**		**4.26**		**4.86**	
体育专业知识	1.38	1	3.11	3	3.78	4	4.22	4	4.83	5
体育教学知识	1.47	1	3.30	3	3.84	4	4.29	4	4.88	5
教师教育知识	1.41	1	3.37	3	3.86	4	4.26	4	4.86	5

由表 5–21 中数据可知，五种类型中小学体育教研员胜任力各要素平均得分呈阶梯状分布。胜任力不良型中小学体育教研员除信息化教学平均得分为 2 分，其他各要素得分多集中在 1.30～1.70 分。胜任力优异型中小学体育教研员除教研成就维度下的三个要素得分在 4.60 分以下外，在其他要素上都有优异的表现，服务意识和性格特征两个要素的平均得分为 4.95 分，敬业精神和责任担当两个要素的平均得分更高达 4.99 分。可见胜任力优异型中小学体育教研员作为新时期体育教师的领头人，能够与时俱进、以身垂范，以责任、担当和高度的事业心完成体育教研工作。

此外，中小学体育教研员作为体育教师专业成长的引领者、体育课程与教学的研究者、教育决策的参与者和执行者，要尽可能地创造条件为一线体育教师提供教学指导与培训，研究解决一线体育教师在教学实践中存在的问题，成为教育行政部门和学校、教师之间的桥梁。从指导能力的七个要素来看，教学基本功要素除在胜任力不良型的平均得分为 1.50 分，得分最低，在其他四种类型中的得分均最高。从组织协调的五个要素和教研成就的三个要素来看，上传下达要素除在胜任力不良型的平均得分为 1.44 分外，在其他四种类型中的得分都排名在前，而教学成果要素，除在胜任力不良型的平均得分明显低于平均分 1.75 分外，在其他类型中得分均为最高，远远高于各维度的平均分。

由此可见，大多数现职中小学体育教研员能够关注教育部《关于加强和改进新时代基础教育教研工作的意见》，将服务学校教育教学、服务教师专业成长、服务学生全面发展、服务教育管理决策作为主要任务，开展体育教研工作。

5.3.2　中小学体育教研员胜任力水平的差异描述

通过聚类分析方法将中小学体育教研员胜任力水平划分为胜任力不良型、胜任力及格型、胜任力一般型、胜任力良好型、胜任力优异型五类。分别比较社会及人口特征中的性别、年龄、学历、地区；身份特征变量中的职称、任职状况；个人特征变量中的教研学段、教研级别、教研年限、一线教学年限，在五种类型中小学体育教研员中的实际表现，探讨不同变量与胜任力水平之间的分布关系。

5.3.2.1　不同性别中小学体育教研员胜任力水平的分布情况

如图 5–4 所示，男、女中小学体育教研员胜任力水平在各类型上的分布十分接近，男性体育教研员良好型占比最高，达到 39%，优异型占比 35%，在这两种类型上，男性总体表现略高于女性。

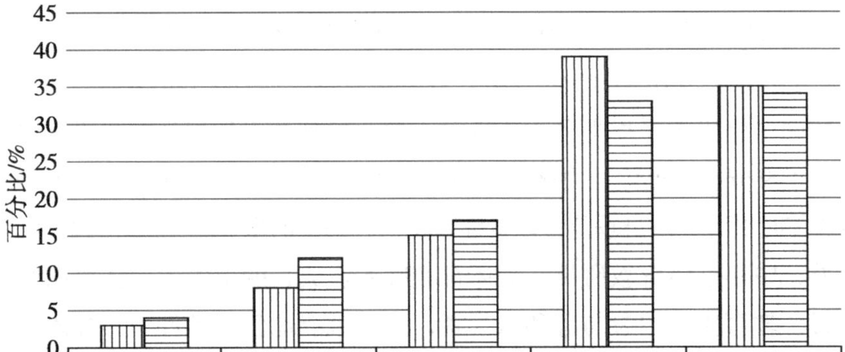

	不良型	及格型	一般型	良好型	优异型
男	3	8	15	39	35
女	4	12	17	33	34

图 5–4　不同性别中小学体育教研员胜任力水平分布图

5.3.2.2　不同年龄中小学体育教研员胜任力水平的分布情况

如图 5–5 所示，36 岁以下中小学体育教研员胜任力水平不良型占 1%，在五种类型中最低；胜任力良好型占 32%，在五种类型中最高；及格型、一般型和优异型占比分别为 22%、25% 和 20%，表现较为平均。36 岁及以上各年龄段中小学体育教研员的总体表现较为接近，良好型和优异型所占比例之和分别为 73%、76% 和 79%，46～55 岁和大于 55 岁两个年龄段优异型表现的最多，占比分别为 40% 和 45%，呈现出年龄越大中小学体育教研员的总体表现越好的趋势。55 岁以上中小学体育教研员优异型最多，占该年龄段的 45%，这可能是由于长时间的教研工作造成了职业倦怠或是由于学历水平低、知识较为陈旧造成的。

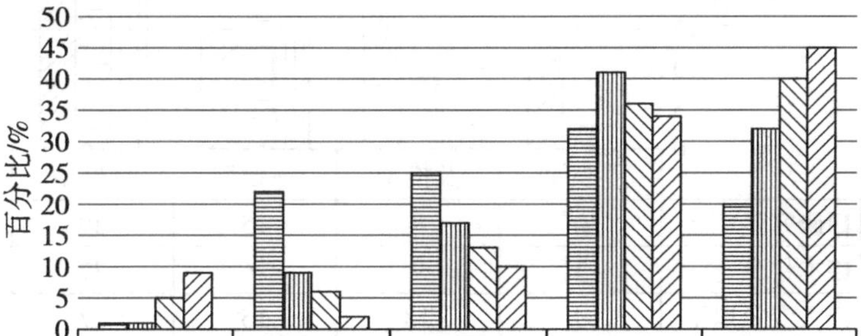

	不良型	及格型	一般型	良好型	优异型
年龄≤35	1	22	25	32	20
36≤年龄≤45	1	9	17	41	32
46≤年龄≤55	5	6	13	36	40
年龄>55	9	2	10	34	45

图 5–5　不同年龄中小学体育教研员胜任力水平分布图

5.3.2.3　不同学历中小学体育教研员胜任力水平的分布情况

如图 5–6 所示，大专及以下学历中小学体育教研员胜任力水平良好型和优异型所占比例之和为 58%，本科学历中小学体育教研员良好型和优异型所占比例之和为 72%，研究生学历中小学体育教研员良好型和优异型所占比例之和为 77%，总体呈现出学历越高胜任力表现越好的趋势。各学历组一般型中小学体育教研员占比均为 15% 左右，较为一致。大专及以下中小学体育教研员尽管有 58% 表现较好，但 9% 的不良型和 18% 的及格型也反映出这一类中小学体育教研员胜任力总体水平不容乐观。中小学体育教研员是指导体育教学的专业人员，不仅要有实践能力还要具有理论、理念的诠释能力，教研培训能力，教材解读与课程评价能力，问题的洞察与研究能力等，即中小学体育教研员不仅要具有“大爱”，还要具有“大智”，要具有较强的学习能力，而学历较低的中小学体育教研员通常实践能力较强，而学习能力较弱，因此，在完成体育教研工作的时候容易出现表现欠佳的现象。

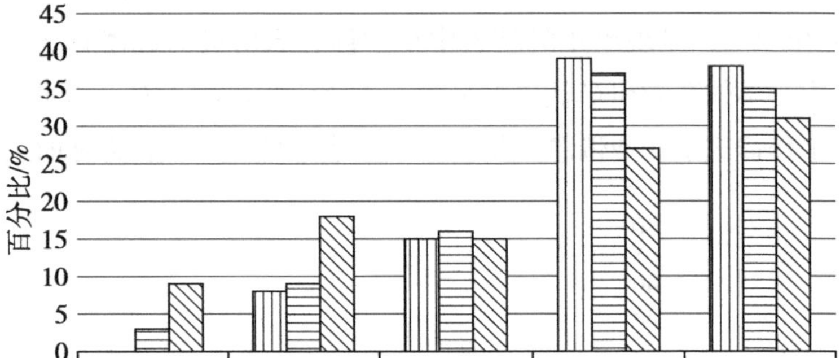

	不良型	及格型	一般型	良好型	优异型
研究生	0	8	15	39	38
本科	3	9	16	37	35
大专及以下	9	18	15	27	31

图 5–6　不同学历中小学体育教研员胜任力水平分布图

5.3.2.4　不同职称中小学体育教研员胜任力水平的分布情况

如图 5–7 所示，二级及以下中小学教研员胜任力水平不良型占比为 2%，在五种类型中所占比例最少；胜任力良好型占 31%，在五种类型中所占比例最多；及格型、一般型和优异型占比分别为 25%、22% 和 20%，表现较为平均。正高级中小学体育教研员的总体表现最好，良好型和优异型之和占总数的 92%。从各职称在不同类型中所占比例的趋势来看，随着职称的升高，中小学体育教研员在及格型和一般型中所占比例越来越少，在良好型和优异型中所占比例越来越高。

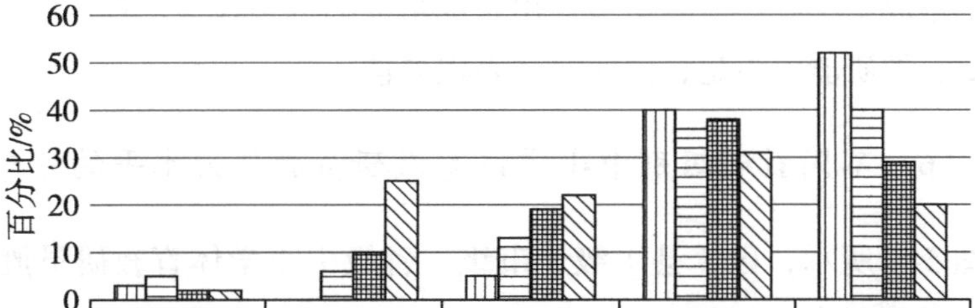

	不良型	及格型	一般型	良好型	优异型
◫正高级	3	0	5	40	52
⊟高级	5	6	13	36	40
▦一级	2	10	19	38	29
⧅二级及以下	2	25	22	31	20

图 5–7 不同职称中小学体育教研员胜任力水平分布图

5.3.2.5 不同教研学段中小学体育教研员胜任力水平的分布情况

如图 5–8 所示，初中 + 高中教研学段的中小学体育教研员胜任力水平良好型及以上占 90%，整体表现最优。小学 + 初中 + 高中一体教研学段的中小学体育教研员不良型和及格型占 75%，整体表现最差。出现这一现象的原因可能是该教研学段的中小学体育教研员多集中于乡村地区，地处偏远、交通不便、出差经费

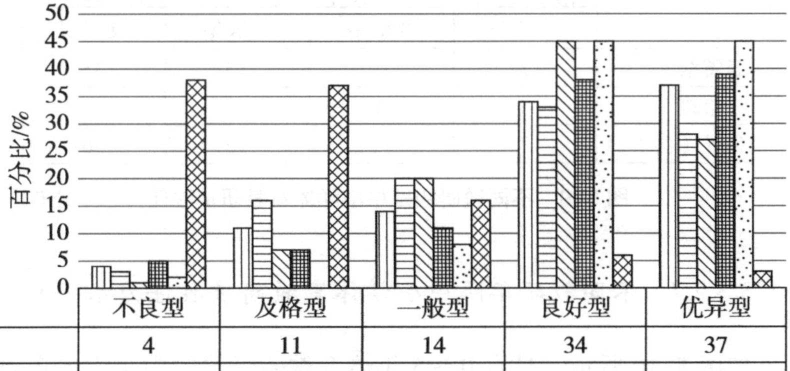

	不良型	及格型	一般型	良好型	优异型
◫小学	4	11	14	34	37
⊟初中	3	16	20	33	28
⧅高中	1	7	20	45	27
▦小学+初中	5	7	11	38	39
⊡初中+高中	2	0	8	45	45
⊠小学+初中+高中	38	37	16	6	3

图 5–8 不同教研学段中小学体育教研员胜任力水平分布图

有限等，造成中小学体育教研员外出参加培训的机会较少，教育信息闭塞、教学思想陈旧、教研能力不足，因此整体表现欠佳。

5.3.2.6　不同教研级别中小学体育教研员胜任力水平的分布情况

如图 5–9 所示，区（县）级、市级、省级中小学体育教研员胜任力水平良好型和优异型所占比例分别为 70%、77%、85%，不良型和及格型所占比例分别为 14%、8%、2%，呈现出体育教研级别越高，体育教研表现越好的趋势。区（县）级教研员是最基层的教研“专家”，他们不仅要关注教育教学改革的动向，还要关注区域内每一名教师的发展。但是区（县）级教研机构教研人员结构性失衡和缺编情况严重，事务性工作繁重，且年龄普遍偏大，加之，区（县）级教研员参加胜任力提升的机会很少，导致区（县）级中小学体育教研队伍整体水平低于市、省级水平。

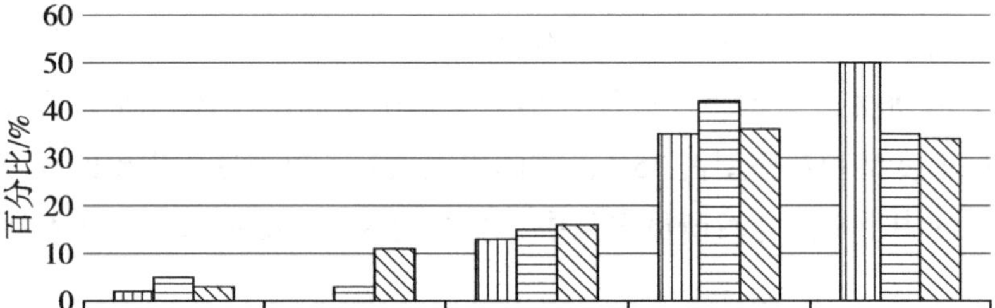

	不良型	及格型	一般型	良好型	优异型
省级	2	0	13	35	50
市级	5	3	15	42	35
区（县）级	3	11	16	36	34

图 5–9　不同教研级别中小学体育教研员胜任力水平分布图

5.3.2.7　不同教研年限中小学体育教研员胜任力水平的分布情况

如图 5–10 所示，具有 0～5 年体育教研经验的中小学体育教研员胜任力水平良好型和优异型的占 63%，低于其他四组，而及格型占 16%，明显高于其他四组，说明具有 0～5 年体育教研经验的中小学体育教研员虽然能够达到及格标准，但由于经验不足，整体表现还有待提升。具有 20 年以上体育教研经验的中小学体育教研员，虽然良好型和优异型上所占比例之和为 76%，占比最高，但

7% 的不良型也明显高于其他四组，这与不同年龄中小学体育教研员胜任力分布水平的结果一致。

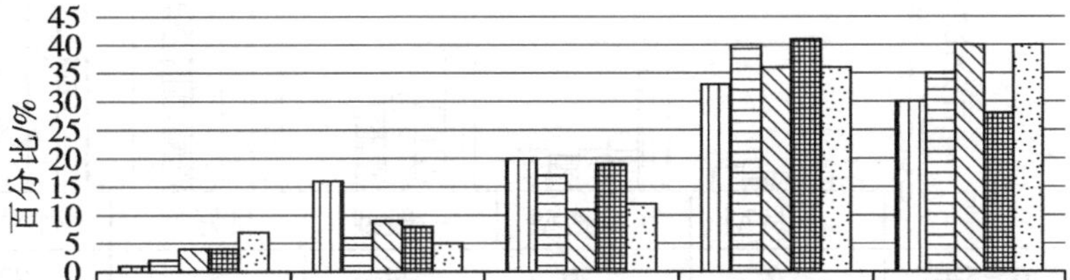

	不良型	及格型	一般型	良好型	优异型
0～5年	1	16	20	33	30
6～10年	2	6	17	40	35
11～15年	4	9	11	36	40
16～20年	4	8	19	41	28
20年以上	7	5	12	36	40

图 5-10　不同教研年限中小学体育教研员胜任力水平分布图

5.3.2.8　不同一线教学年限中小学体育教研员胜任力水平的分布情况

如图 5-11 所示，不同一线教学年限的中小学体育教研员胜任力水平呈不良型表现的只有 2%～4%。良好型和优异型占比之和，除 0～5 年一线教学经验的体育教研员只有 54% 以外，其他各组所占比例均大于 70%，呈现出中小学体育教研员一线教学年限越长，其胜任力表现越好的趋势。狭义上的体育教研是对体育教学过程中一般规律和特殊规律的探索及研究。中小学体育教研员在体育教研指导过程中，要以一线体育教师的真实需求为切入点，了解一线体育教师的教学是否遵循教学规律，教学设计是否具有高效性和实效性，教学过程中对于教和学的处理是否得当，这些都需要在实践中积累。因此，拥有丰富一线教学经验的中小学体育教研员，其胜任力水平总体表现更优。

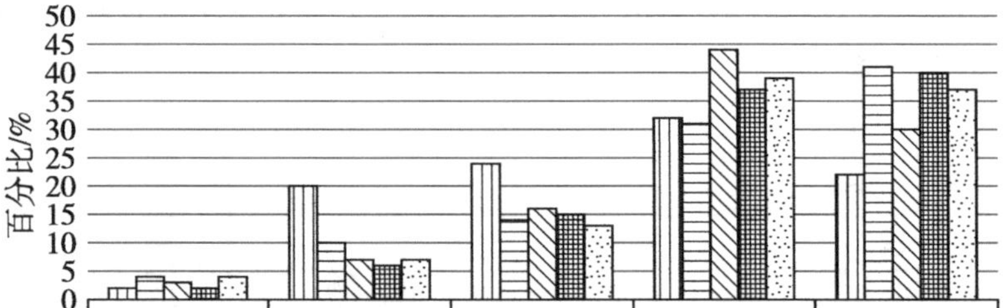

	不良型	及格型	一般型	良好型	优异型
0～5年	2	20	24	32	22
6～10年	4	10	14	31	41
11～15年	3	7	16	44	30
16～20年	2	6	15	37	40
20年以上	4	7	13	39	37

图 5-11　不同一线教学年限中小学体育教研员胜任力水平分布图

5.3.2.9　不同任职状况中小学体育教研员胜任力水平的分布情况

如图 5-12 所示，专职中小学体育教研员和兼职中小学体育教研员胜任力水平不良型和及格型的比例相同，专职中小学体育教研员良好型和优异型之和为 73%，兼职中小学体育教研员良好型和优异型之和为 68%，专职中小学体育教研员的整体表现要略优于兼职中小学体育教研员。

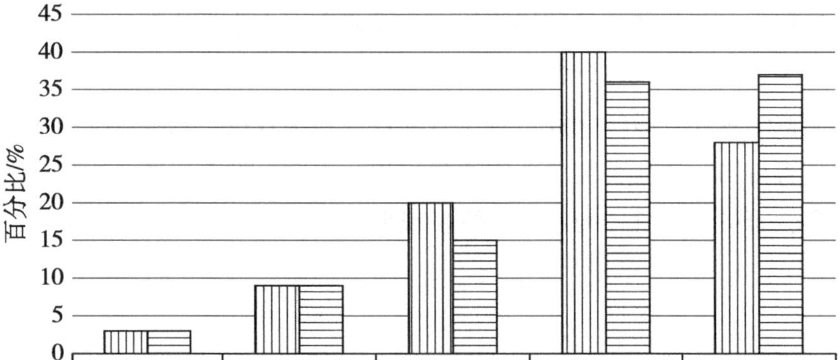

	不良型	及格型	一般型	良好型	优异型
兼职	3	9	20	40	28
专职	3	9	15	36	37

图 5-12　不同任职状况中小学体育教研员胜任力水平分布图

5.3.2.10 不同地域中小学体育教研员胜任力水平的分布情况

如图 5-13 所示，各区域胜任力水平不良型的中小学体育教研员所占比例均不超过 5%。华北地区良好型和优异型中小学体育教研员所占比例之和为 84%，总体表现最好。西北地区良好型和优异型中小学体育教研员所占比例之和为 53%，总体表现还有较大的上升空间。区域体育教研水平差异的主要原因可能是由于各地区教研机构设置的类型不同，运行机制、职能定位存在一定的差异；各区域中小学体育教师与体育教研员人数比不同，教研工作的强度、密度存在一定差异；各地区教育改革重视程度不同，中小学体育教研员职业认同感存在一定差异；各地区经济发展水平不同，体育教研经费投入存在一定差异。

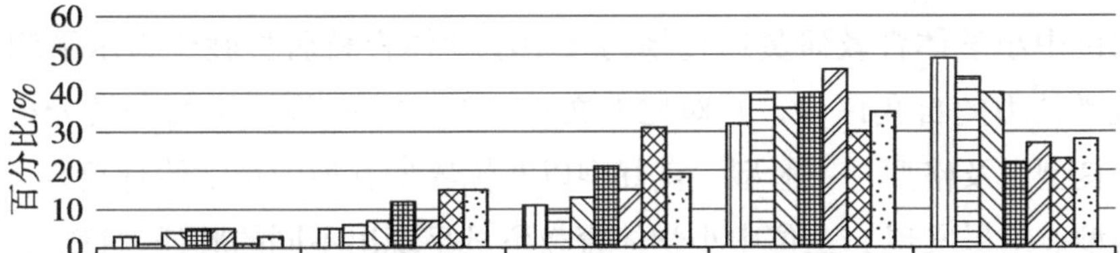

	不良型	及格型	一般型	良好型	优异型
东北	3	5	11	32	49
华北	1	6	9	40	44
华东	4	7	13	36	40
华南	5	12	21	40	22
华中	5	7	15	46	27
西北	1	15	31	30	23
西南	3	15	19	35	28

图 5-13 不同地域中小学体育教研员胜任力水平分布图

5.3.3 小结

为实现对中小学体育教研员胜任力水平的分类与比较，基于 K-Means 算法，对 1042 份《中小学体育教研员胜任力水平调查表》的施测结果进行聚类分析，并采用贝叶斯信息准则划分出不良型、及格型、一般型、良好型以及优异型五个中小学体育教研员胜任力水平类型。结果发现：五种类型中小学体育教研员胜任力各维度和各要素的平均得分均呈阶梯状，不同性别、年龄、学历、职称、教研级别、教研学段、一线教学年限、教研年限、是否兼职、所在地区的中小学体育教研员在五种类型中的表现各异。

5.4 中小学体育教研员胜任力情况的个案分析

虽然每一位中小学体育教研员都有其独特的成长背景与专业发展倾向，但在其个性化胜任力水平的背后也深层次地蕴含着共性特征。为审视中小学体育教研员胜任力形成的深层信息，依托不同调查对象的《中小学体育教研员胜任力水平调查表》填答情况，对三位中小学体育教研员进行深度访谈，总结与提炼出不同特征中小学体育教研员对于体育教研工作的理解和认识，从而使中小学体育教研员胜任力的实证调查更加全面和深入。

5.4.1 不同特征中小学体育教研员胜任力的自我评价

三位中小学体育教研员通过填写《中小学体育教研员胜任力水平调查表》，以完成胜任力的自我评价，并对比上文基于 K–Means 算法进行聚类分析所划分出的不良型、及格型、一般型、良好型以及优异型五种中小学体育教研员胜任力水平类型。结果发现：三位中小学体育教研员呈现出不同的胜任力特征，即甲体育教研员胜任力总得分为 100 分，属于胜任力水平良好型；乙体育教研员胜任力总得分为 113 分，属于胜任力水平优异型；丙体育教研员胜任力总得分为 93 分，属于胜任力水平一般型。

从三位中小学体育教研员胜任力各维度自我评价平均分来看，其在各维度上的平均得分与各维度总体平均分基本吻合。三位不同特征中小学体育教研员的《中小学体育教研员胜任力水平调查表》的填答情况分别如表 5–22～表 5–24 所示。

表 5–22 甲体育教研员胜任力水平自我评价一览表

一级要素	二级要素	自评得分				
		1	2	3	4	5
A 个人特质	A1 身体状态				√	
	A2 心理状态				√	
	A3 性格特征					√
	A4 服务意识					√
	A5 敬业精神					√

续表

一级要素	二级要素	自评得分				
		1	2	3	4	5
A 个人特质	A6 责任担当					√
B 教研成就	B1 教学成果				√	
	B2 学术成果				√	
	B3 业内影响力			√		
C 教研知识	C1 体育专业知识				√	
	C2 体育教学知识				√	
	C3 教师教育知识				√	
D 指导能力	D1 信息化教学					√
	D2 教学基本功培训				√	
	D3 课题引领				√	
	D4 网络教研					√
	D5 专题教研培训				√	
	D6 组织教研论坛				√	
	D7 打造学习共同体				√	
E 组织协调	E1 上传下达					√
	E2 统筹协调				√	
	E3 活动策划				√	
	E4 计划执行			√		
	E5 组织管控				√	

表 5–23　乙体育教研员胜任力水平自我评价表

一级要素	二级要素	自评得分				
		1	2	3	4	5
A 个人特质	A1 身体状态					√
	A2 心理状态					√
	A3 性格特征					√
	A4 服务意识					√
	A5 敬业精神					√

续表

一级要素	二级要素	自评得分				
		1	2	3	4	5
A 个人特质	A6 责任担当					√
B 教研成就	B1 教学成果					√
	B2 学术成果				√	
	B3 业内影响力				√	
C 教研知识	C1 体育专业知识				√	
	C2 体育教学知识					√
	C3 教师教育知识					√
D 指导能力	D1 信息化教学				√	
	D2 教学基本功培训					√
	D3 课题引领				√	
	D4 网络教研			√		
	D5 专题教研培训					√
	D6 组织教研论坛					√
	D7 打造学习共同体					√
E 组织协调	E1 上传下达					√
	E2 统筹协调					√
	E3 活动策划					√
	E4 计划执行					√
	E5 组织管控					√

表 5-24　丙体育教研员胜任力水平自我评价表

一级要素	二级要素	自评得分				
		1	2	3	4	5
A 个人特质	A1 身体状态					√
	A2 心理状态				√	
	A3 性格特征				√	
	A4 服务意识					√
	A5 敬业精神					√

续表

一级要素	二级要素	自评得分				
		1	2	3	4	5
A 个人特质	A6 责任担当					√
B 教研成就	B1 教学成果			√		
	B2 学术成果			√		
	B3 业内影响力			√		
C 教研知识	C1 体育专业知识				√	
	C2 体育教学知识				√	
	C3 教师教育知识				√	
D 指导能力	D1 信息化教学			√		
	D2 教学基本功培训				√	
	D3 课题引领			√		
	D4 网络教研			√		
	D5 专题教研培训			√		
	D6 组织教研论坛			√		
	D7 打造学习共同体				√	
E 组织协调	E1 上传下达					√
	E2 统筹协调				√	
	E3 活动策划				√	
	E4 计划执行				√	
	E5 组织管控				√	

5.4.2 不同特征中小学体育教研员胜任力的访谈记录

5.4.2.1 与甲体育教研员的访谈

访谈者： 我知道您在从事小学教研员之前曾经有过六年的一线教学经验，您觉得这些经验对您现在的工作有影响吗？

甲体育教研员： 当然有，一线经验让我对体育教学的理解不一样了。我在从事体育教研工作之前做了六年的中学老师，考研之后又当了一段小学老师，所以中小学都待过，我觉得没有一线教学经验的话，指导教研就是纸上谈兵，对体育教学的理解就是当初老师给我上课的样子。有了工作经验之后，就会以自己上课的状态去理解体育教学，发现自身的不足，然后对理论的追求也会更高一些，会着重从理论的角度去思考体育教学中的问题，包括对学校体育史、教育教学论、教学方法、教学案例的理解，会更有的放矢地学习。可以说在一线的时候积累更多的是体育教学智慧，这个是你在任何书本上都学不到的。

访谈者：您担任了八年的中小学体育教研员，在不同的教研年限里，对教研工作的理解是否有所不同？

甲体育教研员：我读研究生时候的研究方向是教师专业发展，教师专业发展是分阶段的，从事教研工作以后，我觉得教研员的成长也是分阶段的。比如说工作开始的前两年是熟悉摸索阶段，两年之后就可以跨越到自我发展阶段，在这个阶段会基于自己对教研工作的认知，结合已有的理论知识和教研的理想，去做自己喜欢的工作。从体育教研员的角度来看，我感觉我是通过科研成长起来，我有特别强的内升力，我想做一些课题，做一些实验，把自己的实验成果推广出去，然后在推进体育教学改革的过程中收获非常大的自信心，让自己成长了。

访谈者：您作为女性体育教研员，在工作中与男性比起来感觉有什么不一样吗？

甲体育教研员：我觉得差别不大。现在女体育教研员很多，大家工作都是一样的，只不过可能在工作方式上女性可能会更加细致一些，对自己的要求也更高一些。

访谈者：您觉得省、市、区（县）级体育教研员在胜任力要素上有区别吗？

甲体育教研员：我觉得每一个层次的体育教研员做的事情是不一样的，区（县）级和市级的体育教研员之间的差别不是特别大，都是以教学指导、教师管理为主，只是区（县）级在这方面更加偏重一些，市级相对要弱一些。但是省级层面的体育教研员应该是能够高屋建瓴的建构教学模式，引领地区的整体发展，具有理论基础和较高研究能力。就像于 ×× 教研员，他提出来的教学改革模式，就具有非常鲜明的浙派特色。

访谈者：您觉得作为体育教研员，研究能力和教学指导能力哪一项更重要呢？我看您的自我评价多为 4 分是什么原因呢？

甲体育教研员：我觉得研究能力和教学指导能力是紧密结合的，作为体育教研员刚开始我关注的是教学的成长，然后关注的是教学指导的成长，而教学指导的成长则需要通过科学研究的助力来实现。但是我们的研究跟高校的研究完全不同，我们更多的是田野调查，灵感大多来源于看完课之后跟老师的交流，比如体育品德要怎么落地，新的教学理念要怎么落地，规则意识要怎么去和学生强调等。之所以大多选择 4 分是因为作为新成长起来的体育教研员，我觉得自己无论是在教学指导还是科学研究上，与老体育教研员相比都还有一定上升空间。

访谈者：受疫情影响，网络教研越来越被重视，我知道咱们市也做了很多的网络课程，您的自我评价是 5 分，对于网络教研和常规教研您是怎么看的？

甲体育教研员：我觉得网络教研应该是常规教研的拓展方式。我在《中国学校体育》期刊发表过一篇关于网络教研和区域教研的文章，这个也是我们做网络教研的一些经验。我给自己评价 5 分是因为我在刚做体育教研员的时候，就在推网络教研，这与我的成长经历是非常相关的。在读研究生的时候，我要写毕业论文，那时《中国学校体育》期刊的 QQ 群刚刚建立，博客比较流行，很多教研人员分享的文章对我撰写论文帮助非常大，让我十分受益。成为小学老师之后，每次做公开课，制作音乐都让我非常崩溃，然后我就会到网上，通过 QQ 群与当时的体育教研员或者其他体育教师交流，他们给了我很多的帮助。所以在我做教研员之后，我就极力推网络教研，希望老师们能借助互联网看到外面的世界，让他们知道外面有很多非常敬业的体育老师。

访谈者：我现在发现您是一个非常时尚的体育教研员，特别能紧跟时代发展，您自我认为呢？

甲体育教研员：其实不只是我，我觉得这应该是我们这些“70 后”“80 后”体育教研员的共同特点。年轻的体育教研员经验不足，还没有形成网络教研的意识，而年长的体育教研员不愿意学习这些新的东西。而我们这个年龄的体育教研员通常具有 10 年左右的教研经验，我们了解一线体育教师的需求，同时也喜欢追求一些新鲜的东西，所以对于网络教研的关注会更多一些。

访谈者：对于体育教研知识的三个要素，您觉得哪一个最重要呢？

甲体育教研员：我觉得体育教学知识应该更重要一些。然后是教师教育知识，最后是体育专业知识。因为作为体育教研员我们最根本的任务是要服务体育教师，帮助体育教师提高教学能力，我们只有对体育教学知识有深入的了解，才能更好地指导体育教师。

访谈者：我看您在课题引领、组织教研论坛和打造学习共同体方面都给自己打了 4 分，这是什么原因呢？

甲体育教研员：我从 2017 年开始就拿着高中的新课标带领我们市的体育教师进行小学体育课的改革，我知道核心素养在下一轮义务教育课程标准修订时一定会被纳入修订范围。在这个过程中我经历了很多，刚开始很多体育教师不理解而且觉得很麻烦，那时候我觉得有强烈的挫败感。后来慢慢地在课堂改革中看到了成效，很多专家对我们的课改给予了高度的评价，这个时候我才感觉到了作为体育教研员的一丝成就感。但这个过程太难了，因此我给自己的评价都是 4 分。

5.4.2.2　与乙体育教研员的访谈

访谈者：您作为具有 20 多年教研经验的中小学体育教研员，经历过从新手到熟手的全过程，您觉得在不同阶段，体育教研员对教研的理解一样吗？

乙体育教研员：不一样。我是从训练中走出来的体育教研员，刚开始我想的就是怎么把技术渗透到教学中，因此在指导体育教研的时候我关注的只是体育教师的技术讲解是否全面、准确，是从自己的角度去指导教师。慢慢地随着教研年限变长，我开始关注课堂，了解体育教师的需求、学生的需求，我的第一个发明就是在指导教学时产生的灵感。再后来我的关注点又从满足体育教师需求转变到引领体育教师成长，比如我们区前段时间体育教师招聘，有老师请我去做辅导，我就舍弃自己的时间帮他们，然后当老师们给我发信息说取得好成绩的时候，我就会感觉特别幸福。所以 20 多年的体育教研工作我真的是感觉每个阶段都有每个阶段的侧重。

访谈者：您刚才说您还有一年就退休了，我一直觉得这个年龄段的老师可能会有一些职业倦怠的状态，冒昧问一下您现在会有这样的感觉吗？

乙体育教研员：嗯，我身边确实有个别临退休的体育教研员存在职业倦怠的现象，但是也有一些不是职业倦怠，而是精力、体力的问题，对新教学理念的学习欲望没有那么强烈了。从我个人的角度来说，我并没有出现职业倦怠，只是侧重点不同了，我现在喜欢做场地器材的开发设计，希望能设计出一些符合新课改需求的器材，满足新时代体育教学的需求。

访谈者：我在做调研的过程当中发现，不同类型的体育教研员在各维度上都有明显的差异，只有个人特质方面差异不大，对此，您怎么看？

乙体育教研员：我觉得体育教研员的选拔虽然没有明确的标准，但是作为教师的教师，大家对自己的要求都会很高，而且从调查表中个人特质里面包含的要素来看，这些都是最基础的。教研员作为业务部门，必须要具有服务的意识和敬业的精神，如果服务意识不强，就不能让体育教师满意，没有办法很好地开展工作。所以我觉得在个人特质方面差异不大是可以理解的。

访谈者：您觉得对于体育教研员来说，教学成果和研究成果哪个更重要？

乙体育教研员：应该是相辅相成的。刚开始的时候关注教学会多一点儿，希望能够多出精品课，或是多帮助体育教师完成各级各类的精品课。慢慢地随着教研年限的增长，发现很多教学环节的设计、教学方法的选择、教学问题的解决都需要用理论来解释，研究可以帮助我更好地理解教学，形成更好的教学成果。当有了一定的教学成果和研究成果后，才能让体育教师更加信服，因此这两项不能说谁比谁更重要，他们之间是互相促进的。

访谈者：您体育专业知识要素自评是 4 分，体育教学知识和教师教育知识的自评都是 5 分，这是为什么呢？

乙体育教研员：对于省级教研员来说，他们的站位更高，要制定各种政策、文件，引领省内的体育教学改革，所以他们可能更关注体育专业知识。我是区级教研员，我的日常工作就是服务教师，促进教师专业成长，完成教研培训，落实教学理念。从工作需求的角度来说，体育教学知识和教师教育知识对于我更重要。这两项知识能够帮助我更好地完成工作。所以我在日常关注得多一些，掌握得好一些。

访谈者：受疫情的影响，网络教学、网络教研开展得很火热，您觉得网络教研跟现场的常规教研哪一个效果更好？我看您给自己的网络教研只打了 3 分，这是什么原因呢？

乙体育教研员：首先，我年龄大了，对于新鲜事物的学习能力和欲望都不像年轻教研员那么强烈了。其次，我觉得网络教研只是疫情时代对教研活动的一种无可奈何的补充。像我们体育学科实际上更注重实践，常规教研才是我们开展教研活动的基础，培训活动需要有血有肉的情感交流。这就好像我一位制作机器人的朋友说，未来各学科的教师都可以用机器人完全代替，唯一不能代替的就是体育。体育必须有真正的情怀，单纯地出个处方，设计一个教学方案，不能保证教学的效果。因此我在网络教研方面应用得很少，我觉得还是常规教研比较好，所以只打了 3 分。

访谈者：我看您组织协调维度中各要素的自我评价都是5分，这是为什么呢？

乙体育教研员：作为体育教研员，上传下达、统筹协调、活动策划、计划执行和组织管控这些都是我们日常最基本的工作，年轻的时候我做得也不是很好，但是每次活动完毕之后我都会认真地反思，发现问题马上调整改进。现在我在区教研员这个岗位上已经工作了这么多年了，这些工作都太熟悉了。比如市里需要什么统计表、做什么活动方案，或者需要与哪些校领导沟通，我马上就能进行部署，所以我觉得在这些方面我还都能胜任。

访谈者：您觉得作为新手型体育教研员，他们首先应该做的是什么？

乙体育教研员：我觉得作为新手型体育教研员他们首先需要寻找到传统和现代教学的结合点。现在好多年轻人会过于追求新的东西，比如设计的课程怎么迎合评委，而忽略了对运动项目本身特点的剖析。他们应该沉下心来研究一些东西，在学会欣赏自己本领的同时，学会分析教材、分析学生、了解自己区域内教师的特点，能够针对性地回答教师的疑问，帮助教师快速地成长。

5.4.2.3　与丙体育教研员的访谈

访谈者：您觉得一线教学经验对您的体育教研工作帮助大吗？

丙体育教研员：非常大。一线教学经历让我深刻体会到体育教师的教学现状，并让我发现教学中容易出现问题的地方，知道如何面对教学中的突发事件。对课堂教学效果的预想，教学过程中的注意事项，如何与学生更好地沟通等问题也都有不一样的认识。简单地说，没有一线经验，指导教研的时候就不接地气儿。

访谈者：您觉得研究生学历的体育教研员和本科学历的体育教研员在工作中有什么不一样吗？

丙体育教研员：从教学指导的维度来说区别不大，工作主要还是看个人的想法和认识。但是从学术研究的角度来说，还是有一点差别的，研究生学历的教研员因为经历过系统的培训，面对课题的时候更知道该如何入手，日常工作中也更愿意去发现问题、研究问题、解决问题，而相对的本科学历的教研员就稍微弱一些。所以从教和研两方面结合来看，研究生还是具有一定优势的。

访谈者：您觉得三年的教研工作，每一年有区别吗？

丙体育教研员：有。刚刚步入体育教研员行列的时候，年轻没有经验，也没什么想法，就是领导让干什么就干什么。那时候体育教师、学校领导对我也不太信服，所以开展工作特别难，每天都是疲于奔命的状态。现在，我和我们区的体育老师和各校的领导都熟了，沟通变得顺畅了，开展工作就更容易了，慢慢地我开始有了自己的想法，知道如何去合理地设计培训内容，才能有效地帮助教师成长。

访谈者：您在个人特质维度上的自我评价都是5分，这个您是怎么考虑的呢？

丙体育教研员：首先，我很喜欢体育教研工作，我们区的体育教师也都很支持我，所以工作起来很舒服。其次，在工作中我感觉自身也在成长，指导的体育教师获得教学奖励后，我也收获了自信，有了幸福感。最后，服务意识、责任担当，这些都是作为体育教研员最基本的要求，没有这些就不能很好地完成教研工作。就拿职称评定来说吧，我现在的职称是二级，我做体育教研员之后就没有在一线评职那么容易了，如果我只考虑自己的发展，就不会来做体育教研员，既然我选择了，我就是非常纯粹地想服务体育教师，想带领团队发展。

访谈者：您觉得男性教研员和女性教研员，在工作上有什么区别吗？

丙体育教研员：男性和女性在工作上没什么区别，还是看个人吧。如果您在调研过程中发现男性和女性有区别的话，我觉得可能是这么三方面原因：女性在自我评价时通常对自己的要求更高；在调解能力上，男性的调解能力更强一些；女性承受的工作、生活等方面的压力更多一些。

访谈者：您是区级体育教研员同时兼职市级体育教研员，您觉得不同级别体育教研员的工作一样吗？

丙体育教研员：大致差不多，比如说区里举办的活动，通常市里也会举办，只是辐射的范围不一样罢了，再比如体育教师培养这方面，市体育教研员要抓，区体育教研员也要抓，所以从服务、指导、研究等体育教研员所需具备的能力上来讲是一样的。但是省级体育教研员会有不同，他们需要有更高的站位，更高的水平，能够制定各种规章制度规范省内的体育教学，把握整个省的体育学科发展方向。

访谈者：您觉得专职体育教研员和兼职体育教研员工作起来一样吗？

丙体育教研员：内容上没什么区别，但是体育教研效果还是有点区别的。像我这样的属于区级专职，市级兼职还好，做好区级教研工作就行，在市里面就是辅助别人，有什么任务帮着分担一下就行。但是有一些区（县）级的体育教研员就不一样，他们都是一线体育教师兼职做体育教研工作，面对中小学体育教师严重缺编的现状，他们的教学工作已经很繁重，哪里还有更多的精力去认真完成体育教研工作。所以效果上来说专职要比兼职好一点。当然，个人能力不一样，也有兼职做得好的。

访谈者： 您觉得对于体育教研员来说教学成果和学术成果是否重要？

丙体育教研员： 当然重要，作为体育教研员只有具有一定的成果积累，在开展工作的时候，才能更容易让体育教师信服。

访谈者： 那您觉得教学和研究哪一个更重要？

丙体育教研员： 教学和科研实际上是相辅相成的，研究是提升教学内涵的重要途径，没有研究的教学指导就不会有深度，这样的指导只能称之为经验型分析。像教学方法千变万化，但是哪种方法好，那就得靠研究才能知道，课题研究的主要来源就是课堂教学。比如以前的准备活动都是以绕环为主，但是现在随着研究的深入，有人认为绕环不符合关节运动的方向，容易对关节造成损伤。那么我们在指导教学的时候不仅要告诉体育教师哪些可以、哪些不可以，还要告知不可以的原因是什么，体育教研员发表的观点要有理有据，所以说教学和科研对于体育教研员来说都很重要。

访谈者： 您在教指导能力维度上有五个要素都选的 3 分，这是什么原因呢？

丙体育教研员： 我担任体育教研工作的时间不长，一线教学经验也不太丰富，计算机水平也不高，所以我对自己的评分稍微低了一点。

访谈者： 很多年轻人都喜欢新鲜的事物，对于各种软件的学习能力和应用能力都很强，您为什么不愿意尝试呢？

丙体育教研员： 我个人还是更喜欢线下的教研培训，培训活动需要互动，尤其是体育学科，大家一起研讨，才能碰撞出更多的体育智慧。像疫情时期，大家都采用线上培训，但是从后期反馈来看，效果并不理想。网络教研可以作为常规线下教研的补充，不能代替线下教研，可能因为我应用得少所以给自己的评分比较低。

访谈者： 在教研知识部分，您对自己的评价都是 4 分，这是出于什么原因呢？

丙体育教研员： 作为体育教研员，无论是教师教育知识、体育专业知识还是体育教学知识都非常重要。我之所以都给自己评4分是因为我觉得学无止境，在现阶段我的知识储备还不能完全满足我的体育教研需求，我还有很多知识需要了解。

综合以上中小学体育教研员胜任力的自评结果和中小学体育教研员胜任力的访谈结果，已基本剖析出中小学体育教研员之间胜任力发展水平的差异来源主要是体育教研成长经历的不同、体育教研工作经验的不等以及体育教研认知理解水平的不一所导致的。例如，甲中小学体育教研员由于较早接触QQ群、博客等网络交流媒介，并发表过关于网络教研和区域教研的文章，所以在信息化教学和网络教研自评得分上表现较好；乙中小学体育教研员作为区级教研员，其工作重心更多集中于落实体育教学理念和完成体育教研培训上，服务和引领一线体育教师专业成长是其主要工作内容，故而在体育教学知识和教师教育知识方面得分较高；丙中小学体育教研员作为只有3年教研年限的新任教研员，在体育教研经验积累方面还有所欠缺，因此在指导能力维度还有待进一步加强。

5.4.3 不同特征中小学体育教研员胜任力的差异透视

三位中小学体育教研员的《中小学体育教研员胜任力水平调查表》得分情况如表5–25所示。

表5–25 三位中小学体育教研员胜任力得分情况汇总表

代号	总分	胜任力类型	各维度平均分				
			个人特质	教研成就	教研知识	指导能力	组织协调
甲	100	胜任力良好型	4.67	3.67	4	4.29	4
乙	113	胜任力优异型	5	4.33	4.67	4.43	5
丙	93	胜任力一般型	4.67	3	4	3.29	4.2

如表5–25所示，甲体育教研员总得分为100分，属于胜任力水平良好型；乙体育教研员总得分113分，属胜任力水平优异型；丙体育教研员总得分93分，属胜任力水平一般型。从三位中小学体育教研员各维度自评平均分来看，其在各维度上的平均得分与各维度总体平均分基本吻合。

从个人特质维度来看，中小学体育教研员在本质上具有体育教师专业发展的一致性，只是由于社会分工不同，中小学体育教研员具有更高的体育教师专业化要求和更强的教育服务意识，因此在个人特质维度上各类型中小学体育教研员的表现差异不大。

从教研成就维度来看，作为中小学体育教研员不能仅凭借“体育教研员”这一名头去管理和帮助一线体育教师，只有真抓实干的体育教研员，才能得到区域内体育教师的认可与认同，而衡量水平的最直观标准就是教研成果的产出和积累。但是大多数的中小学体育教研员或热衷于教学检查、教学评比、组织活动等事务性工作，或教研资历尚浅，缺少以问题研究为驱动的体育教学质量提升的意识，所以在五个维度中教研成就的平均得分最低。比如丙体育教研员自我评价只有 3 分，主要是由于年轻、孩子小、任务重，没有太多的时间和精力丰富自己的体育教研成果，所以评分较低。乙体育教研员的自我评价是 4.33 分，略优于其他人，主要是由于体育教研年限时间长，日常工作热衷于对于体育教学器材的研发，多次获国家级教学器材发明奖。甲体育教研员的自我评价得分是 3.67 分，低分的原因主要是业内影响力，而中小学体育教研员只有像学者一样的工作才能赢得一线体育教师的信任，获得更加持久的影响力。

从教研知识维度来看，三位中小学体育教研员的平均得分都在 4 分以上。教研知识胜任力是以原有教师教育知识和体育专业知识为基础，结合一线教学获取的体育教学知识所构成。对中小学体育教研员而言，如果只关注体育教学知识，其关注点则在于“教什么”的问题。如果能够全面地关注教师教育知识、体育学科知识和体育教学知识，关注点将会从“教什么”扩大到“怎样教”，能够更好地利用体育教研活动将体育教学经验与规律传授给一线体育教师。

从指导能力维度来看，丙体育教研员与甲、乙体育教研员的自评分具有一定差距，5 年以下体育教研经验的年轻体育教研员在指导能力上还有很大的提升空间。通过访谈了解到，一线体育教师在实践教学过程中会面临体育教学经验不足、应变能力较差、理论与实践不能有效结合、教学分析找不到切入点、教学效率低、无法开展全方位多维度的教学评价等诸多困惑，这些问题都需要中小学体育教研员具有较强的指导能力协助解决。而年轻的中小学体育教研员受经验的限制，势必会造成指导能力偏弱的局面。

从组织协调维度来看，甲体育教研员的自我评价与总体平均分较一致，乙、丙体育教研员的自我评价得分虽与各自所属类型的平均分具有一定差值，但与中位数保持一致。通过了解，中小学体育教研员作为各级各类中小学体育教研组织的协调者，有责任整合区域资源为一线体育教师搭建信息分享和传递的平台，开展能够满足一线体育教师需求的体育教研活动，寻求基层学校领导和教育行政领导的支持，因此，中小学体育教研员需具备较强的传达、交流、维系以及执行的能力。

5.4.4　小结

为深入了解不同特征中小学体育教研员对体育教研工作的理解与认识，以及胜任力形成的深层信息，围绕《中小学体育教研员胜任力水平调查表》的填答情况，针对不同特征、不同胜任力水平的三位中小学体育教研员进行半结构化访谈及个案分析。结果发现：三位体育教研员对胜任力各个维度的总体认识保持基本一致，对胜任力各个要素的自我评价结果符合各类型中小学体育教研员的总体趋势，三位中小学体育教研员自我评价的差异主要来源于不同的体育教研成长经历、工作经验以及认知水平。

5.5　中小学体育教研员胜任力发展制约的外在因素分析

由于中小学体育教研员处于特定的教育制度系统和教研组织生态之中，对于其胜任力发展制约的因素分析，不仅需要从中小学体育教研员的内在分析原因，而且需要结合体育教研体制大环境深入探讨。在通过现象学方法整理和捕捉中小学体育教研员关于胜任力发展的观点描述后，总结与提炼其制约因素如下。

5.5.1　中小学体育教研岗位职能和工作职责的重视不足

中国传统文化中的积极成分会对社会的发展起到推动作用，而落后部分则会产生一定的阻碍性影响，有时甚至左右国人的思想观念以及行为准则。“万般皆下品，唯有读书高”一直以来是国民公认的思想认识，这种认识直接导致了社会的“重文轻武”现象，所谓“头脑简单、四肢发达”就是此类观念的长期化产物[165]。虽然，在当前学生体质健康普遍不容乐观的严峻形势下，体育与健康课程在中小学校日益受到重视，但不可否认在实际落实中地方教育行政部门、中小学校、一线体育教师和学生家长等，都一定程度受到传统偏颇思维的裹挟，体育课相比于文化课一直处于“弱势”地位[166]，中小学体育教研相比于其他学科教研亦是在“冷门”徘徊。这种体育学科和体育教研工作重要性认识不够清晰的情况，不可避免地使中小学体育教研员的胜任力发展受到不利影响。

中小学体育教研员 C：“社会、家庭还有学校对体育工作的重视程度还是远远不够的，由于中国的考试制度（影响），虽然表面上在呼吁体育学科等同于语文和数学，甚至把外语都撇到了后边，但实际的重视程度还是不够。”

中小学体育教研员 E：“大环境上对体育学科还是不太重视，最近一直说要提高重视程度，但相对来讲，其重视程度还是远远不够的。”

中小学体育教研员 F：“我说句心里话，（像）我们体育学科这种小学科，和语数英学科相比不一样，语数英这样的学科是非常重要的，我们体育学科的位置是比较边缘化的。”

中小学体育教研员 I：“当前学生的体质情况越来越差，近视和肥胖的人数越来越多，国家出台的多项政策使得体育课程的地位相比之前有所上升，但是（重视程度）还是远远不够，这主要是受应试教育和升学指挥棒的影响”

中小学体育教研员 J：“因为对体育课不重视，（中小学）体育教研员的工作也没有得到足够的重视，体育教研机构是业务部门并没有行政级别，这就导致了不知道该归谁管（领导），所处的地位就比较尴尬。”

中小学体育教研员 L：“（中小学）体育教研员的专业发展受大环境的制约，体育不被重视是因为对我们整个体育学科的定位（不清晰），在我们单位里也一样，（不同）学科之间还是有这样一种差异的。”

中小学体育教研员 M：“可能语数外相对来说会好一些，如果是其他学科的话，教研员基本上都是兼（职）的，到了市一级才是专（职）的，重视程度相对于语数外来讲，那就肯定属于边缘学科了，也就是你们组织一些活动就可以啦，其他的不需要过多参与。”

中小学体育教研员 P：“国家对体育的重视程度不足也会对中小学体育教研员产生一定的影响，国家和社会要是重视这支队伍，多给他们创造一些机会，这里不单单指提升他们的专业知识和能力（的机会），还包括多给他们一些适当的评优评先的机会，这样就会有努力的方向和动力。”

中小学体育教研员 S：“现在上面（教育局）对于体育老师的发展还是挺重视的，给体育老师的发展平台还是挺多的，但是如果说真正落实到（中小学）体育教研员这方面，现在（的重视程度）还是比较弱。”

中小学体育教研员 T：“体育学科跟别的（学科）不一样，很多学校对体育学科不重视，这也就导致了对（中小学）体育教研工作也不重视。”

5.5.2　中小学体育教研组织架构和管理体制的设置不明

尽管我国制定了相关的教研制度，但这些制度大多是对教研活动本身的总体性规定，较少考虑基础教育教研员群体的特性[167]。事实上，中小学体育教研员组织架构和管理体制建设与其胜任力的发展息息相关。首先，科学的选拔与准入制度是促进中小学体育教研队伍高质量发展的基本前提[168]。目前我国在各级各类中小学体育教研员的任职资格及遴选标准上，并未形成一套与中小学体育教师相类似的成熟规范的专业资格认定程序，外部选拔、内部招聘、组织安排、直接调入和专业推荐等多种方式并存带来了诸多弊端。其次，中小学体育教研员虽然大多来源于一线优秀体育教师，却在工作性质、服务对象及职能任务等方面有着较大的差异[169]，所以上岗后的培训研修也就必不可少。但当前仍旧把中小学体育教研员的专业成长视为一种自我成长和个体努力，专业培训和继续教育的重要性往往被忽视。另外，中小学体育教研员不同于一线体育教师，也区别于教育行政人员，建议制定专门的考评体系。但当下我国尚未针对中小学体育教研员建立针对性的考评制度及奖惩机制，这既难以对“人浮于事”的行为进行规制，也难以激发个体的工作积极性。

中小学体育教研员 A：“因为工作的性质，我们每周都要去安排教研活动、下校看课等，能够去接受高层次培训和交流的机会不多，接触不到全国各地的先进体育教研信息，这就使得我在做体育教研的时候需要查看大量的文献和阅读一些书籍，然而有时候会觉得很难，理解得也不是那么透彻。”

中小学体育教研员 B：“没有硬性的评价指标机制就难以激励（中小学）体育教研员，比如国家下发的文件或者各省根据实际情况下发的（文件），缺少硬性的评价就很容易产生惰性，特别是在以听课为主的中小学。比如，要求听课一年达到 50 节或者 60 节，对于（中小学）体育教研员来说这特别容易，但听课之后，由于缺少量化的指标，就造成评课完全依靠个人经验，缺少说服力。”

中小学体育教研员 C：“比如我三四年才能够参加一次国培，一年才能出省市一次，剩下的大部分时间都是靠一些网络资源、书籍或者是一些专家到我们地区来做教研才能长长见识，现在后疫情时代网络（培训）课程可能要好一些，但是还是缺少实质的专家引领。”

中小学体育教研员 D：“当前教研员队伍的评价机制还是不健全，没有考核方式和评估方式，但是一线教师有，你一年上什么课、课时完成的情况怎么样、升学率怎么样、拿了什么奖项等都有考核，我们（教研员）却是没有的，这是体制问题，缺少对（中小学）体育教研员的考核办法，不能去直接衡量教研员的成绩。”

中小学体育教研员 E：“当下还是缺少严格的考核（机制），考核是用来评价你干得好或者干得不好的，现在无论干得好还是不好，都没有人给你压力，你可以一直在岗位上待着，不痛不痒地过一辈子，干得再差也没人管，也没人说你不好，干得好和干得不好是一个样，你再怎么混也能混得过去，我觉得这样是有问题的，所以评价机制是有问题的，没有压力就没有动力。”

中小学体育教研员 F：“因为没有发展（空间）也就没有了推动力，没有一个有效的（评价）方法作为推动，可能大家就感觉无所谓了，也没有什么压力，包括考核压力等，没有压力也就没有了动力，最后成为一潭死水。”

中小学体育教研员 G：“自从成立教研机构以来，教育部也相继出台了关于（教研员）遴选准入的文件，规定什么样的人能够当教研员，但是这和现实之间是有差距的，制度往往难以落地落实。”

中小学体育教研员 H：“目前关于教研成长的平台还是相对缺乏。比如说，我们单位里有的教研员他一直在自己的区域里活动，那么可能他的眼界就比较低。而我是经常参加上海市区体育教研活动的，可能我跟着市里的特级教师，跟着市里的大咖在学习，慢慢地受他们熏陶，就成长得比较快。大咖和专家引领，优质的学习平台，是让你（中小学体育教研员）专业成长和飞跃的载体。”

中小学体育教研员 K：“我们缺少对中小学体育教研员的考试（考核）评价的标准和要求，有些体育教研员老觉得自己居高临下，对一线体育老师指手画脚，这也是不能踏实学习和提升的一个重要原因。关于教研培训这一方面，除了‘国培计划’和‘省培计划’，有关中小学体育教研员的培训虽然也有一些机构，但基本上都是一种闲置，解决不了质的问题。”

中小学体育教研员 M：“现在准入机制不完善，一些硬性的条条框框都没有，缺少客观的可以参照的参数（遴选标准），比如能力、科研、实践等，如果没有这样一个东西（遴选标准）做引领的话，就很难选拔出扎实的人员上来。”

中小学体育教研员 N：“培训的机会比较少也是制约了中小学体育教研员

们的发展，因为出去少的话，见识的东西就少，所以我们需要的是‘请进来’和‘走出去’，多走出去看一看，同时请进来一些专家，肯定是‘1+1 大于 2’的效果。”

中小学体育教研员 O：“信息泛滥（的时代）缺少专家引领应该算一个（制约因素），比如说像我们很多时候阅读一些东西都是泛阅读，容易受到一些（负面）影响。另外，比如说在线学习，很多时候我们都是把视频放着去做其他的事情，还有（中小学）体育教研员可能压根不去看。”

中小学体育教研员 P：“现在针对体育教师的培训比较多，而专门针对（中小学）体育教研员的培训真是太少了，其实我们教研员也需要提升和成长的，也需要努力地学习，需要给我们（中小学体育教研员）提供培训的平台，这一方面还是需要加强一下。”

中小学体育教研员 R：“我看现在国家对（体育教研员）培训已经有些加强了，但这些理论怎么落地到我们的中小学体育教学里，这方面还缺乏实践专家给我们支个招儿，让‘高大上’的理论真正走到我们的体育课堂中，从而促进我们理解这些东西（理论），我觉得目前在这方面是最缺乏的。”

中小学体育教研员 S：“中小学体育教研员出去培训的机会不是很多，一般来说请（专家）进来是最多的，去参加省一级的培训或国家一级的培训的机会非常少，一般都是骨干教研员几个人的事情。”

5.5.3　中小学体育教研资源保障和支持体系的落实不畅

完善的资源保障和支持体系对于中小学体育教研员胜任力的发展来说十分重要，因为其决定着中小学体育教研员群体的发展意识、内在动力以及积极性。现实中，中小学体育教研的支持与保障体系呈现出落实不畅的问题。一方面，中小学体育教研员主要源于优秀一线体育教师，在被遴选为体育教研员之前，如果没有获得较高的专业职称，那么在成为中小学体育教研员后，由于编制紧缺、机构设置不合理等问题，在职称评定上就会出现障碍。现在各地在解决职称问题时，要么将其纳入中小学体育教师系列，要么直接略过该群体，总体来看尚未形成规范化、独立化的职称晋升通道[170]。另一方面，在应试教育大环境下，基础教育阶段学校体育对学生的升学起不到明显的“功能性”作用，很难得到社会、学校、教师及家长们的广泛认可和支持，这就使得中小学体育教研员在一线体育教师的配合程度、体育教研资金的投入力度上受到了很大的冲击[171]。

中小学体育教研员 A：“当前我们国家在（中小学体育）教研员的职称晋升方面还是不规范、不独立，仍然归属于中小学（教师）的职称系列，这样的制度不仅不符合中小学体育教研员的工作特点，还会影响（中小学）体育教研员的素养提升和工作动力。”

中小学体育教研员 D：“当前对于我们体育教研部门的经费投入不足，不能经常进行多层次的校园（体育教研）活动，经济条件制约我们走出去看看，制约我们进行横向交流，以及制约我们通过各种形式获得新的知识，这也就使得（中小学体育教研员的）能力发展都不够，现在更多还是书本上的学习，缺少一种‘走出去’和‘请进来’的交流学习机会，这主要是经济上的一种制约。”

中小学体育教研员 E：“我们要服务基层体育教师，通过教师们的转变，才算是真正做好了我们的指导工作，但是基层体育教师的专业情绪和态度是急需转变的，如果你深入基层就会发现，有 1/3 的一线体育教师能够非常好地把应该做的工作完成好，并且努力在自己专业成长的过程中追求点什么就已经很不错了，大部分（一线体育）教师在专业情绪和态度方面还是需要进一步改变的。”

中小学体育教研员 G：“最主要的还是经费上的制约，我们原来出差都没有差旅经费，购置办公用品的经费也不足，业务部门就是这样（缺少经费）。”

中小学体育教研员 J：“教研部门属于业务部门，如果有些（中小学）体育教研员把这个身份错位了，就很可能会导致学校和一线体育教师产生压力或者产生反感情绪，他们（学校和一线体育教师）很可能就不愿意支持你的工作了。”

中小学体育教研员 K：“体育教研员如果职称太低，就会带来一种心理上的不平衡，有的（一线体育）教师都是教学名师了，甚至都是特级正高级（一线体育）教师，想让一个职称还没有他高的体育教研员去管他们难度较大。”

中小学体育教研员 O：“据我了解，我们东三省地区好像在经费投入和职称评定方面做得都不是特别好，教学研究经费和职称上升空间这两个方面，我觉得应该是制约我们北方地区（中小学）体育教研员把活儿做好的一个很重要的因素。”

中小学体育教研员 P：“当前针对中小学体育教研员的外部刺激还是不够，教研这项工作是奉献性的工作，你培养教师而荣誉都是教师的，其实对体育教研员也应该有相应的激励制度，比如评先进体育教研员或者这一类的奖项，现在基本上没有（激励机制），如果年龄大的、有教研情怀的还好一些，现在年轻人都面临着职称晋级，这样激励的东西少了，就容易产生倦怠，没有工作激情。

中小学体育教研员 S：“想要中小学体育教研员学习、发展和提高，就要对（中小学）体育教研员的职称评定方面有所倾斜，有时候他们（中小学体育教研员）会说当了体育教研员还不如当一线体育教师，教师（职称晋升）的指标还多，体育教研员（职称晋升）的指标反而减少了，竞争压力这么大，这就造成了有的中小学体育教研员积极性不高。”

中小学体育教研员 T：“中小学体育教研员哪有评什么优秀教研员啊，也没有几级教研员的说法，甚至国家的很多政策对教研员也是有限制的，我举个例子，比如说评正高级教师，他（教育行政部门）会把教研员放到行政领导的岗位上去参评，按比例算更倾向于一线教师，这个对教研员岗位来说是很不公平的。”

5.5.4 小结

以在全国范围内抽取的 20 位不同类型的中小学体育教研员作为访谈交流对象，采用质性研究范式中的描述性现象学方法，通过半结构式个人深度访谈，遵循 Colaizzi 现象学资料分析步骤，凝练与概括出制约中小学体育教研员胜任力发展的外部因素包括：中小学体育教研岗位职能和工作职责的认识不清，未能引发多元主体的思想重视；中小学体育教研组织架构和管理体制的重视不足，未能形成科学规范的实施办法；中小学体育教研资源保障和支持体系的落实不畅，未能激发体育教研群体的内生动力。

5.6 本章小结

为验证所提取的中小学体育教研员胜任力关键要素并把握胜任力现状，本章先是解析了中小学体育教研员胜任力的特征差异及水平差异，进而探究了中小学体育教研员胜任力发展背后的深层信息及制约因素。首先，以问卷调查为数据收集方法，以统计学分析为处理技术，对 1042 份《中小学体育教研员胜任力水平调查表》所得的有效结果进行数理挖掘，结果认为：受性别、年龄、学历、职称、教研级别、教研学段、一线教学年限、教研年限、是否兼职、所在地区等因素影响，中小学体育教研员在其胜任力总平均分，个人特质、教研成就、教研知识、指导能力、组织协调五项维度得分，身体状态、教学成果、体育专业知识、教学基本功培训、上传下达等具体 24 项要素得分上表现各异。

其次，以问卷调查为数据收集方法，以聚类分析和 K–Means 算法为处理手段，对 1042 份问卷所得的有效结果进行聚类分析和统计描述，结果认为：中小学体育教研员胜任力水平分为不良型、及格型、一般型、良好型及优异型 5 种，5 种类型中胜任力各维度和各要素的平均得分均呈阶梯状，不同性别、年龄、学历、职称、教研级别、教研学段、一线教学年限、教研年限、是否兼职、所在地区的中小学体育教研员在 5 种类型中表现各异。

再次，通过半结构化访谈，对中小学体育教研员胜任力情况展开个案分析，结果认为：三位中小学体育教研员对胜任力各维度的总体认识保持基本一致，对胜任力各要素的自我评价结果符合各类型中小学体育教研员的总体趋势，而自我评价的差异主要来源于不同的体育教研成长经历、工作经验以及认知水平。

最后，通过现象学研究，对中小学体育教研员胜任力发展的制约因素展开凝练，结果认为：中小学体育教研员胜任力水平的发展受制于中小学体育教研员自身专业发展的目标与价值辨别不清，未形成自我价值与社会价值的和谐统一；中小学体育教研员对教研岗位职责的范围与标准识别不清，未生成自我专业自觉发展的内驱动力；中小学体育教研员对教研工作的本质与规律分辨不清，未产生自我实践的智慧和力量三方面内在因素。此外，对中小学体育教研岗位职能和工作职责的重视不足，未能引发多元主体的思想重视；中小学体育教研组织架构和管理体制的设置不明，未能形成科学规范的实施办法；中小学体育教研资源保障和支持体系的落实不畅，未能激发体育教研群体的内生动力三方面外在因素。

中小学体育教研员胜任力发展制约的解决策略与关键要素运用展望

CHAPTER 6

中小学体育教研员作为全面加强和改进新时代学校体育工作的重要力量，其胜任力水平将直接影响到体育教研机制以及体育教研理论与实践，并决定和彰显着我国特色基础教育教研体系建设成效。所以，本章首先以上文剖析的中小学体育教研员胜任力发展的内外制约因素为牵引，针对性构建了中小学体育教研员胜任力发展的内在解决策略和外在解决策略；其次以新时代中小学体育教研队伍建设为分析背景，创新性探讨了中小学体育教研员胜任力关键要素融入遴选准入、专业发展、考核评定等环节的运用展望，以期为中小学体育教研队伍面向现代化提供理论支撑。

6.1 中小学体育教研员胜任力发展制约的解决策略

通过上文对中小学体育教研员胜任力关键要素的实证应用可得知，制约中小学体育教研员胜任力发展的因素既涵盖宏观层面的思想认识、管理体制以及支持与保障体系，也囊括个体层面的成长经历、工作经验与认知水平等，是一种多重成因作用的复杂结果。因此，立足于《教研工作意见》，针对所存在的问题症结，帮助中小学体育教研员有效提升体育教研胜任力，笔者认为可从以下两个维度六项措施上积极施策。

6.1.1 中小学体育教研员胜任力发展制约的内在解决策略

6.1.1.1 提高中小学体育教研员胜任力发展的价值认同

中小学体育教研员在现实情况下所面临的角色冲突问题，究其根本是源于体育教研员在价值认同和专业品质等方面所产生的矛盾。诚如上文调查结果显示，中小学体育教研员常常需要对“我是谁”“我该怎么办”“我为什么要这么做”等一系列问题作出回答，而回答该系列问题最核心的是对中小学体育教研员自身的角色定位、工作态度、教研观念及教研行为的塑造与培养。哲学层面体现的价值是价值主体表述意义的概念，是价值主体与事物属性的特定关系[172]。由此便知，价值可依据不同客体对象分为社会价值和自我价值。因此，真正的价值认同，需要自我价值与社会价值两者相互协调统一，是需要价值主体通过不断修正自我价值认同来顺应社会价值的规范。所以，提升中小学体育教研员的胜任力水平需要以深化中小学体育教研员的价值认同为根本出发点。原因在于，随着现代教育科学的突飞猛进，教育的功能日趋多样化和多元化，教育的形态也日益综合化与复杂化，中小学体育教研员需要在这种新环境下承担不同的角色，这也意味着这一群体将会面临着巨大的挑战。

具体而言，中小学体育教研员经常会面临多职能、多场景、多角色的多重工作要求。如果中小学体育教研员自身无法正确地认识到其工作价值本身的内在意义，就容易在实际工作中无法找到证明自我价值的成功体验感。在接下来的工作中，将难以分配工作时间和工作精力，这种习得性无助会导致其胜任力水平降低，胜任力发展延滞。在社会系统中，角色不仅是个体身份的标记，还代表着一定社会资源的拥有，如政治资源、经济资源等。拥有不同的社会资源，将与之匹配不同的社会规范和行为要求。从中小学体育教研员的角度来说，工作性质的多重性就要求其更好地应对多方面的社会规范与岗位要求，如果难以达到某种程度时，中小学体育教研员就会再次陷入社会价值的冲突之中，从而打乱其原有的价值作用认同，继而影响中小学体育教研员胜任力的发展。由此可见，发展中小学体育教研员的胜任力需要以强化其价值认同为原点，包括自我价值和社会价值的两个方面的强化。

6.1.1.2 促进中小学体育教研员胜任力发展的专业自觉

中小学体育教研员胜任力的发展需要以塑造专业自觉为基本方向。这是因为，中小学体育教研员在性别、年龄、学历、职称、教研级别、教研学段、一线教学年限、教研年限、是否兼职、所在地区等维度上所表现出来的多样化胜任特质，表明中小学体育教研员专业发展具有鲜明的个体化倾向。中小学体育教研员个体的专业发展主要表现于个人特质、教研成就、教研知识、指导能力、组织协调五维之中。例如，男性中小学体育教研员能够更加有效地处理各种体育教研事务和维护人际交往关系；36～45岁的中小学体育教研员精力更为充沛，捕捉新鲜事物的意识更为敏锐，掌握新信息的能力更加突出；高学历的中小学体育教研员能够掌握更为完整的体育教育教学理论，拥有更为强烈的体育与健康课程意识和课程领导能力，能够及时发现体育学科教学问题背后所隐匿的深层关系等。面对中小学体育教研员多元化的胜任力样态和专业发展需求，有必要关注中小学体育教研员的异质特征，尊重中小学体育教研员的个性化发展诉求和发展取向，赋予中小学体育教研员以更多、更大的自主发展空间。然而，由于我国尚未形成规范和科学的教研员评价制度，且针对中小学体育教研员的专业培训机构和培训项目较少，中小学体育教研员的胜任力发展仍需依赖自我的专业学习。因此，必须提高职业认同，促进中小学体育教研员形成专业自觉。

此外，职业倦怠一直是制约教育工作者自身发展的老问题。由“教学相长”思想可知，促进一线体育教师的发展离不开中小学体育教研员的自我发展，在此过程中，中小学体育教研员的能动性和自觉性显得尤为重要[173]。积极的主观能动性和较高的专业自觉性对于缓解职业倦怠、塑造专业自觉、促进中小学体育教研员胜任力发展无疑是一针强心剂。但促进中小学体育教研员的专业自觉不能盲目地随意行之，应立足于教研员自身的个性发展，尊重个体特质和个性品质，并以关注职业经历与胜任力发展为价值旨归。

6.1.1.3 形成中小学体育教研员胜任力发展的实践理性

承言上文对中小学体育教研员的个案分析，可以发现中小学体育教研员胜任力的发展与个体的成长经历、工作经验以及认知水平息息相关。也就是说，中小学体育教研员胜任力的发展在其根本上与中小学体育教研员对体育教研工作本质的把握和理解直接相关，不同的体育教研观将会带来不同的体育教学研究观念、认知以及行为[174]。因此，需要准确厘定体育教研本质，并以此为基础审视中小学体育教研员的胜任力发展。中小学体育教研是以解决当下基础教育学校体育疑难情境中的问题为目的而展开的活动，此类问题的切实解决具有强烈的自身实践性。布迪厄（Bourdieu）指出，关涉“实践”的一个必要条件是“改变所有业已获得的行为倾向，尤其意味着要牺牲通常与思考、逻辑和理论这类被用来抵制

‘普通’思维方式的‘高尚’活动相关的一切”[175]。其意表明，教研行动是以中小学体育教研员自身的明显变化为条件，既而影响其他以一线体育教师为主的活动，中小学体育教研行动的关键是拥有“改变所有业已获得的行为倾向”的能力，中小学体育教研行动的内在机制和伦理向度是“正人先正己”，从中生成解决体育教研过程中所出现各类问题的方法或策略。对于中小学体育教研员，如果期待体育教研工作的内容和方式发生某些转变，前提就是自身的言行方式发生理性变化，这是中小学体育教研行动得以顺畅发生并产生深刻影响的先决条件，也是推动体育教研发生预期改变的重要契机。

因此，中小学体育教研员要以形成实践理性为要义助推胜任力的发展。首先，要完成从对基本理论和观念的认识到对体育教研实际应用理论和观念的认识的转变，不仅限于操作层面，还有手段、方式、策略等。其次，要善于汲取他人的教研实践经验和实践智慧，收集典型案例，总结典型经验，全方位地提升自身的胜任力水平。最后，要准确把握中小学体育教研员胜任力发展的性质和形式，深刻认识到体育教研活动奠基于教学的生活本性，中小学体育教研员胜任力的发展，应该从提高认知水平和提升内在品质出发，而不是局限于狭义的一般性发展。

6.1.2 中小学体育教研员胜任力发展制约的外在解决策略

6.1.2.1 明确中小学体育教研员的岗位职能和工作定位

清晰而明确的工作职能定位对中小学体育教研员尤为重要，它决定着中小学体育教研群体的专业属性、工作方向、边界责任及职业价值等[176]。教育部最新颁发的《教研工作意见》强调了我国基础教育教研工作要起到服务学校教育、引领课程建设、提高教育教学质量、服务教师专业发展、研判学生学习与成长规律的作用，助力全面发展，提升科学化服务水平。教研工作已被确立为基础教育深化发展中不可替代的专业支撑，现在需要我们去解决的关键问题及首要工作内容就是从学校教学、教师成长、学生发展、教育管理等四个方面进行服务及引领。

由此而言，中小学体育教研员必须明晰自身的工作定位和岗位职能，即中小学体育教研员要具有复合型、综合化的岗位职能：对于基层中小学校而言，其群体是学校体育发展与改革的指导员；对于中小学一线体育教师而言，其群体是专业发展与提高的引领员；对于千万中小学生而言，其群体是助力成长与成才的保障员；对于体育或教育行政部门而言，其群体是制度制定与实施的参谋员。更进一步地讲，在这基础教育教研工作“四个服务”的任务要求之中，服务学校体育教育教学的要求在于帮助中小学一线体育教师提升体育学科综合育人的意识和理论实践能力；服务学生全面发展的要求在于对中小学生进行深入分析与研究，帮助中小学生提升个人综合素质和体育核心素养；服务体育或教育管理决策的要求在于能够针对现实问题，分析、归纳和总结出高质量的研究转化成果。因此，对中小学体育教研员的工作定位和专业职能可以进一步地概括为“研究”“指导”和“服务”三个方面。研究是从体育课堂教学的微观操作出发，直面真实的体育教育教学问题的教学研究职能，主要包括体育与健康理论教学研究、实践教学研究等；指导是从推动学校体育内涵式、高质量发展的角度，思考学校体育教育教学的最佳路径，助力基础教育阶段学校体育的改革与创新的指导引领职能；服务是为教育或体育行政部门能够科学合理地制定指导性文件献计献策，发挥中小学体育教研员的智慧，服务基础教育。

另外，还要根据我国省、市、区（县）三级教研工作体系，进一步明确各级中小学体育教研机构和各级中小学体育教研员的岗位职能和工作定位。具体而言，应根据省、市、区（县）的优势确定相应的职能及工作定位。省级中小学体育教研员负责统筹规划本省的整体体育教研工作内容、组织水平高和质量高的教研活动、策划有针对性的项目、搭建交流平台，为建设优秀的体育学科队伍而服务，引领全省体育教研的工作方向和工作目标。同时，还要在教育或体育行政部门的领导下，规划制订并推进实施省域体育课程教学改革方案，组织开展体育实践研究、体育教学评价活动和优质体育课程开发，统筹、协调和指导省域体育教研工作。市级中小学体育教研员主要承担自己所在辖区的体育教研工作，为建设区（县）的中小学体育教研队伍以及促进各教研员工作交流服务，力求做到培育、总结和推广优秀体育教学成果和经验。区（县）级中小学体育教研员可重点对初中和小学开展定向的专业指导、服务和研究，同时可进一步扩展教研工作内容，对乡镇一些教研机构以及教师团队进行工作内容的指导，要用体育教学研究与指导滋养中小学一线体育教师专业发展的全过程，避免将体育教师专业成长片面地、简单地理解为理论提升或技能精进或教学成果的简单呈现。

6.1.2.2 完善中小学体育教研员的专业制度和具体要求

中小学体育教研员作为一线体育教师队伍的“先锋官”和“指挥员”，截至目前并没有出台相应的专业制度和具体要求，究竟什么人能成为中小学的体育教研员？他们应该具备什么能力及素养？如何针对中小学体育教研员进行相对客观的考核与评价？怎样组织和引导中小学体育教研员培训进而促进其胜任力提升？一直以来并没有形成一个规范且明确的标准和尺度[177]。

在教育部最新颁发的《教研工作意见》中从政治素质过硬、事业心责任感强、教育观念正确、教研能力较强、职业道德良好五个方面对教研员的专业标准统一性地进行了比较宏观的规定。具体而言，想要成为一名教研员，需要具备深厚的理论功底，丰富的教育教学经验，多年（6年以上）的教育教学经历，中级以上职称，教育教学成绩优异。可以得知，中小学体育教研员也应当和广大基础教育教研队伍一样，是从一线优秀体育教师中遴选而来，但当前不适合继续从事体育教研工作的中小学体育教研员也不乏其人，应当以“专业人做专业事”的行动思维，保证中小学体育教研工作的质量与成效。同时，《教研工作意见》还要求：“建立专职教研员定期到中小学任教制度，教研员在岗工作满5年后，原则上要到中小学校从事1学年以上教育教学工作。”从这一要求上可以看出，保持敏感的时代意识，深入一线从事体育教学，是帮助中小学体育教研员时刻保持对一线体育教学实际掌握和理解的重要且关键的途径，这样的方式有助于中小学体育教研员避免长期脱离体育教育教学工作而发生“纸上谈兵”和“坐而论道”的情况。

此外，《教研工作意见》指出：“省、市、县级教育行政部门要建立教研员全员培训制度，每位教研员每年接受不少于72课时的培训。”但现实情况是，2010年至今，国家各级教育行政部门虽然都加强了国家级、省级、市级和区（县）级中小学体育教师的各项培训工作，但是在这些培训中，很少有针对中小学体育教研员的专业培训，甚至有一些市级、区（县）级体育教研员很少有参加专业培训的机会，自身的胜任力提升受到了极大的限制和影响。同时考虑到教研机构编制数量的现实难点，《教研工作意见》还特别指出，各级教研机构可聘请兼职教研员，但兼职中小学体育教研员因考核标准不清晰，激励机制不健全，往往呈现出实际的工作成效不显著。这就需要进一步划清权利边界和进一步明确职责，以激励兼职中小学体育教研员的内生动力和专业自觉。

具体操作可包括：第一，建立中小学体育教研员资格认证制度。中小学体育教研员要履行好岗位工作职责，就必须具备与其体育教研职能定位相一致的胜任力，如果中小学体育教研员准入标准“零门槛”，就难以保证体育教研员队伍的整体素养和水平。中小学体育教研员资格认证可以参考中小学体育教师资格认证的相关程序，并结合体育教研工作的特点进行完善，可划分为申请、审核、认定和复评四个依次衔接的闭环。申请主要是指鼓励符合条件与要求的中小学一线体育教师积极申报，教育相关部门以胜任力关键要素为参照，并在此基础上，对符合条件者进行资格认定。此外，对已具备条件的中小学体育教研员还需进行定期的复评，以期更好地动态监督中小学体育教研员的专业胜任能力。第二，建立中小学体育教研员专门性的考评机制。中小学体育教研员因其特殊性，需要建立一个单独的考评体系，以便更好地提高考评的针对性和科学性。此外，还需要进一步为中小学体育教研员减轻负担，给予其更多的可以自由支配的时间，鼓励他们走进中小学校，走进体育课堂，扎根体育教学一线，只有将中小学体育教研员的工作置于针对性的评价机制中，才能有效地促进其职能的高质量履行和胜任力的进一步增强。第三，建立中小学体育教研员培训体系。完善的培训体系是提高中小学体育教研员胜任力的关键途径和重要载体，尤其是对身处区（县）级的中小学体育教研员，他们所处教育教学条件、可获取信息的方式和提升自我的渠道十分有限。因此，建立有针对性和实效性的培训体系，有助于第一时间更新其教研理念及指导方法，高效提升其胜任力水平。

6.1.2.3 健全中小学体育教研员的保障机制和督导评估

有研究指出，教研转型主要发生在教研工作保障较好的地区，那些教研工作生机勃勃、教研卓有成效的地区，教育主管部门对教研工作的认识比较到位，教研工作的经费投入比较充足，教研员的胜任力水平较高；与之相反，那些教研员编制不足、人员紧张、经费受限、条件较差、教研资源匮乏的地区，教研工作的开展往往异常困难，教研员的胜任力水平较差[178]。这也说明，中小学体育教研员的专业发展和胜任力提升既离不开专业的管理体系，也离不开经费和编制的全面保障。从上述现象学研究对中小学体育教研员胜任力提升制约因素的考察中同样发现，当前中小学体育教研员在人员编制、经费待遇、组织领导均存在问题。

教育部最新颁发的《教研工作意见》指出："各地教育行政部门要高度重视教研工作，将其摆在更加突出的重要位置，切实加强工作指导，确保教研工作正确方向，及时研究解决教研工作中遇到的困难和问题，保障教研工作有效开展。"所以在未来的保障体系建设当中：一是各级政府部门和教育主管部门要高度重视中小学体育教研工作，保障中小学体育教研工作开展的各项条件，不断加大加强对中小学体育教研经费的支持力度，鼓励各地设立专项体育教研经费，从而为体育教研机构开展中小学体育教研活动、一线体育教师培训、体育学术座谈交流等业务提供必要的经费支持；二是应参照国内外优秀成果经验，结合我国各级体育教研机构实际，研制出台体育教研机构发展基本规范条例，以此作为教育和体育行政部门保障中小学体育教研工作条件、进行体育教研机构建设的依据；三是要自上而下地明确中小学体育教研员的教学研究，以及教学指导的各项工作制度和工作内容，将中小学体育教研员定期到基层学校开展体育教育研究与体育教学指导作为其基本职责加以明确性说明，采用制度性文件对体育行政部门及中小学体育教研员的平时工作进行规范。

此外，为有效引导各级政府部门和教育主管部门对中小学体育教研工作的重视，还需要强化督导评估，通过督导评估的形式进一步推动各级政府部门和教育主管部门对中小学体育教研工作的组织保障。《教研工作意见》中指出，教研工作要变成地方人民政府履行教育职责的重要内容，各地方教育监督部门需将教研工作加入监督评估体系中，工作重点在于监督评价其工作方向、队伍建设、机构设置、条件保障以及工作实效等方面。加强监督评价结果的应用，将评价结果当作评判各地方政府部门是否履行教育职责以及对教研员、教研机构进行绩效奖励、评奖评优等多方面考察的主要依据。然而，长期以来，中小学体育教研工作方面缺乏针对性的督导评估，各级政府部门和教育行政主管部门对体育教研机构的建设缺乏有效的监督和监管，并未将其督导评估工作作为政府部门和教育行政主管部门工作绩效的考核内容。从而使体育教研机构是否把握了正确的目标方向，是否建立了合理的组织结构，是否打造了高水平的中小学体育教研员队伍，是否拥有了优良的中小学体育教研工作条件，是否对基础教育阶段学校体育质量的提升发挥了积极作用，都没有得到明晰的解答。通过对中小学体育教研员关键要素的有效运用，能够把这些问题变得更加清晰和明确，从而保障中小学体育教研工作的高效开展，保障中小学体育教研员胜任力的不断提升。

6.1.3　小结

以破解中小学体育教研员胜任力发展的内外制约因素为目标取向，立足《教研工作意见》对中小学体育教研员胜任力发展的策略进行针对性构建，认为中小学体育教研员胜任力发展制约的内在解决策略包括提高中小学体育教研员胜任力发展的价值认同；促进中小学体育教研员胜任力发展的专业自觉；形成中小学体育教研员胜任力发展的实践理性。中小学体育教研员胜任力发展制约的外在解决策略包括明确中小学体育教研员的岗位职能和工作定位；完善中小学体育教研员的专业制度和具体要求；健全中小学体育教研员的保障机制和督导评估。

6.2　中小学体育教研员胜任力关键要素的运用展望

中小学体育教研员是我国基础教育阶段学校体育的保障员、督导员与领航员，是撬动新时代学校体育改革与发展的杠杆支点。但在以往的中小学体育教研队伍建设中，选拔难、培养难、考核难、评价难、管理难一直是难点问题，这在很大程度上制约了中小学体育教研员胜任力的提升。由此，转变中小学体育教研发展思路，切实解决中小学体育教研员队伍建设难题，成为一项紧迫的时代任务。

中小学体育教研员胜任力关键要素，作为中小学体育教研员能否有效胜任体育教研工作的深层特质，能够为破解体育教研队伍建设困境和扭转不科学的教育评价导向提供新思路。基于胜任力关键要素的中小学体育教研员遴选准入，可以通过他评的方式，提高“人才筛选”的精准性与成功率，为“选对人”提供客观化依据，使中小学体育教研员的人才选拔机制更加科学合理；基于胜任力关键要素的中小学体育教研员专业发展，能够以自评和他评相结合的方式，获得清晰明确的专业培训内容，形成针对性的需求诊断，制订指向性的发展路径，进而帮助教研员个体完善职业素养上的不足；基于胜任力关键要素的中小学体育教研员考核评价，可以通过他评的方式，弥补业绩导向考核的直观片面性，从而达到综合化、全面性、激励式的量化评价，其基本思路如图 6–1 所示。本节将遵循以下思路，详细讨论中小学体育教研员胜任力关键要素在体育教研队伍遴选准入、专业培训、考核评价中的运用。

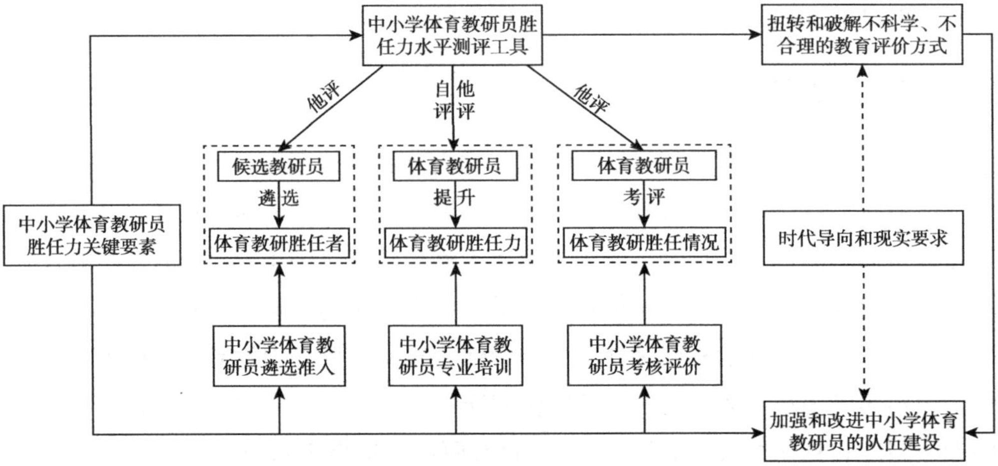

图 6-1　中小学体育教研员胜任力关键要素的运用展望示意图

6.2.1　基于胜任力关键要素的中小学体育教研员遴选准入

6.2.1.1　特点与优势

在人力资源管理中运用胜任力视野会使人才选拔机制更加科学、合理[179]。目前来看，胜任力研究成果的应用领域也主要集中于人员的招聘和甄选上[180]。本研究将识别的中小学体育教研员胜任力关键要素运用于基础教育阶段学校体育教研队伍建设，能够在人才选拔上更有利于遴选出更多高素质、专业化的中小学体育教研人才，提高基础教育阶段学校体育教研队伍的业务能力和综合素质，这为日后建立现代化的育人体系打下了坚实的基础。同时，引入竞争机制还能促进中小学体育教研队伍的更新与流动，提高中小学体育教研员的忧患意识，激发其进取精神。

知识学历、技术职称、教学时限是选拔中小学体育教研员的重要参考指标，这些指标虽然能够让中小学体育教研员的选拔程序更具公开性、竞争性和公平性，但在中小学体育教研员选拔质量上依然存在一定的不合理性，而中小学体育教研员胜任力关键要素的运用能够有效解决这一难题。

第一，中小学体育教研员胜任力关键要素的运用可以对其所在岗位进行深度的了解和分析。在传统的中小学体育教研员工作岗位分析中，工作组成要素往往是研究者比较关注的部分，而基于胜任力关键要素的分析，被分析者的行为及特征是要关注的重点。为此，基于中小学体育教研员胜任力关键要素制定的岗位选拔标准，既有利于中小学体育教研员选拔的精准性，也有利于中小学体育教研梯队的建设。

第二，中小学体育教研员胜任力关键要素的运用更注重综合性的选贤举能。目前，我国中小学体育教研员的选拔大多是根据岗位的实际需要来设置的，选拔制度对被选拔者的要求缺乏综合性考察[181]。学历、职称对于是否适合担任中小学体育教研职业并非决定性因素，这些相对简化的标准无法真实地考量一个人的能力。因此，许多思想政治过硬，业务能力突出的一线体育教师无法充实到中小学体育教研队伍之中。而中小学体育教研员胜任力关键要素的运用则注重综合性，打破以往较为单一的资格准入限制，合理解决遴选中所存在的诸弊端，有利于优秀人才的吸纳。中小学体育教研员胜任力关键要素详细划分了胜任体育教研工作所应具备的能力、素养和特质，为日后胜任力水平的全面提升提供了有力支撑。

6.2.1.2　程序与操作

教育部出台的《教研工作意见》统一性地提出，“原则上应有 6 年以上教学工作经历，具有中级以上教师专业技术职称，在教育教学上取得优异成绩”者才能担任教研员。此要求虽然体现了民主、公平的原则，但缺少更加综合的考量和认识，缺失了客观性评价，导致了在遴选准入中出现了不太合适的入职者。为应对这种宽泛的传统选拔标准，中小学体育教研领域亟须创建一种新的遴选机制，而中小学体育教研员胜任力关键要素在很大意义上提供了十分有价值的依据，在选拔优秀的中小学体育教研员中发挥了积极作用。该关键要素在具体运用时，主要起到标准评价作用，即评价候选者是否具有了以后胜任中小学体育教研工作的能力，具体操作方法是比较拟聘中小学体育教研员的胜任水平与各关键要素的关系，如果匹配则所遴选的人员视为合格人才，反之则相反。其具体操作程序如图 6–2 所示。

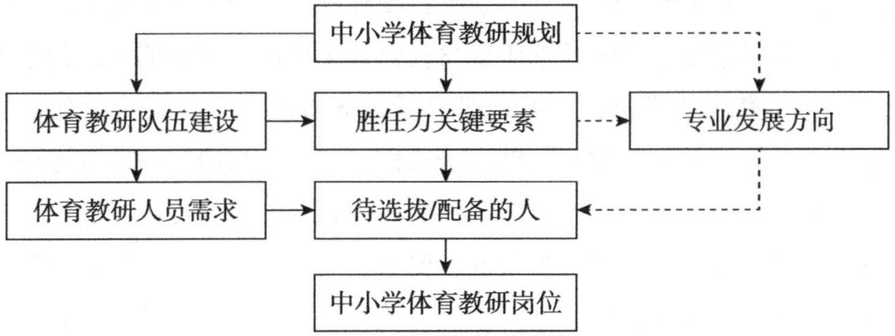

图 6–2　基于胜任力关键要素的中小学体育教研员遴选准入程序示意图

首先，依据中小学体育教研员胜任力关键要素，确立最低任职专业标准。通过对中小学体育教研员胜任力的需求分析，设立针对体育教研职位的标准，确定任职资格应参照中小学体育教研员胜任力关键要素，相关人员在入职中小学体育教研岗位时应符合胜任力要求。

其次，成立中小学体育教研员候选者考评组。考评组由相关的体育或教育行政部门和体育教研领域的专家及相关权威人员组成，考评组依据候选者的胜任力要素，对候选者的显性、隐性能力及个人特质进行综合性评价。

再次，确定最终考评结果。考评组将候选者当前所具备的体育教研胜任水平，通过与中小学体育教研员胜任力关键要素进行比较，得出其与胜任力关键要素的匹配程度，并按照降序的原则进行排列和筛选，根据评定结果从高到低择优录用。

最后，验证选拔结果的效力。候选者成功入职后，还要对其在中小学体育教研岗位上的日常表现和工作绩效进行定期和不定期的跟踪调查，并与胜任力关键要素进行比对，如契合度高，就说明遴选成功，如契合度低，则说明遴选失败。同时，这一过程也可反向验证中小学体育教研员胜任力关键要素的有效性。

6.2.1.3 策略与建议

承上所言，本研究所识别的胜任力关键要素在中小学体育教研员遴选中较之传统做法具有明显优势，但在中小学体育教研队伍建设中任何一种选拔方式都有其自身的局限性，为了更好地将胜任力关键要素运用到中小学体育教研员选拔准入的过程之中，主要提出以下几点建议。

- 转变观念，注重要素的应用

当前，随着《〈体育与健康〉教学改革指导纲要（试行）》的颁布，社会各界对基础教育阶段学校体育的教学质量与教育效果提出了更高要求，促使中小学体育教研工作不断加快推进，更好地带动学校体育教学工作取得更加优异的成绩。做好中小学体育教研工作的关键在于选拔出“善教擅研”的体育教研专门人才，所以采取科学的、合理的人才选用标准和模式改变当前传统的、刻板的中小学体育教研员遴选方式就显得尤为关键。要做到这一点，首要前提就是树立在中小学体育教研队伍建设和管理中依据胜任力关键要素选拔和培训体育教研人员的理念。教研部门可依据胜任力要素制订切实可行的实施方案，以理论宣传为先导，综合评价为准绳，使具有政治思想过硬，业务能力突出的一线体育教师全方位地了解和把握中小学体育教研员关键要素内涵，积极由岗位转变到观念转变，再到角色转变，正视中小学体育教研员的职责，履行教研员的任务，真正有序地配合各项工作开展。

● 加大投入，提高运用的效度

中小学体育教研员胜任力关键要素的运用是一个不断反馈、矫正和完善的过程，必须做好长远打算，充足的人力、财力、物力投入是保证关键要素运用的基础。从人力上看，中小学体育教研员胜任力关键要素的运用是一个专业程度较高的实践过程，每一个环节均需专业的人员参与，需要权威专家和专业学者的全程加入，保证胜任力关键要素运用的有效性。同时，还要重视自身造血功能的建设，要在中小学体育教研队伍中培养出体育教研员胜任力理论研究的专家，任命优秀的中小学体育教研员担任组长，以此保证这一工作的顺利进行。另外，胜任力关键要素运用在中小学体育教研员选拔聘入，需要教育行政部门的支持和在时间、人力、财力等方面的大量投入，而从财力和物力支持上看，各教师进修学校、教科所等应发挥关键作用。只有这样，才能确保中小学体育教研员胜任力关键要素在选拔和调整体育教研人员中起到真正的作用。

● 循序渐进，立足工作的实际

中小学体育教研员胜任力关键要素的使用应逐步推进，需要选择某个或某几个区域作为试点，在深入论证和总结经验的基础上，全面开展中小学体育教研员胜任力关键要素的运用。以点连线，进而开拓成面，不仅能够积累经验、节约成本，更能够避免其在推广和运用过程中可能出现的某些问题，从而使教育行政部门避免因失误而处于被动。中小学体育教研员的选拔标准主要包括个人特质、教研成就、教研知识、指导能力、组织协调五个维度，不同类型、不同层级的中小学体育教研员在这五方面的要求和工作侧重点不尽相同。例如，省级中小学体育教研员最突出的工作是服务政府决策和教育科研课题研究，市、区（县）级中小学体育教研员重心逐渐下移，针对组织开展一些基层学校的相关体育教研活动都是由区（县）级中小学体育教研员负责的。所以，应该一切从实际出发，具体岗位具体分析，以实际工作中的职能为基础对中小学体育教研员胜任力各个要素进行赋权，只有这样才能保证胜任力关键要素科学地运用。

● 保持张力，寻求动静的平衡

由于本研究所识别的中小学体育教研员胜任力关键要素仍处于试用验证阶段，在主客观条件的限制下，某些方面或许还存在一定的使用局限，这就要求在实际的胜任力关键要素运用中考虑以下三方面：一是谨慎使用，要根据实际需要决定是否有运用中小学体育教研员胜任力关键要素的必要，如在中小学体育教研员遴选准入、专业发展和考核评价中该要素能够提供较大的帮助，而在体育教研队伍建设的其他方面就需要认真权衡；二是动态管理，历史的发展总是具有局限性，在阶段性的发展中，中小学体育教研员所承担的角色和责任也会产生一定的变化，这就要求不能有一劳永逸的心理，要根据社会经济及基础教育的变化对中小学校体育教研员胜任力关键要素及时地做出完善；三是验证调整，正如前文所强调，本研究所识别的中小学体育教研员胜任力关键要素仍处于试用验证阶段，是否存在瑕疵和能否直接运用，还需要通过长时间的跟踪调查。

6.2.2 基于胜任力关键要素的中小学体育教研员专业培训

6.2.2.1 特点与优势

体育教研工作在中小学中是保障基础教育阶段学校体育质量的重要支撑，体育教研员在中小学体育发展进程中处于重要角色，在推进课程改革、指导教师实践、促进教师发展、参与教育决策等方面发挥着重要作用[182]。加强体育教研专业培训可以有效提高中小学体育教研员的教研能力和指导水平，而中小学体育教研员胜任力关键要素为其专业培训提供了新的依据，使培训工作更加高效。

体育教研队伍的专业能力培训尤为重要，原因在于中小学体育教研员的工作安排、薪酬待遇以及职业发展都是根据其所具备的专业水平来决定的。与传统的专业培训方式不同，中小学体育教研员的专业培训是依照胜任力中的各关键要素，以及其所应承担的特定职能和职业能力进行的针对性培养。教研机构基于胜任力关键要素的培训能够为教研员量身定做培训计划和培训内容，有针对性地帮助中小学体育教研员弥补自身短板和不足，还可以极大程度地杜绝和避免不合理的培训开支，提高专业培训的成效。具言之，通过中小学体育教研员胜任力关键要素的“丈量”，某些中小学体育教研员具备的水平一目了然。因此，对专业培训工作有以下四点考虑。

一是增强中小学体育教研员专业培训的针对性。以往的体育教研培训工作存在培训目的不明确、培训内容不聚焦、培训手段不多样等问题，未充分考虑每一位中小学体育教研员的个性化需求，造成了培训工作针对性不强、培训效率低下等问题[183]。引入中小学体育教研员胜任力概念及其关键要素后，中小学体育教研员通过与之对照明确自身优势与不足，进而能够使其明晰专业发展目标和方向，合理地制订出满足个人需要、更具有针对性的培训方案，提高专业培训质量。

二是提升中小学体育教研员隐性胜任特质。现今中小学体育教研队伍中人浮于事、拖拉懒散的工作现象较为突出[184]，究其原因，主要在于传统的专业培训工作过于看重知识学习，而忽视大局意识、服务意识、敬业态度的培养，缺少精神层面的正向引领，致使许多中小学体育教研员的工作意识、工作动机和工作态度不够端正。通过对胜任力关键要素的有效运用，可以将不受重视的隐性特质，如动机、态度、价值观逐步显性化，这有利于体育教研员的胜任力水平提升。

三是提高中小学体育教研员的组织协调水平。中小学体育教研员是活跃于基础教育阶段学校体育领域的“服务员”和“沟通员”，对维持学校体育教育教学秩序负有重要责任。以往的培训工作，往往是按部就班式的、闭塞式的，对于组织协调等方面的能力关注较少，而基于胜任力关键要素的中小学体育教研员专业培训对于组织和沟通提出了新的要求，不仅注重知识、技能和理论，而且将关注人际沟通、团队合作、活动设计等内容，这将有利于实现中小学体育教研活动的有效性，保障中小学体育教研任务的完成性。

四是加深中小学体育教研员对自身的了解。只有认识自己，才能成为更好的自己。中小学体育教研员以胜任力关键要素为参照，反观自身体育教研的能力和水平，能够加深其对于自身工作的把握，进而帮助其实现自我管理和职业规划。基于胜任力关键要素的中小学体育教研员专业培训不但可以使体育教研员实现自我评价，还可以提高其对体育教研工作特性的深入了解，进而实现职业定位与自身能力的对接，提高其适应发展的能力。

6.2.2.2 程序与操作

基于胜任力关键要素的中小学体育教研员专业培训的基本程序分为专业培训的需求分析、培训计划的编制与实施、专业培训效果评价三个环节。需要注意的是，以上各阶段和环节之间并不是孤立地存在，而是相互影响、相互反馈和相互矫正，在中小学体育教研员专业培训过程中应当依据发展和培训的效果不断调整各阶段的内容，从而提高专业培训成效。

● 专业培训的需求分析

中小学体育教研员的专业培训需求分析是在培训活动之前，由行政部门、培训机构和主管人员等采取各种调研方式对中小学体育教研员的胜任力水平及专业培训愿望等进行系统调查，以此来确定下一步的培训计划。在基于胜任力关键要素的专业培训中，该要素体系为培训需求的把握提供了参照标准，需求分析阶段是确定是否对中小学体育教研员进行培训和培训哪些内容的过程。从系统论观点来讲，培训设计、实施与评价等环节均要以需求分析的信息为前提条件。其专业培训的需求分析程序如图 6–3 所示。

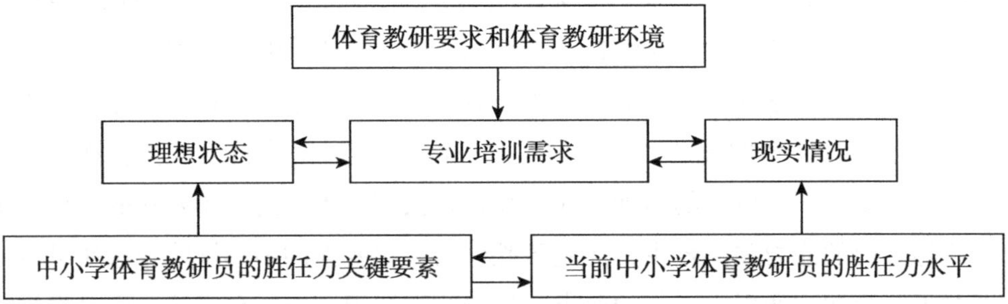

图 6–3　基于胜任力关键要素的中小学体育教研员专业培训的需求分析程序

需要注意的是，中小学体育教研员胜任力关键要素在具体参考执行时，一方面应将教研知识能力、运动技术水平、业务指导能力和组织协调能力等综合要素全部纳入培训内容，以强化培训的指向性；另一方面，还要分析受训对象当前胜任力的薄弱环节并研判出其负面影响，进一步根据实际的专业培训需求和专业标准实时地调整培训的计划、内容及顺序。

● 培训计划的编制与实施

在对专业培训需求充分分析后即可进入培训计划的编制与实施。根据培训计划制订要求，提高过程管理质量，培训内容要持续更新。特别是注重理论指导实践与实践检验理论的双向联系，所用即所学；更是要对培训内容进行及时调整，采用多种技术、多种方法和多种手段通过泛在技术，在整体上提升中小学体育教研员的胜任力水平。其培训计划的编制与实施程序如图 6–4 所示。

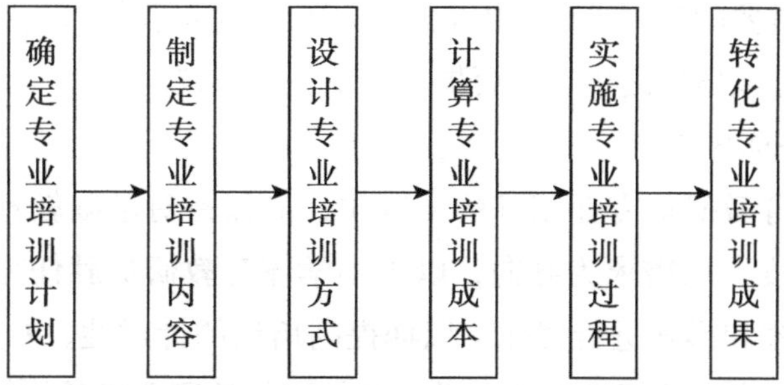

图 6-4 基于胜任力关键要素的中小学体育教研员培训计划的编制与实施程序

● 专业培训效果评价

专业培训效果评价对中小学体育教研员专业发展程序至关重要，它不仅能对整体专业培训活动开展效果进行总结与评价，还能为下一次专业培训需求分析提供重要的反馈信息。专业培训效果评价要经过系列考评研判出中小学体育教研员的胜任力水平是否真正得到了提升。在专业培训后的日常工作中，中小学体育教研员应当参照胜任力关键要素进行自评，若发现不足应及时制订提升计划，不断提高自身胜任力水平。专业培训效果评价作为中小学体育教研员胜任力提升的一个重要工作，其本身需要遵循一定的工作流程，包含得出培训后的评估决定，拟订培训评价计划，对评价数据进行搜集、整合、解析及编撰评估报告内容等。其专业培训效果评价程序如图 6-5 所示。

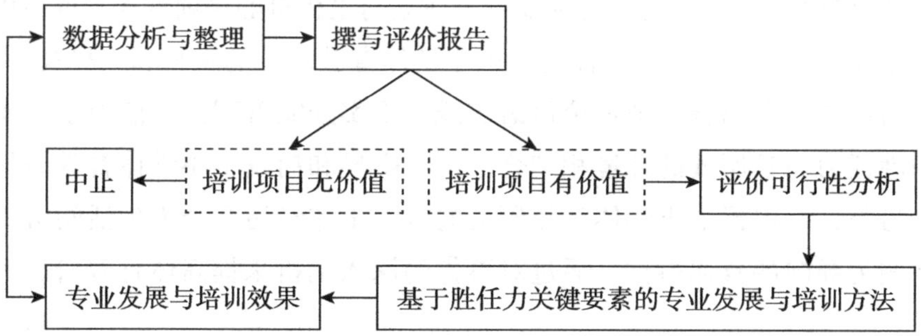

图 6-5 基于胜任力关键要素的中小学体育教研员专业培训效果评价程序

6.2.2.3 策略与建议

据上所言，中小学体育教研员胜任力关键要素运用于体育教研员专业培训之中能够为体育教研员量身定做培训计划和培训内容，有的放矢地解决培训重点和培训难点，具有重要的参考价值。因此，为了更好地将胜任力关键要素运用到中小学体育教研员专业培训之中，主要提出以下三点建议。

● 改进专业培训内容

在中小学体育教研员专业培训的内容中，应保持对基础教育学校体育改革与发展的高敏感度，以需求为导向，以中小学体育教研员胜任力关键要素为基准，对培训的内容和形式进行优化，以期提高培训的针对性、专业性和实效性。同时，专业的培训内容善于把握中小学体育教研员的职业成长规律，以体育教研员个人需求和时代需求为前提施策施教。应根据中小学体育教研员岗位职责的需求，在专业培训中坚持对理论与实践、焦点与热点、重点与难点进行专题讲解、特色教学。要将培训内容与基础教育阶段学校体育发展实际紧密结合，重点培养广大中小学体育教研员的创新思维，用人类文明成果和现代科学知识指导并推动体育教研工作的跨越式进步。

● 完善专业培训方式

专业培训方式作为中小学体育教研员胜任力提升的关键，注重对培训方式的改进与优化，要形成多方位、多层次、重质量、重实效的专业培训模式。首先，深入把握培训对象的个性特征，在对其充分了解的基础上实现互动式培训，通过案例分析、情景体验、互动研究等形式，增强中小学体育教研员自主参与度，使其成为专业培训的主导者。其次，提高中小学体育教研员捕捉问题、分析问题与解决问题的能力，以提高胜任力为要旨，建立与之相符的培训方式，可在培训中进行实务操作、专题探讨，进而提升中小学体育教研员的视野和大局观。最后，强调学与用的双向结合，把理论付诸实践，用实践完善理论，使中小学体育教研员的胜任力与其所处的环境相契合，进而引导和启发中小学体育教研员深度思考。另外，可根据中小学体育教研员的实际工作经历和个人生活阅历，设计出以问题为导向的具体事件，通过对事件的深入剖析来提高体育教研员的胜任力水平。

● 创新专业培训机制

一是创造提高中小学体育教研员胜任力水平的激励和管束机制。由教育行政主管部门精准布局，业务行政部门利用最新的信息科学技术，规划并建设中小学体育教研员智能化专业培训平台，积极调动中小学体育教研员专业发展与学习的主动参与性。二是建立专业岗位培训的追踪考察机制。主要通过为中小学体育教研员建立跟踪考查档案，实时了解参训人员在学习后的综合表现，重反思、补短板，及时改进和优化培训计划和内容，提高专业培训质量。三是建立专业培训的评价机制。依托中小学体育教研员胜任力关键要素制定考核评价指标，通过定期与不定期的动态评价，全面提高中小学体育教研员的胜任力水平。

6.2.3 基于胜任力关键要素的中小学体育教研员考核评价

6.2.3.1 特点与优势

教育部出台的《教研工作意见》中指出，教研工作要变成地方人民政府履行教育职责的重要内容，各地方教育监督部门需将教研工作加入监督评估体系，工作重点在于监督评价其工作方向、队伍建设、机构设置、条件保障以及工作实效等方面。加强监督评价结果的应用，将评价结果当作评判各地方政府部门是否履行教育职责，以及对教研员、教研机构进行绩效奖励、评奖评优等多方面考查的主要依据。可以说，考核评价机制对中小学体育教研员而言，不但影响其价值观念和工作方向，还能对其工作行为产生约束力。当前有关中小学体育教研员考核的评价办法，虽然能够在一定程度上发挥考评的作用，但是尚存局限性，主要表现如下：一是中小学体育教研员工作业绩难以评价，其成绩难以客观呈现，由于缺乏客观深入且能够量化的考核方法，多数考核只是关注显性成果，却往往忽视其潜在的成绩。例如，现有的考核是每年各部门总结定额评优，30% 优秀 +70% 合格，在评优中有时还要考虑职称、年龄等因素，考核结果不是完全真实准确[185]。二是重视终结性的考核评价方式，而忽视过程性和形成性的考核评价方式，造成考核评价趋于形式化和功利化，往往以考核材料和证书的多少作为考核指标，缺乏对考核对象的内心和成长的关注[186]。三是考核评价的激励性不够。例如，个别教师已评上高级职称，缺乏继续上进的动力，缺乏有效区分度的考核影响了一部分中小学体育教研员的工作积极性[187]。

从以上阐述可以看出，在传统的中小学体育教研员考核评价中，一般比较重视考核对象的显性能力，且容易受到某些无关因素的影响与制约，同时重视终结性而忽视过程性评价，这样的考核评价方式将影响中小学体育教研员的工作积极性，无法起到激励和鞭策的作用。而将本研究所识别的中小学体育教研员胜任力关键要素运用到中小学体育教研员的考核评价当中，能够极大地提高对中小学体育教研员评价的全面性、客观性和准确度，既能够起到很好的检查与监督作用，也能够对观念和行为进行正确的引导。

6.2.3.2 程序与操作

建立基于胜任力关键要素的中小学体育教研员考核评价程序，首先需要明确各项关键要素指标的权重，根据不同类型、不同层级的中小学体育教研员要构建不同权重的考核评价办法，继而搜集信息、整合信息，根据实际情况对中小学体育教研员进行考核评价，并将考核评价结果及时反馈给被考核者，从而使被考核者针对性地制定职业发展规划。其考核评价程序如图 6–6 所示。

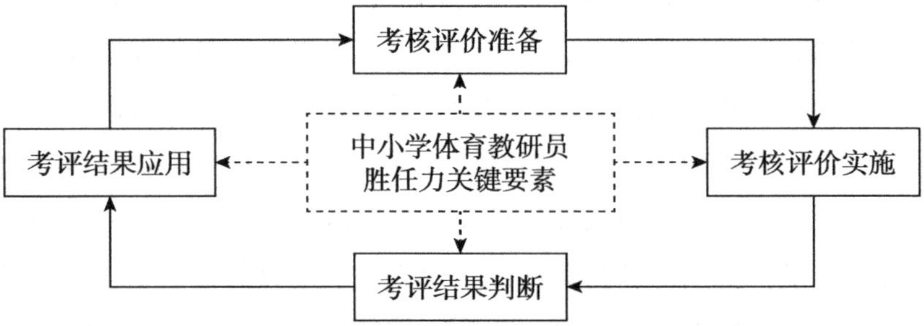

图 6–6 基于胜任力关键要素的中小学体育教研员考核评价程序

首先，基于胜任力关键要素的中小学体育教研员考核评价的准备环节。这一环节的主要任务是确定中小学体育教研员胜任力各项关键要素的权重。在考核开始前要根据省、市、区（县）三级体育教研机构的不同职能定位，确定胜任力每项关键要素和指标的具体权重，并严格依据要素权重进行规范测评。考核评价过程中要对被考核者进行实时观察和监控，并实时记录相关检测数据。

其次，基于胜任力关键要素的中小学体育教研员考核评价的实施环节。这一环节的主要任务是运用民意调查、民主测评、综合评价、个别谈话等方法搜集信息和整合信息，将中小学体育教研员所表现出来的综合能力与中小学体育教研员胜任力关键要素进行对照，真实地反映体育教研员的工作实际，从而全面、客观和准确地对中小学体育教研员进行绩效考核评价。

再次，基于胜任力关键要素的中小学体育教研员考评结果的判断环节。这一环节的主要任务既是对中小学体育教研员的工作价值做出判断，又是对中小学体育教研员胜任力考评系统的完善。在对考评结果做出判断的过程中，要结合新时代基础教育阶段学校体育的重点目标、任务和要求，评价中小学体育教研员的胜任力情况，并在实践中不断检验、总结、调整和完善胜任力评价系统。

最后，基于胜任力关键要素的中小学体育教研员考评结果的应用环节。这一环节的主要任务是将考评结果及时反馈给体育教研员，让其全面比对自身实际表现与胜任力关键要素所存在的差距，从而更加准确、全面地了解自身的实际综合能力和胜任力水平，积极采取最为有效的行动策略针对性提升自身胜任力水平。

6.2.3.3 策略与建议

综上所言，将中小学体育教研员胜任力关键要素运用于体育教研员的考核评价之中，既能够极大程度地提高考核评价的客观性和全面性，也能够起到很好的检查与监督效果，还能够对中小学体育教研员的观念与行为起到正确引导的作用。为了更好地将胜任力关键要素运用到中小学体育教研员考核评价的过程中，主要提出以下四点建议：

- 建立配套的考评制度

基于胜任力关键要素的中小学体育教研员考核评价需要建立健全一套与之相匹配的考核评价制度。中小学体育教研员考核评价制度是体育教研组织或机构内实施考核评价程序的框架性文件，是为了实现科学、公正和务实的考核评价而制定颁发的规范性办法。

- 设置灵活的考评权重

基于胜任力关键要素的中小学体育教研员考核评价制度需要随着基础教育阶段学校体育改革目标和发展状况的时代变化而不断地进行适应性调整。中小学体育教研工作内涵丰富、形式多样，衡量指标多元，不同的运行机制和发展目标需要针对性的考核办法、适应性的评价模式和合理性的指标权重作为支撑。同时，中小学体育教研员考核评价要素权重具有鲜明的导向性功能，能够为中小学体育教研员有效开展业务工作指引方向。

- 强调互补的考评办法

基于胜任力关键要素的中小学体育教研员考核评价方式需要从“定性”逐步过渡到“定量”与“定性”相结合，这是由于体育教研机构和中小学体育教研员在其工作的贡献上并非是直接的，其工作多数是业务流程以外的辅助性工作，其流程主要属于额外的支持和服务类型，工作成果的量化存在一定的难度。传统的考评办法多是个人述职、组织座谈以及领导鉴定等，这种“定性”的评价局限性较大。

- 突出激励的考评价值

基于胜任力关键要素的中小学体育教研员考核评价需要建立以激励为核心、与奖励相挂钩的考核评价体系。要使中小学体育教研队伍保持旺盛的生命力和强大的吸引力，就必须充分调动每一位成员的工作积极性、主动性和创造性，与之相应地，需要在人才选拔、外出培训、职称评聘以及科研立项等方面给予适当性的政策倾斜，使队伍中的每一位成员都能够切身地感受到价值归宿。

6.2.4 小结

中小学体育教研员胜任力关键要素为破解体育教研队伍建设困境提供了新的思路，为中小学体育教研员遴选准入、专业培训、考核评价、完善体育教研体系、提升体育教研成效、改进体育教研生态提供了重要参考依据。但是，在实施过程中需要严格遵循科学程序、合理规范实施流程，并结合基础教育阶段学校体育发展实际统筹规划、通盘考虑，从而使中小学体育教研员胜任力关键要素在体育教研员队伍建设中的应有价值得以真正发挥。

6.3 本章小结

为加强中小学体育教研员队伍建设，提升其胜任力水平，在以上实证调查和制约因素分析的基础上，本章先是构建了中小学体育教研员胜任力发展制约的内外解决策略，继而探讨了胜任力关键要素在中小学体育教研队伍建设中的运用优势及操作建议。首先，研究立足于《教研工作意见》，针对所存在的问题，提出了中小学体育教研员胜任力发展制约的解决策略，内在解决策略包括：提高中小学体育教研员胜任力发展的价值认同，促进中小学体育教研员胜任力发展的专业自觉，形成中小学体育教研员胜任力发展的实践理性；外在解决策略包括：明确中小学体育教研员研究、指导与服务的专业职能和省、市、区（县）级不同的工作定位，完善中小学体育教研员资格准入、考核评价和培训发展的专业制度与具体要求，健全中小学体育教研员组织领导和经费投入的保障机制及具有反馈与推动作用的督导体系。其次，以教研队伍建设难点为导向，以思维转变为突破，进行了中小学体育教研员胜任力关键要素的未来运用展望。最后，认为中小学体育教研员胜任力关键要素可运用于中小学体育教研员遴选准入、专业培训及考核评价等环节，可成为完善体育教研体系、提升体育教研成效、破除不科学教育评价方式的重要参考依据。但需要注意严格遵循科学程序、合理规范实施流程，结合基础教育阶段学校体育发展实际统筹规划、通盘考虑，才能使应有价值得以最大化体现。

CHAPTER 7 结论与展望

7.1 主要结论

①经由中小学体育教研员胜任力关键要素的多元提取与确立，最终识别出个人特质、教研成就、教研知识、指导能力、组织协调 5 个一级要素，身体状态、心理状态、性格特征、服务意识、敬业精神、责任担当、教学成果、学术成果、业内影响力、体育专业知识、体育教学知识、教师教育知识、教学基本功培训、信息化教学、专题教研培训、课题引领、组织教研论坛、网络教研、打造学习共同体、上传下达、统筹协调、活动策划、计划执行、组织管控 24 个二级要素。在二级要素中，身体状态、心理状态与性格特征是中小学体育教研员胜任力的基础，服务意识、敬业精神、责任担当是内化，教学成果、学术成果、业内影响力是外显，体育专业知识、体育教学知识与教师教育知识是内核，教学基本功培训、信息化教学、专题教研培训、课题引领、组织教研论坛、网络教研、打造学习共同体、上传下达、统筹协调、活动策划、计划执行、组织管控是胜任力的载体。

②在中小学体育教研员胜任力关键要素的理论内涵与逻辑关系之中，个人特质作为胜任力的驱动力，是中小学体育教研员在教研过程中所表现出的认知、态度、意识、能力等稳定性心理特征和行为倾向；教研成就作为胜任力的贡献力，是中小学体育教研员在体育教研领域所取得的成绩、获得的荣誉和具有的影响力；指导能力作为胜任力的生命力，是中小学体育教研员能够指导或帮助体育教师发现、分析和解决学校体育教学问题，并针对体育教师实际进行科学评价和提

出改进建议的基础需要；教研知识作为胜任力的支撑力，是中小学体育教研员从事体育教研工作所需的原理性、概念性、程序性等系统化的知识体系；组织协调作为胜任力的保障力，是中小学体育教研员为实现体育教研活动的有效性，保障体育教研任务的完成性，所表现出来的沟通、策划、协作、管理的综合能力。

③通过对中小学体育教研员胜任力关键要素的应用，发现我国中小学体育教研员胜任力在各维度上均呈现出较高水平，其中个人特质表现最优，教研知识、指导能力、组织协调表现较好，教研成就相对较弱。关键要素具体呈现出男性教研员胜任力总体得分优于女性教研员；年龄≤35岁阶段体育教研员胜任力要素总体得分明显低于其他年龄段；具有0～5年一线教学经验的体育教研员胜任力要素总体得分明显低于其他年限组别，其他年限组别间无显著性差异；学历、职称、教研级别与胜任力要素总体得分呈正相关关系；专职、兼职体育教研员胜任力要素总体得分无显著性差异；不同教研年限的体育教研员胜任力要素总体得分无显著性差异；经济发展快、对外开放程度高、资源配置好的华北地区体育教研员胜任力要素总体得分优于其他地区。

④中小学体育教研员胜任力发展制约的内在解决策略包括：提高中小学体育教研员胜任力发展的价值认同，促进中小学体育教研员胜任力发展的专业自觉，形成中小学体育教研员胜任力发展的实践理性。中小学体育教研员胜任力发展制约的外在解决策略包括：明确中小学体育教研员的岗位职能和工作定位，完善中小学体育教研员的专业制度和具体要求，健全中小学体育教研员的保障机制和督导评估。

⑤中小学体育教研员胜任力关键要素作为个体有效胜任体育教研工作的深层特质，可通过创编测评工具，选择自评和他评方式，运用于中小学体育教研员遴选准入、专业培训、考核评价等环节，为破解不科学教育评价导向下中小学体育教研员选拔难、培养难、发展难、考核难、评价难、管理难等队伍建设难题提供新思路。在具体实践中需紧密结合发展实际、严格遵循科学程序、合理规范实施流程，才能使其价值得以最大化体现。

7.2 研究创新

● 分析对象的选择

体育学科具有独特的学科特征，体育教研员不但需要具备深厚的理论基础、扎实的教学技能，更需要具备精湛的运动技能，这样才能更好地领会、指导体育学科的教育教学。截至目前，关于中小学体育教研员的学术成果甚为罕见。本书立足体育学科特征，以提取与确立中小学体育教研员胜任力关键要素为重点，并在此基础上编制调查表深入剖析中小学体育教研员胜任力现状，且通过现象学描述总结中小学体育教研员胜任力发展的内外在制约因素，进而提出中小学体育教研员胜任力发展的针对性解决策略，体现了分析对象选择的新颖性。

● 研究方法的组合

中小学体育教研员的胜任力具有非常强的综合属性和隐匿属性，在不同环境、不同任务及不同工作目的中存在特征差异，暗含我们对中小学体育教研员胜任力关键要素的识别既要跳出单一常规的研究方式，还要构建多样组合的分析框架。本书立足于胜任力的特征把握，采取文献资料和关键事件访谈收集中小学体育教研员胜任力研究材料，采用计量分析和扎根理论提取中小学体育教研员胜任力关键要素，采用德尔菲法和因子分析确立中小学体育教研员胜任力关键要素。多种研究方法的巧妙结合、多种研究工具的混合运用，凸显关键要素识别的科学意蕴，彰显分析方法的创新价值。

● 研究成果的转换

科学研究史启示我们，束之高阁、无以应用的学术成果终究是水中浮萍，唯有成果与应用融合共进才能真正凸显对社会发展的贡献。也就是说，中小学体育教研员胜任力关键要素的论证探索必须以解决现实问题为根本归宿，中小学体育教研员胜任力关键要素识别与应用的价值蕴含于促进中小学体育教研工作发展之中。本书的研究目的并未止步于提取和确立出科学、客观、全面、准确的中小学体育教研员胜任力关键要素，而是将关键要素识别结果与实践调查相结合，构建出中小学体育教研员胜任力提升及其关键要素运用路径，展现了研究成果转换的创新之处。

7.3 局限与展望

● 资料获取的局限性

文献资料获取的局限性主要体现在对国外研究文献的获取上。教研制度虽为中国特有，但国外 SSCI 和 A&HCI 可能也存在有价值的研究论文。然而，受条件限制，本书对刊登在国外学术平台上的资料获取与搜集较少，尤其是在

“基于文献分析提取中小学体育教研员胜任力关键要素”部分仅分析了国内文献，存在一定的缺憾与不足。这也提示我们下一步的研究工作需要在此方面进行补充和完善。

- 样本选取的局限性

调查样本选取的局限性主要包括两点：一是在对中小学体育教研员胜任力进行调查时采用多阶段抽样方法，共选取1042位中小学体育教研员进行现状分析；二是在对中小学体育教研员胜任力提升的制约因素进行分析时采用目的性抽样方法，共选择20位中小学体育教研员进行观念凝练。如此抽样在样本量上略显不足，仅能在一定程度上佐证本书论点。所以，在未来研究中需要扩大中小学体育教研员样本来源和样本数量，开展更大范围的调查及分析。

- 运用展望的局限性

该内容的局限性主要表现在中小学体育教研员胜任力关键要素运用的展望讨论上，仅仅从中观层面探讨了基于胜任力关键要素的中小学体育教研员队伍建设优势、程序和建议，然而具体落实到实践层面该如何选择要素、如何赋予权重、如何操作落实等未制订出较为详细的方案。因此，今后需要在中小学体育教研员胜任力关键要素的具体运用上进一步细化和完善。

REFERENCES

参考文献

[1]宋萑.论中国教研员作为专业领导者的新角色理论建构[J].教师教育研究，2012，24(1)：18–24.

[2]张贤金，吴新建，叶燕珠.基础教育教研工作存在的问题及改进方向[J].教学与管理，2021(9)：37–39.

[3]教育部.关于加强和改进新时代基础教育教研工作的意见[EB/OL].(2019–11–30)[2021–09–26].http：//www.gov.cn/xinwen/2019–11/30/content–5457117.htm.

[4]教育部.《体育与健康》教学改革指导纲要(试行)[EB/OL].(2021–06–30)[2021–07–30].http：//www.moe.gov.cn/srcsite/A17/moe–938/s3273/202107/t20210721–545885.html.

[5]马杨旭.建设专业化体育教研员队伍“五策略”[J].中国学校体育，2020，39(6)：18–19.

[6]黄镇敏.如何发挥好体育教研员的少数关键作用[J].中国学校体育，2020，39(6)：22–23.

[7]石冰冰.新时代体育教研员的角色定位与工作路径[J].中国学校体育，2020，39(6)：32–33.

[8]陈云川，雷轶.胜任力研究与应用综述及发展趋向[J].科研管理，2004(6)：141–144.

[9]仲理峰，时勘.胜任特征研究的新进展[J].南开管理评论，2003(2)：4–8.

[10]罗生全，孟宪云.教研员胜任力初探[J].教育研究，2017，38(9)：124–131.

[11]赵佳丽，罗生全.中小学教研员胜任力调查研究[J].课程·教材·教法，2020，40(6)：137–143.

[12]罗生全，赵佳丽.教研员胜任力探究：多结构水平模型建构与运用[J].华东师范大学学报(教育科学版)，2021，39(5)：68–84.

[13]方千华，王润斌，徐建华，等.体育学基本理论与学科体系建构：逻辑进路·研究进展与

视域前瞻［J］. 体育科学，2017，37（6）：3–23.
［14］荣昌县教师进修学校“区县教研员专业化发展策略研究”课题组，李先民，申群友，等.“教研员”概念研究［J］. 科学咨询（教育科研），2011（12）：37.
［15］公伟庆，孟祥军. 教研员专业化发展问题及对策［J］. 现代教育科学，2013（10）：85–86.
［16］卢立涛，梁威，沈茜. 我国中小学教研员研究的基本态势分析［J］. 教师教育研究，2013，25（6）：68–73.
［17］曹凯. 体育教研员的专业素养发展探讨［J］. 大连教育学院学报，2018，34（4）：8–9.
［18］侯海燕，张健. 我国中小学体育教学研究的演变及其经验［J］. 体育文化导刊，2013（8）：94–97.
［19］石冰冰. 新时代体育教研员的角色定位与工作路径［J］. 中国学校体育，2020，39（6）：32–33.
［20］王强. 教师胜任力发展模式论［M］. 上海：华东师范大学出版社，2011：2.
［21］时勘. 基于胜任特征模型的人力资源开发［J］. 心理科学进展，2006，14（4）：586–595.
［22］林立杰. 高校教师胜任力研究与应用［M］. 北京：中国物质出版社，2010：8.
［23］SHIPPMAN J S，ASH R A，BATJTSTA M，et al. The Practice of Competency Modeling［J］. Personnel Psychology，2010，53（3）：703–740.
［24］胡蓓，张文辉. 职业胜任力测评［M］. 武汉：华中科技大学出版社，2012：4.
［25］徐建平. 教师胜任力模型与测评研究［D］. 北京：北京师范大学，2004.
［26］MICHEAL，ARMSTRONG，ANGELA BARON.Performance management［M］. London：International Thomson Business，1998：269.
［27］MCCONNELL E A. Competence Vs.Competency［J］. Nursing Management，2001，32（5）：14.
［28］ANNTOINETTE D，LUCIA，RICHARD LEPSINGER. The Art and Science of Competency Models［M］. San Francisco：Jossey–Bassy，1999：5.
［29］顾明远. 中国教育大系——历代教育制度考［M］. 武汉：湖北教育出版社，1994：1973，2171.
［30］沈伟，孙天慈. 中国教研员研究的历史脉络与多重视角［J］. 华东师范大学学报（教育科学版），2021，39（5）：116–129.
［31］何东昌. 中华人民共和国重要教育文献（1949—1975）［C］. 海口：海南出版社，1998：7–8.

[32]中国教育报刊社．各省市教育厅局必须加强教学研究工作［J］．人民教育，1955（11）：17-18.

[33]闫忠宾，李风，王美君．区县教研室职能的历史回顾与实践探索［J］．江苏教育研究，2020（Z5）：4-8.

[34]殷世东，龚宝成．我国基础教育课程结构的变革、经验与反思［J］．河北师范大学学报（教育科学版），2020，22（2）：37-46.

[35]涤生．“文革”中的停课、复课与招生［J］．党史纵横，2005（9）：31-36.

[36]石鸥，李新．新中国60年中小学教材建设之探析［J］．湖南师范大学教育科学学报，2009，8（5）：5-10.

[37]魏曼华．反思大跃进中的“教育革命”［J］．教育学报，2013，9（2）：96-112.

[38]李星云．改革开放40年我国小学数学教材的建设［J］．课程·教材·教法，2018，38（12）：21-26.

[39]龙安邦，余文森．我国基础教育课程改革与发展70年［J］．课程·教材·教法，2019，39（2）：11-18.

[40]刘坚．新世纪课程变革：亲历者的视角［J］．北京大学教育评论，2013，11（4）：2-19；185.

[41]成刚．坚持、完善和发展中国特色基础教育教研制度——《关于加强和改进新时代基础教育教研工作的意见》解读［J］．基础教育课程，2020（1）：21-27.

[42]从立新．沉默的权威——中国基础教育教研组织［M］．北京：教育科学出版社，2011：33.

[43]中共中央，国务院．关于深化教育教学改革全面提高义务教育质量的意见［EB/OL］．（2019-06-23）［2020-10-19］．http：//www.gov.cn/gongbao/content/2019/content_5411564.htm.

[44]国家教委．关于改进和加强教学研究室工作的若干意见［EB/OL］．（1990-06-06）［2020-10-19］．http：//law.lawtime.cn/d529855534949.htm.

[45]刘海燕．教研员的角色定位与发展期待［J］．教育理论与实践，2012，32（14）：27-29.

[46]SERPELL A，FERRADA X.A competency-based model for construction supervisors in developing countries［J］. Personnel Review，2007，36（4）：585-602.

[47]ZEMKE，RON.Job competencies：Can they help you design better training?［J］. Training，1982，19：28-31.

[48]K，A，KENDALL-TACKETT，et al.Impact of sexual abuse on children：a review and synthesis of recent empirical studies［J］. Psychological Bulletin，1993.

[49]FOUAD N A，GRUS C L，HATCHER R L，et al. Competency Benchmarks：A Model for Understanding and Measuring Competence in Professional Psychology Across Training Levels [J]. Training & Education In Professional Psychology，2009，3（4，Suppl）：S5–S26.

[50]王纬虹，代保民. 教研员应注重提升五项能力 [J]. 教育科学论坛，2011（8）：25–26.

[51]刘旭东. 论作为行动者的教研员及专业发展 [J]. 教师发展研究，2019，3（2）：51–57.

[52]刘敏. 区域教师专业能力发展的体系构建与路径选择——以重庆市开州区为例 [J]. 教书育人，2018（5）：47–49.

[53]鲁沛竺. 教研员的专业成长能力序列 [J]. 基础教育研究，2018（1）：26–28.

[54]都建明，王羽左. 如何促进教研员的专业发展 [J]. 世界教育信息，2014，27（15）：45–48；58.

[55]俞文东. 探索 发现 激励 成长——新时代地市体育教研员工作的思考与实践 [J]. 中国学校体育，2020，39（6）：28–29.

[56]李玉荣，李巍. 新时代抓好体育教研工作的思考 [J]. 中国学校体育，2020，39（6）：20–22.

[57]马杨旭. 建设专业化体育教研员队伍“五策略”[J]. 中国学校体育，2020，39（6）：18–19.

[58]陈慧芳. 论学科核心素养导向的体育教研员专业研修 [J]. 吉林体育学院学报，2019，35（5）：81–86.

[59]马凌，李忠诚. 从国家对教研工作的要求和定位看北京市体育教研工作实践与制度建设 [J]. 中国学校体育，2020，39（8）：39–41.

[60]中共中央毛泽东选集出版委员会. 毛泽东选集（第 1 卷）[M]. 北京：人民出版社，1991：177–178.

[61]王竹平. 区域教研的实践与思考——以“项目教研”为例 [J]. 中国学校体育，2020，39（6）：30–31.

[62]裴绍志. 新时代基层体育教研工作开展的方法与策略 [J]. 中国学校体育，2020，39（6）：24–25.

[63]赵晓芳. 基于胜任力模型的高职教师职称评定体系构建 [J]. 教育理论与实践，2016，36（36）：24–26.

[64]董圣鸿，胡小燕，余琳燕，等. 幼儿教师胜任力研究：基于 BEI 技术的模型构建 [J]. 心理学探新，2016，36（5）：451–457.

[65]买佳，李宁．论体育教研员在新课改中的职能转变与专业能力提升［J］．体育师友，2018，41（3）：53–55.
[66]刘晓旭．小学体育教师胜任力模型构建［D］．北京：北京体育大学，2016.
[67]王强．知德共生：教师胜任力发展研究［D］．上海：华东师范大学，2008.
[68]张长城．中学体育教师胜任力模型构建与实证研究［D］．福建：福建师范大学，2011.
[69]王芳．中小学校长胜任力模型及其与绩效的关系研究［D］．南京：南京师范大学，2008.
[70]刘晶玉．研究型大学校长胜任力模型研究［D］．沈阳：东北大学，2011.
[71]李德方．高职院校校长胜任力研究［D］．南京：南京大学，2014.
[72]王亚南．高职院校专业带头人能力模型构建及发展研究［D］．上海：华东师范大学，2018.
[73]徐建平．教师胜任力模型与测评研究［D］．北京：北京师范大学，2004.
[74]王懿．大学重点学科创新人才胜任力模型的研究——以军队医学重点学科为例［D］．重庆：第三军医大学，2008.
[75]徐继红．高校教师教学能力结构模型研究［D］．长春：东北师范大学，2013.
[76]朱建柳．高职院校专业教师职业能力模型建构及其应用［D］．上海：华东师范大学，2016.
[77]李欣．中小学体育教师胜任特征模型的构建与检验［D］．武汉：华中师范大学，2012.
[78]于杨，吕悦．新工科教师胜任力模型的建构与分析［J］．高等工程教育研究，2021（3）：32–38.
[79]胡重庆，闵学良，黄培凤．中职教师胜任力模型建构［J］．中国特殊教育，2020（12）：83–88.
[80]王念祖．扎根理论三阶段编码对主题词提取的应用研究［J］．图书馆杂志，2018，37（5）：74–81.
[81]赵德成．英国学校督导体系变革的特点及其启示［J］．外国教育研究，2011，38（2）：66–71.
[82]王璐．英国现行教育督导制度的机构设置、职能范围与队伍建设［J］．比较教育研究，2013，35（10）：34–38.
[83]蔡雯卿．上海市A地区与英国英格兰地区教育督导的比较分析［D］．上海：华东师范大学，2004.
[84]王璐．英国教育督导与评价：制度、理念与发展［M］．北京：高等教育出版社，2010.
[85]徐初．英国现行的教育督导制度及其启示［J］．河南职业技术师范学院学报（职业教育版），2003（4）：55–58.

[86]李世恺.江苏省教育督导代表团赴英考察报告[J].学校管理，2001(3)：14-16.
[87]王伟.英国的督学管理[J].外国中小学教育，2004(1)：19-20；46.
[88]洪煜亮.教育督导及教育督导评估[M].北京：北京师范学院出版社，1993.
[89]田瑾，侯浩翔.美国教育督导制度发展的历史、特征与启示[J].现代教育科学，2020(6)：136-142.
[90]顾明远.外国教育督导[M].北京：人民教育出版社，1993.
[91]谢琴.美国教育督导制度及其本土化启示[J].当代教育科学，2013(7)：48-50.
[92]刘文君.美国现行教学督导系统及其特征[J].比较教育研究，2007(7)：12-16.
[93]曾德琪.美国教学督导的历史发展及其作用之演变[J].四川师范大学学报，1995(3)：89-96.
[94]孙河川.教育督导与评估指标体系[M].北京：中国社会出版社，2017.
[95]文部科学省.日本教育百二十年史[EB/OL].(2013-01-09)[2021-07-30].http：//www.mext.go.jp/b_ menu/hakusho/html/hpbz199201/index.html.
[96]文部科学省.文部科学省组织规则[EB/OL].(2013-01-09)[2021-07-30].http：//law.e-gov.go.jp/ htmldata/H13/H13F20001000001.html.
[97]文部科学省.2005年教育行政调查中间报告[EB/OL].(2006-07-18)[2021-07-30].http：//www.mext. go.jp/b_menu/toukei/001/005/06051810.htm.
[98]汪恒，唐一鹏.现代日本教育督导制度研究及启示——以东京都为例[J].教育测量与评价(理论版)，2013(9)：51-55；39.
[99]李建民，肖甦.新世纪日本教育督导改革探析[J].比较教育研究，2007(7)：17-21.
[100]李博，任晨儿，刘阳.辨证与厘清：体育科学研究中"德尔菲法"应用存在的问题及程序规范[J].体育科学，2021，41(1)：89-97.
[101]黄广芳.从描述到解释：现象学研究路径转向[J].社会科学家，2017(10)：52-56.
[102]石佳.从胡塞尔到海德格尔：现象学的解释学转向[J].河南师范大学学报(哲学社会科学版)，2013，40(2)：29-32.
[103]MCCLELLAND，DAVID C.Testing for competence rather than for "intelligence"[J].American Psychologist，1973，28(1)：1-14.
[104]胡月星.胜任领导[M].北京：国家行政学院出版社，2012.
[105]吴春薇.初中音乐教师胜任力研究[D].长春：东北师范大学，2019.
[106]徐鹏.三级甲等综合医院临床科主任胜任力研究[D].重庆：中国人民解放军陆军军医

大学，2018.

[107]SCHIPPMAN J S，ASH R A，BATTISTA M.The practice of competency modeling [J]. Personnel Psychoiogy，2000，53：703–740.

[108]BOYATZIS R E.Rendering unto competence the things that are competent [J]. American Psychology，1994，49（1）：64–66.

[109]顾琴轩. 职务分析：技术与范例 [M]. 北京：中国人民大学出版社，2006.

[110]刘江花. 知识经济时代工作分析发展趋势综述及思考 [J]. 科技与管理，2012，14（3）：112–116.

[111]朱智贤. 心理学大词典 [M]. 北京：北京师范大学出版社，1989.

[112]徐联仓. 组织行为学 [M]. 北京：中央广播电视大学社，1993.

[113]杨杰，方俐洛. 工作分析的定义、理论和工具探析 [J]. 自然辩证法通讯，2003（3）：50–59；110.

[114]SCHNEIDER B，KONZ A M.Strategic job analysis [J]. Human Resource Management，2010，28（1）：51–63.

[115]SANCHEZ J I. From documentation to innovation：Reshaping job analysis to meet emerging business needs [J]. Human Resource Management Review，1994，4（1）：51–74.

[116]王欢. 现代心理学与企业人职匹配的研究 [J]. 天津市工会管理干部学院学报，2006（1）：55–58.

[117]金杨华，王重鸣. 人与组织匹配研究进展及其意义 [J]. 人类工效学，2001（2）：36–39.

[118]孙艳艳，彭倩. 人岗匹配问题初探 [J]. 商场现代化，2008（12）：313–314.

[119]荣洁. 企业招聘中人岗不匹配问题分析及解决策略 [J]. 菏泽学院学报，2011，33（4）：137–139.

[120]沈文海. 人岗匹配的理论研究与实证分析 [D]. 厦门：厦门大学，2002.

[121]SCHEIN E H.Organizational culture [J]. American Psychologist，1990，45：109.

[122]吕东洋. 基于人岗匹配视角下 CNH 公司岗位管理问题研究 [D]. 大庆：东北石油大学，2016.

[123]王丽萍. 能岗匹配的模式建立和方法研究 [D]. 天津：天津工业大学，2002.

[124]SPENCER L M，SPENCER S M.Competence at work：Models for superior performance [M]. New York：John Wiley & Sons Inc，1993.

[125]陈明瑶，袁丽容. 护理学导论（案例版）[M]. 北京：科学出版社，2010.

[126]王懿．大学重点学科创新人才胜任力模型的研究——以军队医学重点学科为例［D］．重庆：第三军医大学，2008.

[127]DUBOIS D.Competence-based performance improvement : A strategy for change［M］. Amherst : HRD Press，1993.

[128]李晶．关键事件技术——通过获取关键事件进行实证研究的有效工具［J］．图书情报知识，2010（1）：26–30；76.

[129]SCHLICKEL M.Assessment of Strategy Cascading Quality and Improvement Performance［J］. Springer Berlin Heidelberg，2013.

[130]马欣川．人才测评——基于胜任力的探索［M］．北京：北京邮电大学出版社，2008.

[131]李明斐．公务员胜任力模型的构建与检验研究［D］．大连：大连理工大学，2006.

[132]程文广，张崇龙，张生开．我国学校体育资源配置失衡问题研究——基于扎根理论的分析［J］．沈阳体育学院学报，2019，38（4）：24–32.

[133]颜玖．访谈法在社会科学研究中的应用［J］．北京市总工会职工大学学报，2002（2）：44–50.

[134]米高·奎因·巴顿．质的评鉴与研究［M］．吴仪之，李奉儒，译．台北：桂冠图书公司，1990.

[135]胡幼慧．质性研究：理论、方法及本土女性研究实例［M］．台北：巨流出版社，2005.

[136]尹志华．中国体育教师专业标准体系的探索性研究［D］．上海：华东师范大学，2014.

[137]MARTINO J P.The Delphi method : Techniques and applications［J］. Technological Forecasting & Social Change，1976，8（4）：441–442.

[138]李博，任晨儿，刘阳．辨证与厘清：体育科学研究中“德尔菲法”应用存在的问题及程序规范［J］．体育科学，2021，41（1）：89–97.

[139]CHOCHOLIK J K，BOUCHARD S E，TAN J，et al.The Determination of Relevant Goals and Criteria Used to Select an Automated Patient Care Information System : A Delphi Approach［J］. Journal of the American Medical Informatics Association，1999，6（3）：219–233.

[140]徐国祥．统计预测和决策［M］．上海：上海财经大学出版社，1998.

[141]朱炎军，郭婧．高校教师教学学术发展力指标体系的构建——基于德尔菲法的研究［J］．高教探索，2019（3）：110–117.

[142]HASSON F，KEENEY S，M CKENNA H.Research guidelines for the Delphi Survey Technique［J］. Journal of Advanced Nursing，2000，32（4）：1008–1015.

[143]徐蔼婷.德尔菲法的应用及其难点[J].中国统计，2006（9）：57-59.

[144]杨海青，房树志，李冬雪，等.医院临床科室成本效益评价指标体系的研究[J].中国医院统计，2007（4）：319-321.

[145]邓聚龙.灰色预测与决策[M].武汉：华中理工大学出版社，1986.

[146]曾光.现代流行病学方法与应用[M].北京：北京医科大学出版社，1994.

[147]肖王乐，程玉兰，马昱，等.Delphi法在筛选中国公众健康素养评价指标中的应用研究[J].中国健康教育，2008(2)：81-84.

[148]袁青，黄淇敏.应用德尔菲法筛选医院中层管理人员评价指标的研究[J].中国医院管理，2009，29（7）：9-12.

[149]吴明隆.问卷统计分析实务[M].重庆：重庆大学出版社，2010.

[150]郭庆科，王炜丽，陈雪霞，等.验证性因素分析中模型拟合的判断[J].心理学探新，2007（4）：83-87.

[151]罗伯特·F.德威利斯.量表编制：理论与应用[M].3版.席仲恩，杜钰，译.重庆：重庆大学出版社，2016：34-37.

[152]赖翔晖，赵建梅.高校教师领导力效能量表的开发与验证[J].黑龙江高教研究，2018，36（7）：29-33.

[153]李笑樱，闫寒冰.教师职业认同感的模型建构及量表编制[J].教师教育研究，2018，30（2）：72-81.

[154]罗伯特·德威利斯.量表编制：理论与应用[M].席仲恩，杜钰，译.重庆：重庆大学出版社，2016：34-37.

[155]郑丹丹.想象力与确定性——个案与定量研究的关系辨析[J].求索，2020（1）：179-187.

[156]王德青，朱建平，刘晓葳，等.函数型数据聚类分析研究综述与展望[J].数理统计与管理，2018，37（1）：51-63.

[157]董秋仙，朱赞生.一种新的选取初始聚类中心的K-Means算法[J].统计与决策，2020，36（16）：32-35.

[158]潘建芬，胡峰光，徐惠.全国中小学体育教师数量缺失的归因分析与“开源”配齐策略[J].中国学校体育，2020，39（5）：39-40.

[159]胡玲琳.学术性学位与专业学位研究生培养模式的特性比较[J].学位与研究生教育，2006（4）：22-26.

[160] 中共中央国务院 . 关于深化职称制度改革的意见 [EB/OL]. (2017-01-08) [2020-10-19] . http : //www.gov.cn/xinwen/2017-01/08/content_5157911.htm#1.

[161] 徐永晨，于淑梅，林杰 . 构建高中、初中、小学体育课程一体化的实践探索 [J]. 黑龙江教育（教育与教学），2021 (3) : 54-56.

[162] 谢彦红 . 高校初任教师专业成长过程透视 [J]. 高教探索，2015 (12) : 112-116.

[163] 李定仁，赵昌木 . 教师及其成长研究：回顾与前瞻 [J]. 教育理论与实践，2003，23 (6) : 34-38.

[164] R.J. 斯腾伯格，J.A. 霍瓦斯，高民，等 . 专家型教师教学的原型观 [J]. 华东师范大学学报（教育科学版），1997 (1) : 27-37.

[165] 潘绍伟 . 从体质教育到运动教育——对我国学校体育的思考 [J]. 体育科学，2018，38 (7) : 9-10.

[166] 程文广 . 我国体育教育价值诉求实现障碍的破解机制及路径研究 [J]. 北京体育大学学报，2019，42 (1) : 120-127.

[167] 花文凤 . 我国教研员专业发展的思考 [J]. 课程·教材·教法，2018，38 (10) : 117-123.

[168] 李平，胡安义 . 湖北省体育教研员队伍的状况及发展对策 [J]. 武汉体育学院学报，2008 (9) : 86-89.

[169] 康晓伟 . 论教研员作为教师教育者 [J]. 教育科学研究，2021 (1) : 92-96.

[170] 沈伟，汪明帅 . 何以为师？教研员的素质现状与提升途径 [J]. 中国电化教育，2021 (5) : 102-109.

[171] 宋萑，田士旭 . 新时代教研员的角色定位与专业发展路径 [J]. 人民教育，2019 (21) : 21-25.

[172] 张曙光 . 主体性价值论的建构及其超越——价值哲学的问题意识及学术进展 [J]. 社会科学辑刊，2019 (4) : 5-14.

[173] 赵才欣 . 有效教研——基础教育教研工作导论 [M]. 上海：上海教育出版社，2008.

[174] 何珊云 . 课程改革背景中的教师专业认同研究 [D]. 上海：华东师范大学，2009.

[175] 皮埃尔·布迪厄 . 实践感 [M]. 蒋梓骅，译 . 南京：译林出版社，2003.

[176] 王艳玲，胡惠闵 . 从三级到五级：我国基础教育教研制度建设的进展与问题 [J]. 全球教育展望，2020，49 (12) : 66-77.

[177] 线亚威，高丙成 . "三区三州" 基础教育教研工作现状与对策研究 [J]. 民族教育研究，

2020，31（4）：104–113.

[178] 王艳玲，胡惠闵. 基础教育教研工作转型：理念倡导与实践创新［J］. 全球教育展望，2019，48（12）：31–41.

[179] 周畅. 新媒体编辑胜任力模型构建与应用研究［D］. 武汉：武汉大学，2018.

[180] 赵光，孙伟锋，仲璟怡. “课程思政”视域下高校教师胜任力模型构建研究［J］. 南京社会科学，2020（7）：136–143.

[181] 张广斌. 转型与使命：新时期教研队伍建设研究［J］. 中国教育学刊，2011（11）：74–76.

[182] 王艳玲，胡惠闵. 我国教研机构的类型与职能：基于全国抽样调查的分析［J］. 教育发展研究，2020，40（Z2）：23–31.

[183] 冯爽. 教研员培训的探索与创新——以一次以名著阅读为线的物理教研员培训为例［J］. 基础教育课程，2020（12）：76–80.

[184] 江宏，江楠，蔡其勇. 区县教研员的课程领导现状及改进策略［J］. 课程·教材·教法，2021，41（1）：39–47.

[185] 张畅，彭波. 学校教研的价值偏离与回归［J］. 教学与管理，2021（3）：41–44.

[186] 蒋士会，郑会敏. 民族地区中小学校本教研机制创新的探索——基于广西永福县中小学校本教研现状的调查［J］. 广西师范大学学报（哲学社会科学版），2017，53（5）：108–115.

[187] 曾宏. 地市级教研机构团队建设与考核管理办法的研究［J］. 牡丹江教育学院学报，2021（3）：114–116.

APPENDIX

附 录

附录1 中小学体育教研员胜任力关键事件访谈提纲

尊敬的老师：

您好！我正在进行中小学体育教研员胜任力关键要素的识别与应用研究，为了更准确地了解中小学体育教研员的工作内容和工作状态，想请您谈谈教研工作中比较典型和难忘的事件，以及对于不太完美事件的处理方式。为了后期资料的整理，访谈过程将会被录音。向您郑重承诺，访谈结果将会以匿名的形式呈现，不会包含您及您所涉及的名字，访谈内容仅用于研究分析，请您不要有任何顾虑，畅所欲言。

性别		年龄		学历	
职称		工作年限		所在科室	
一、请您简要描述一下您的成长经历。					
二、您作为教研员现在的主要工作职责有哪些？					
三、您在体育教研工作中有哪些比较难忘的成功事件。您可以从以下几个方面回答，越详细越好。 1. 这个事件是哪一种类型的事件（指导、培训、管理……），起因是什么？					

续表

2. 事件的过程是怎样的？ 3. 事件的参与者都是如何说、如何做的？ 4. 在整个事件过程中您有什么感受？ 5. 事件成功的原因是什么？ 6. 您觉得再遇到类似事件时，作为教研员需要具备哪些能力和个人特征可以让您保持成功？
四、您在体育教研工作中有哪些不太满意的事件。您可以从以下几个方面回答，越详细越好。 1. 这个事件是哪一种类型的事件（指导、培训、管理……），起因是什么？ 2. 事件的过程是什么样的？ 3. 事件的参与者都是如何说？如何做的？ 4. 在整个事件过程中你有什么感受？ 5. 您觉得事件不太满意的地方在哪？是什么原因造成的？ 6. 您觉得再遇到类似事件时，作为教研员需要具备哪些能力和个人特征可以让您有效地解决事件？

衷心感谢您给予的支持和帮助！

附录2 中小学体育教研员胜任力关键事件访谈提纲（示例）

尊敬的老师：

您好！我正在进行中小学体育教研员胜任力关键要素的识别与应用研究，为了更准确地了解中小学体育教研员的工作内容和工作状态，想请您谈谈教研工作中比较典型和难忘的事件，以及对于不太完美事件的处理方式。为了后期资料的整理，访谈过程将会被录音，向您郑重承诺，访谈结果将会以匿名的形式呈现，不会包含您及您所涉及的名字，访谈内容仅用于研究分析，请您不要有任何顾虑，畅所欲言。

性别	女	年龄	43	学历	研究生
职称	中学高级	工作年限	19	所在科室	学生健康发展研究部
一、请您简要描述一下您的成长经历。 2001 年于沈阳体育学院毕业。 2001.9—2006.7 沈阳市培英中学　　担任 体育教师兼体育组长 2006.9 至今沈阳市铁西区教育研究中心　　担任 中学体育教研员 二、您作为教研员现在的主要工作职责有哪些？ 答：贯彻执行国家课程计划、课程标准，开展中学体育教学研究，组织教改实践，提高中学体育教师的专业化水平，推广体育教学经验，普及教育理论等。重点工作：中学体育课程研究、体育骨干培训、体育课堂研究、体育教学指导和为基层学校、教师、学生做好服务，提高区域体育教育教学质量。 三、您在体育教研工作中有哪些比较难忘的成功事件。您可以从以下几个方面回答，越详细越好。 1. 这个事件是哪一种类型的事件（指导、培训、管理……），起因是什么？ 2. 事件的过程是怎样的？ 3. 事件的参与者都是如何说？如何做的？ 4. 在整个事件过程中您有什么感受？ 5. 事件成功的原因是什么？ 6. 您觉得再遇到类似事件时，作为教研员需要具备哪些能力和个人特征可以让您保持成功？					
案例 1： 2018 年 10 月 12 日，省优课市级现场评比活动，我区高中教师的“跨栏”一课，得到在场省、市领导和观摩教师的一致认可，最终获得省优秀课一等奖。区里择优，申报并参加了 2018 年					

续表

的省优课评比活动。练课—磨课—导课—现场展示，整个过程体育组长带领全体组员全力协助与配合。结合教师课里出现的问题，每个人都能及时指出不足之处、共同研讨，敢于说出自己的真实看法，帮助做课教师不断改进教法。坦诚交流，各抒己见。我鼓励教师们共同看课、磨课，共同提高，不怕说错，就怕不敢说。教研氛围浓厚，做课教师一一记录下来，每个不足都能修改到位。做课教师高度重视、虚心接受建议，能够做到全力以赴。平时严谨认真的工作态度、谦和的为人给基层教师留下了亲切良好的印象，发自内心地尊重彼此，交流真挚，沟通很顺畅，合作很愉快，在很多专业问题上能够达成共识。始终保持热爱和激情、有过硬的专业指导能力、勤学善思、良性沟通方式、执着的敬业精神；有远见、有深度、有厚度、有温度、有创新意识、有钻研兴趣、真抓实干等。

案例 2：

2018 年 9 月 19 日晚，由我带领我区 19 位骨干工作室成员引领全国体育教师进行了《中国学校体育》杂志“草根争鸣”栏目第 114 期网络研讨活动，研讨主题是“体育教师如何在工作中进行有效沟通”。全国 20 个省市共 225 人参与了本次研讨，最终《五湖四海齐相聚 草根争鸣话沟通》综述在《中国学校体育》2018 年第 11 月刊第 64 页发表。

平时个人订阅并举办区体育人读书会，带领教师阅读《中国学校体育》杂志，定期参加“草根争鸣”栏目网络研讨。网络教研是一种新型的教学探讨形式，是校本教研的有效论证，是传统教研的延伸和发展。身边有优秀的教研员带领组织过，自己也一直渴望能有机会组织一次。也是一个偶然的机会，有朋友问我，是否有这个想法，我们一拍即合，接下了这期研讨任务。时间紧任务重，我做了周密的筹备，包括前期选人、选择学校定好活动地点、写前期工作报导、活动宣传、做横幅、会场布置；中期备好笔记本学会实际操作、研讨提纲里的每一个问题及现场分工、时间分配、模拟研讨各个环节；后期人数统计、写研讨总结和综述等。整个活动非常顺利圆满，主要得益于承接本次活动的学校领导的大力支持、工作室每位成员的付出和积极配合，体现了团队的智慧和团结合作的精神。更在于教研员要具备前沿性的教研理念、聚集一帮能干事的人、拥有信息技术环境资源、积极探索、敢于尝试与实践。

案例 3：

受雨季和冰雪、雾霾天气等诸多因素的影响，多在室内进行的体育课教学，占全年教学计划中的比重也在逐步增加。室内体育课是室外体育课堂教学的有效延伸和补充。按照区教研工作计划，为促进我区中学体育教师专业化发展，规范学科教师课堂教学行为，不断完善教师的教学能力，更好地向学生传授体育与健康的理论知识、传授技能与方法，我于 2019 年 10—12 月，举办铁西区中学体育第一届室内体育理论课评比活动。上课内容区里统一安排各学年段的固定教材，必须依据本学科教材——初中《体育与健康》2013 义务教育教科书（共三册）和高中《体育与健康》（新版）普通高中教科书（全一册）选择并制定、撰写教学设计（按照模板设计），共计 21 名体育教师参与本次评比。其中：初中 13 人；高中 8 人。均在本校上课。基本都选在学校的录播教室，只有个别教师选在教室上课。4 名骨干教师形成评委团，对每一堂课都有自评、互评和点评，做到公平、公正，点评专业、中肯、到位。每堂课教师的设计都不同，各有亮点，最后的成绩是 17 位一等奖，4 位二等奖，课的质量很高。本次活动增强了体育组的学习氛围，相互听课学习、进行研讨、反思。个别学校领导重视，陪同听课，一起参与评课环节。从课堂上观察学生来看，学生对体育理论知识很感兴趣，听

续表

讲非常认真、吸收得很快，课后访问几位学生，学生都有一种意犹未尽的感觉，心情愉悦，并且期待下一次室内课的到来。第一次开展此项活动，教师缺乏教学经验，还存在许多不足之处，需要不断学习和平时积累。体育教师是新的课程标准的具体实施者，既要上好室外的体育课，也要上好室内的理论课。培养学生终身体育的意识，形成顽强勇敢和坚韧不拔的意志品质，促进学生在身体、心理和社会适应能力等方面健康和谐地发展。我认为室内理论课还要继续开展下去，提高教师的教学能力，促进教师不断学习与创新。
四、您在体育教研工作中有哪些不太满意的事件。您可以从以下几个方面回答，越详细越好。 1. 这个事件是哪一种类型的事件（指导、培训、管理……），起因是什么？ 2. 事件的过程是什么样的？ 3. 事件的参与者都是如何说？如何做的？ 4. 在整个事件过程中你有什么感受？ 5. 您觉得事件不太满意的地方在哪？是什么原因造成的？ 6. 您觉得再遇到类似事件时，作为教研员需要具备哪些能力和个人特征可以让您有效地解决事件中的问题？ 案例 1： 我区一名教师参评沈阳市十佳教师，落选。原因：①是一名农村年轻教师，教学经验不足、教材内容研究不够透彻、见识少导致教法单一。②场地器材有限，没有合理利用好有限场地，出现大部分学生原地等待状态，练习密度不够。③教师的语言准备不充足、没有注意普通话练习和语调缺乏抑扬顿挫，导致上课语言无激励性、缺乏衔接性的语言。④教师一个人在努力，没有体现出团队协作。⑤在指导中我已明确指出，但是教师没有能力改进，所以问题仍未解决。在今后的评优工作中，首先，注意选才。从基础培养，逐层进行选拔，保证上课教师具备良好的专业素质，能跟上我的节奏，听从建议并及时改正。其次，考虑是否有体育组的支持，有团队教研氛围。如果在练课过程中发现教师态度不端正、不服从指挥，跟不上节奏，没有达到上课标准，可以及时终止，不允许参评。自己要注意平时对骨干教师的培养和团队的管理；不要为了完成任务而很牵强地找资历尚浅的教师参评；对教师需严格要求，有刚性规定；对于教师的拖延不能纵容。 案例 2： 市教研员组织部分骨干教师准备编写各项目的三年大单元教学设计，我参与其中，被安排编写乒乓球项目。因为我区有一名新教师是乒乓球专业，或许能辅助一下。因为不是我的专业，也没有过多的时间研究，回来后就把任务布置给老师了，教师当时很爽快地答应了，等截稿时间快到了，教师交上来的是一份非常粗糙的设计，这是我没想到的。再研究和修改已来不及，结果没有如期完成市里交待的任务，没能上交。只能如实把情况反馈给市教研员，就这样失去一次参与编书的好机会，这一项空缺，感觉有点遗憾。 我对这位教师了解不清，过于信任、也没有做到监管和经常性沟通，过于依赖这位教师，自己没有认真研究这个项目，也没有做第二预案，最终导致延误了工期。在以后的工作中，一定要找靠谱的教师做事、定期沟通、及时了解完成的进度，同时自己的未知领域要学习填补，全方位提升自己的业务能力，工作要有预见性和做预案，这样才能更好地完成各项工作。

续表

案例 3： 我区一名初中教师申报市里的“一师一优课”，经过前期的教学设计，以及两次修改，教学设计环节基本过关。之后就是练课，其实该教师的教学主题也比较有难度，是一节羽毛球课（市里定的）。该教师平时总打羽毛球，教学理论和技术水平是没问题的，关键在于学生。学生平时没有接触过，所以需要多加练习。该教师向我保证说没问题，不用我过多操心，等练好了，就找专业人员进行录制。由于自己平时工作较繁忙，不能天天去督促，结果快到上交期限的时候，这位教师说学生们练得差不多可以马上录制，又隔了两天，教师告诉我学校体育馆漏雨维修，这次录课完成不了了。就这样，这次机会被这名教师在后期放弃了，我还帮助他想了很多解决的办法，最后还是搁置了。为这名年轻教师感到遗憾，因为羽毛球课刚好符合他的专项，大部分教师都不会，白白浪费了一个市课的名额。通过这件事，我觉得在以后的工作中要注意，申报之前让教师做好口头约定，一旦决定申报就要克服困难，坚持到底，不能半途而废。这也侧面反映了一名教师的意志品质和责任心、诚信问题。一定要勤沟通、多研究教师的真实需求和心理想法，把控好进度，提前做好预案。当然，这样的教师下次一定要慎用或者不用。

衷心感谢您对本研究的支持与帮助！谢谢！

附录3　中小学体育教研员胜任力关键要素筛选调查表（第一轮）

第一部分　专家基本情况

（说明：选项部分请打“√”）

姓名		年龄		学历	
职称		职务		工作年限	
工作单位					
工作领域	□高校体育教研理论专家 □体育教研管理者 □体育教研员 □其他				
联系电话			E-mail		

第二部分　拟筛选的中小学体育教研员胜任力关键要素

通过查阅大量文献资料和关键事件访谈，初步提炼出具有代表性的中小学体育教研员胜任力关键要素。请您判断以下各级关键要素在中小学体育教研员胜任力中的重要性，并在对应的栏目内划“○”。如果您认为哪个要素不准确或不合适，请在“修改意见”栏目内提出修改意见；如果您认为还有哪些关键要素未列出来，请在“需增加的条目”栏内进行补充，并备注重要程度。感谢您的配合！

中小学体育教研员胜任力一级关键要素的判断及修改意见表

一级要素	专家意见					
	非常重要	重要	一般	不重要	非常不重要	修改意见
A 个性特质						
B 教研能力						
C 指导能力						
D 组织协调						
需增加的条目						

备注：

1. 胜任力是指与工作或工作绩效或生活中其他重要成果直接相似或相联系的知识、技能、能力、特质或动机（McClelland 教授）。

2. 个性特质指在体育教研过程中所表现出的认知、态度、意识、能力等稳定性心理特征和行为倾向。

3. 组织协调指为保障体育教研任务的完成度，所呈现的沟通、协调、合作、策划、管理等能力的综合。

中小学体育教研员胜任力二级关键要素的判断及修改意见表

二级要素	专家意见					
	非常重要	重要	一般	不重要	非常不重要	修改意见
A1 身心状态						
A2 职业态度						
A3 个人成就						
B1 教研知识						
B2 教研策略						
B3 教研效益						
C1 指导教学						
C2 指导教研						
D1 沟通交流						
D2 团队建设						
需增加的条目						

备注：

1. 身心状态是指顺利开展教研活动所需的身体素质、心理状态和性格特征。

2. 教研成就是指在体育教研领域取得的成绩、获得的荣誉和所具有的影响力。

3. 教研策略是指从事体育教研工作所需的前瞻性、实效性、行动性等操作化方法体系。

4. 成果应用是指能够基于发展需要，采取有效的方式将教研改革成果落地落实。

中小学体育教研员胜任力三级关键要素的判断及修改意见表

三级要素	专家意见					
	非常重要	重要	一般	不重要	非常不重要	修改意见
$A1_1$ 身体健康						
$A1_2$ 心理健康						

续表

三级要素	专家意见					
	非常重要	重要	一般	不重要	非常不重要	修改意见
$A1_3$ 性格特征						
$A2_1$ 服务精神						
$A2_2$ 敬业奉献						
$A2_3$ 责任感						
$A2_4$ 担当精神						
$A3_1$ 教学成果						
$A3_2$ 学术成就						
$A3_3$ 影响力						
$B1_1$ 教育通识知识						
$B1_2$ 体育学科知识						
$B1_3$ 体育教研知识						
$B1_4$ 教师教育知识						
$B2_1$ 课程开发						
$B2_2$ 课程建设						
$B2_3$ 资源开发						
$B2_4$ 教学改革						
$B2_5$ 教学创新						
$B2_6$ 模式改进						
$B2_7$ 课堂问题研究						
$B2_8$ 课程实施研究						
$B2_9$ 网络教研						
$B2_{10}$ 信息化教学						
$B3_1$ 成果推广						
$B3_2$ 成果转化						
$C1_1$ 听评课						
$C1_2$ 展示课						
$C1_3$ 示范课						

续表

三级要素	专家意见					
	非常重要	重要	一般	不重要	非常不重要	修改意见
$C1_4$ 教学培训						
$C1_5$ 理论与技能培训						
$C2_1$ 课题指导						
$C2_2$ 教研培训						
$C2_3$ 打造学习共同体						
$D1_1$ 上传下达						
$D1_2$ 统筹协调						
$D2_1$ 领导规划						
$D2_2$ 策划执行						
$D2_3$ 组织管理						
需增加的条目						

备注：

1. 性格特征是指具备从事体育教研工作所需的热情、勤勉、亲和等性情品格。

2. 影响力是指在全国或区域体育教研领域中具有一定的威望和话语权。

3. 课程建设是指熟悉体育课程、教研培训课程的设计理念、基本原则和方式方法，并能够依据本区域的实际需求，组织培训课程、校本课程等的建设。

4. 教学改革是基于学校体育的发展需要和自身教学经验，能够有目的地对体育课堂教学进行改造和优化。

5. 信息化教学是指能够利用信息工具、网络课程，扩大体育教师获取教学知识的途径和范围，解决传统教学指导难以解决的问题。

6. 示范课是指具备深厚的教学功底和教学经验，能够通过各种课程形式对体育教师进行专业引领。

7. 打造学习共同体是指能够开发多样化的教研活动，注重搭建教师间的交流和分享平台，拓宽教研视野。

第三部分 专家自评调查

一、您对以上指标的判断依据及影响程度			
判断依据	影响程度		
	大	中	小
实践经验			
理论分析			
国内研究的了解			
直觉选择			
二、您对调查内容的熟悉程度			
熟悉程度	□非常熟悉 □熟悉 □一般 □不熟悉 □非常不熟悉		

附录 4　中小学体育教研员胜任力关键要素筛选调查表（第二轮）

第一部分　专家基本情况

（说明：选项部分请打“√”）

姓名		年龄		学历	
职称		职务		工作年限	
工作单位					
工作领域	□高校体育教研理论专家 □体育教研管理者 □体育教研员 □其他				
联系电话			E-mail		

第二部分　拟筛选的中小学体育教研员胜任力关键要素

在第一轮专家函询中共包含 4 项一级关键要素、10 项二级关键要素、39 项三级关键要素，经过对第一轮德尔菲专家咨询结果的统计分析，综合各位专家对中小学体育教研员胜任力三级关键要素的意见，经课题组研究讨论，对部分一级关键要素、二级关键要素及三级关键要素的命名、内涵做了一定的修改，如“个性特质”修改为“个人特质”，“职业品质”修改为“职业态度”，“成果应用”修改为“教研效益”，“身体健康”修改为“身体状态”，“责任感”和“担当精神”合并调整为“责任担当”，删除“教育通识知识”等。最终形成了第二轮德尔菲专家咨询表，共计包含 4 项一级关键要素、10 项二级关键要素、35 项三级关键要素。

本次中小学体育教研员胜任力关键要素筛选调查共包含 3 个表，表中列出了各级关键要素在第一轮专家咨询中的权重分，仅供您参考。请您再次对各表中列出的每一要素的权重进行判定，并在相应地方打“√”，其中“1 = 非常不重要、2 = 不重要、3 = 一般、4 = 重要、5 = 非常重要”。如果您认为哪个要素不准确或不需要，请在“修改意见”栏目内提出修改意见；如果您认为还有哪些关键要素未列出，请在“需增加的条目”栏内进行补充，并备注重要程度；若您有其他意见或建议，请在“专家建议”栏目中陈述。谢谢！

中小学体育教研员胜任力一级关键要素的判断及修改意见表

一级要素	专家意见						
	第一轮重要程度的意见	非常重要	重要	一般	不重要	非常不重要	修改意见
A 个人特质	3.75 ± 0.72						
B 教研能力	4.35 ± 0.75						
C 指导能力	4.95 ± 0.22						
D 组织协调	4.10 ± 0.79						
需增加的条目							
专家建议							

备注：

1. 胜任力是指与工作或工作绩效或生活中其他重要成果直接相似或相联系的知识、技能、能力、特质或动机（McClelland 教授）。

2. 个性特质指在体育教研过程中所表现出的认知、态度、意识、能力等稳定性心理特征和行为倾向及既往所取得的教研成绩与成就。

3. 组织协调指为实现体育教研活动的有效性，保障体育教研任务的完成性，所呈现的沟通、协调、合作、策划、管理等综合能力。

中小学体育教研员胜任力二级关键要素的判断及修改意见表

二级要素	专家意见						
	第一轮重要程度的意见	非常重要	重要	一般	不重要	非常不重要	修改意见
A1 身心状态	4.15 ± 0.43						
A2 职业态度	4.19 ± 0.54						
A3 教研成就	3.75 ± 0.72						
B1 教研知识	4.15 ± 0.22						
B2 教研策略	4.56 ± 0.63						
B3 教研效益	4.22 ± 0.39						
C1 指导教学	4.89 ± 0.42						

续表

二级要素	专家意见						
	第一轮重要程度的意见	非常重要	重要	一般	不重要	非常不重要	修改意见
C2 指导科研	4.45 ± 0.43						
D1 沟通交流	4.03 ± 0.74						
D2 团队建设	3.84 ± 0.34						
需增加的条目							
专家建议							

备注：

1. 身心状态是指顺利开展教研活动所需的身体素质、心理状态和性格特征。

2. 教研成就是指在体育教研领域取得的成绩、获得的荣誉和所具有的影响力。

3. 教研策略是指从事体育教研工作所需的前瞻性、实效性、行动性等操作化方法体系。

4. 团队建设是指具有与时俱进的管理与组织能力，能够对体育教师队伍进行梯队建设和质量管理。

中小学体育教研员胜任力三级关键要素的判断及修改意见表

三级要素	专家意见								
	第一轮重要程度的意见	基本要素	发展要素	非常重要	重要	一般	不重要	非常不重要	修改意见
$A1_1$ 身体状态	4.21 ± 0.37								
$A1_2$ 心理状态	4.15 ± 0.43								
$A1_3$ 性格特征	3.72 ± 0.77								
$A2_1$ 服务精神	4.79 ± 0.54								
$A2_2$ 敬业奉献	4.27 ± 0.24								
$A2_3$ 责任担当	—								
$A3_1$ 教学成果	4.33 ± 0.39								
$A3_2$ 学术成果	4.23 ± 0.48								
$A3_3$ 影响力	3.90 ± 0.53								
$B1_1$ 体育学科知识	4.35 ± 0.22								
$B1_2$ 体育教研知识	4.14 ± 0.48								

续表

三级要素	专家意见								
	第一轮重要程度的意见	基本要素	发展要素	非常重要	重要	一般	不重要	非常不重要	修改意见
$B1_3$ 教师教育知识	4.07 ± 0.41								
$B2_1$ 课程建设	4.17 ± 0.59								
$B2_2$ 资源开发	3.98 ± 0.49								
$B2_3$ 教学改革	4.56 ± 0.81								
$B2_4$ 教学创新	4.03 ± 0.33								
$B2_5$ 模式改进	4.10 ± 0.41								
$B2_6$ 课堂问题研究	4.62 ± 0.73								
$B2_7$ 课程实施研究	4.34 ± 0.43								
$B3_1$ 成果推广	3.98 ± 0.49								
$B3_2$ 成果转化	3.87 ± 0.72								
$C1_1$ 听评课	4.89 ± 0.32								
$C1_2$ 示范课	4.36 ± 0.56								
$C1_3$ 教学培训	4.53 ± 0.38								
$C1_4$ 信息化教学	4.29 ± 0.51								
$C1_5$ 理论与技能培训	4.22 ± 0.39								
$C2_1$ 课题指导	4.11 ± 0.62								
$C2_2$ 网络教研	3.75 ± 0.72								
$C2_3$ 专题教研培训	—								
$C2_4$ 打造学习共同体	3.72 ± 0.74								
$D1_1$ 上传下达	4.07 ± 0.59								
$D1_2$ 统筹协调	4.01 ± 0.61								
$D2_1$ 领导规划	3.94 ± 0.34								
$D2_2$ 策划执行	4.03 ± 0.43								
$D2_3$ 组织管理	4.11 ± 0.38								
需增加的条目									
专家建议									

备注：

1. 性格特征是指具备从事体育教研工作所需的热情、勤勉、亲和等性情品格。

2. 影响力是指在全国或区域体育教研领域中具有一定的影响力和话语权。

3. 课程建设是指熟悉体育课程、教研培训课程的设计理念、基本原则和方式方法，并能够依据本区域的实际需求，组织培训课程、校本课程等的建设。

4. 模式改进是指基于学校体育的发展需要和自身教学经验，能够有目的地对体育课堂教学模式进行改造和优化。

5. 信息化教学是指能够利用信息工具、网络课程，扩大体育教师获取教学知识的途径和范围，解决传统教学指导难以解决的问题。

6. 示范课是指具备深厚的教学功底和教学经验，能够通过各种课程形式对体育教师进行专业引领。

7. 网络教研是指能够依托全国或区域教研网以及现代社交工具，进行资源共享和信息交流。

8. 打造学习共同体是指能够开发多样化的教研活动，注重搭建教师间交流和分享平台，拓宽教研视野。

第三部分　专家自评调查

一、您对以上指标的判断依据及影响程度			
判断依据	影响程度		
	大	中	小
实践经验			
理论分析			
国内研究的了解			
直觉选择			
二、您对调查内容的熟悉程度			
熟悉程度	□非常熟悉 □熟悉 □一般 □不熟悉 □非常不熟悉		

附录 5　中小学体育教研员胜任力水平自评问卷

尊敬的教研员：

您好！这是一份有关中小学体育教研员胜任力水平的调查问卷。问卷的填写采取匿名的形式，其结果仅供学术研究，请您不要有任何顾虑，务必如实填写。

感谢您的支持与配合！

性别：________　年龄：________　职称：________　教研级别：________

以下列出了中小学体育教研员胜任力水平的 33 项评价要素，请您根据实际情况选择符合程度，并在相应的选项上打钩“√”，自评得分分为 5 个等级，分别对应 1～5 分。您选择的得分越高，即表明您的情况越符合。

一级要素及其内涵	二级要素及其内涵	三级要素及其内涵	自评得分				
			1	2	3	4	5
A 个人特质 * 指在体育教研过程中所表现出的认知、态度、意识、能力等稳定性心理特征和行为倾向以及既往所取得教研成绩与成就。	A1 身心状态 * 指顺利开展教研活动所需的身体素质、心理状态和性格特征	$A1_1$ 身体状态 * 具备从事体育教研工作所需的良好身体素质和运动技能					
		$A1_2$ 心理状态 * 具备从事体育教研工作所需的乐观向上心态和积极自信心理					
		$A1_3$ 性格特征 * 具备从事体育教研工作所需的热情、勤勉、亲和等性情品格					
	A2 职业态度 * 指对体育教研工作的看法及行为举止方面的意愿和倾向	$A2_1$ 服务精神 * 自觉主动地辅助体育教师职业成长，辅助行政部门开展培训活动，对学校体育教学工作进行过程性指导和全面性服务					

续表

一级要素及其内涵	二级要素及其内涵	三级要素及其内涵	自评得分				
			1	2	3	4	5
A 个人特质 * 指在体育教研过程中所表现出的认知、态度、意识、能力等稳定性心理特征和行为倾向以及既往所取得教研成绩与成就。	A2 职业态度 * 指对体育教研工作的看法及行为举止方面的意愿和倾向	$A2_2$ 敬业精神 * 具有强烈的职业认同感和使命感，全身心投入体育教研工作，以贯彻党的教育方针为前提努力推进学校体育事业向前发展					
		$A2_3$ 责任担当 * 勇于和敢于承担起各种体育教研任务，认真履行教研岗位职责，具有强烈的体育教研责任心和担当感					
	A3 个人成就 * 指在体育教研领域取得的成绩、获得的荣誉和所具有的影响力	$A3_1$ 教学成果 * 在体育教研过程中所形成的具有创新性、实用性的系列教学成果，包括精品课、教学论文、教改课题、课程教材等					
		$A3_2$ 学术成果 * 在体育教研过程中所形成的具有科学性、创新性的学术研究成果，包括科研论文、课题、学术著作等					
		$A3_3$ 业内影响力 * 在全国或区域体育教研领域中具有一定的影响力和话语权					

一级要素及其内涵	二级要素及其内涵	三级要素及其内涵	自评得分				
			1	2	3	4	5
B 教研能力 * 指能够根据学校体育改革与发展的实际，跟踪前沿和趋势，综合运用教研知识、教研策略形成教研效益	B1 教研知识 * 指从事体育教研工作所需的原理性、概念性、程序性等系统化知识体系	$B1_1$ 体育专业知识 * 支撑体育学科基本逻辑体系的知识，包括体育的本质内容、体育的核心思想、体育的价值功能等					

续表

一级要素及其内涵	二级要素及其内涵	三级要素及其内涵	自评得分				
			1	2	3	4	5
B 教研能力 * 指能够根据学校体育改革与发展的实际，跟踪前沿和趋势，综合运用教研知识、教研策略形成教研效益	B1 教研知识 * 指从事体育教研工作所需的原理性、概念性、程序性等系统化知识体系	$B1_2$ 体育教学知识 * 在具体的教学情境中所需要的知识，包括体育课程的知识、有关学生的知识、教学评价的知识、教学策略的知识等					
		$B1_3$ 教师教育知识 * 指导教师成长与发展所需要的知识，包括新课程所倡导的现代教育理念、相关教育教学理论等					
	B2 教研策略 * 指从事体育教研工作所需的前瞻性、实效性、行动性等操作化方法体系	$B2_1$ 课程建设 * 熟悉体育课程、教研培训课程的设计理念、基本原则和方式方法，并能够依据本区域的实际需求，组织培训课程、校本课程等的建设					
		$B2_2$ 资源开发 * 为促进学校体育发展、达成体育教研目的，采取的一切对课程和教学有利的物质和人力的合理开发与利用					
		$B2_3$ 模式创新 * 基于学校体育的发展需要和自身积累的教学经验，能够有目的地学习借鉴、总结创造出体育课堂教学新模式					
		$B2_4$ 教改实验 * 围绕学校体育教学改革，能够把自己所积累的成功经验和优秀想法，付诸教改尝试与实践					

续表

一级要素及其内涵	二级要素及其内涵	三级要素及其内涵	自评得分				
			1	2	3	4	5
B 教研能力 * 指能够根据学校体育改革与发展的实际，跟踪前沿和趋势，综合运用教研知识、教研策略形成教研效益	B2 教研策略 * 指从事体育教研工作所需的前瞻性、实效性、行动性等操作化方法体系	$B2_5$ 课堂问题研究 * 能够发现体育课堂教学问题、分析体育课堂教学问题、总结体育课堂教学问题、解决体育课堂教学问题					
	B3 教研效益 * 指将教研知识和教研策略融合、转化和推广后所形成的教研效果和收益	$B3_1$ 成果转化 * 能够基于发展需要，采取有效的方式将科研成果转化为教学生产力					
		$B3_2$ 成果推广 * 能够立足区域发展，采取合理的方式将优秀教研改革成果落地					

一级要素及其内涵	二级要素及其内涵	三级要素及其内涵	自评得分				
			1	2	3	4	5
C 指导能力 * 指能够指导或帮助体育教师发现、分析和解决学校体育教学问题，并针对体育教师的实际情况进行科学评价和提出改进建议	C1 指导教学 * 依据体育教师的需求，借助不同的指导形式，提供针对体育教学的系统性指点与引导	$C1_1$ 听评课 * 具备捕捉实际教学问题的意识与能力，能够基于听评课的结果提出改进教与学的具体建议					
		$C1_2$ 示范课 * 具备深厚的教学功底和教学经验，能够通过观摩课、下水课等形式，对体育教师进行专业引领					
		$C1_3$ 信息化教学 * 能够利用信息工具、网络课程，扩大体育教师获取教学知识的途径和范围，解决传统教学指导难题					

续表

一级要素及其内涵	二级要素及其内涵	三级要素及其内涵	自评得分				
			1	2	3	4	5
C 指导能力 * 指能够指导或帮助体育教师发现、分析和解决学校体育教学问题，并针对体育教师的实际情况进行科学评价和提出改进建议	C1 指导教学 * 依据体育教师的需求，借助不同的指导形式，提供针对体育教学的系统性指点与引导	$C1_4$ 教学基本功培训 * 了解新形势下体育改革与发展的需要，能够以鲜活的实例、精彩的设计，端正体育教师的教学态度、提高教学素养、增强专业能力等					
	C2 指导教研 * 依据体育教师的需求，借助不同的指导形式，提供针对体育教研的系统性指点与引导	$C2_1$ 课题引领 * 能够以研究项目为牵引，组织体育教师开展课题研究，提高区域体育教师的教研能力和教研水平					
		$C2_2$ 网络教研 * 能够依托全国或区域教研网以及 QQ、微信等社交工具，进行资源共享和信息交流，帮助与指导教学研究有序开展					
		$C2_3$ 专题教研培训 * 能够选取适切的议题作为教研培训主题，有目的、有计划地安排教研活动，针对性解决教研问题					
		$C2_4$ 组织教研论坛 * 能够组织和通过教研论坛向体育教师传授理论知识，协助体育教师用理论照亮实践和指导实践，解决实践问题					
		$C2_5$ 打造学习共同体 * 能够开发多样化的教研活动形式，注重搭建教师间研讨交流和经验分享的平台，增加教研路径，拓宽研修视野					

续表

<table>
<tr><th rowspan="2">一级要素
及其内涵</th><th rowspan="2">二级要素
及其内涵</th><th rowspan="2">三级要素及其内涵</th><th colspan="5">自评得分</th></tr>
<tr><th>1</th><th>2</th><th>3</th><th>4</th><th>5</th></tr>
<tr><td rowspan="5">D 组织协调
* 指为实现体育教研活动的有效性，保障体育教研任务的完成性，所呈现的沟通、协调、合作、策划、管理等能力的综合</td><td rowspan="2">D1 沟通交流
* 指运用多种信息载体，按照明确的沟通目的，选择正确的沟通方式，有效且恰当地进行信息传递</td><td>$D1_1$ 上传下达
* 准确把握和领悟国家教育方针与政策，能够将上级部门的任务要求及时向下传达，并收集汇总相关反馈意见，供上级部门作决策参考</td><td></td><td></td><td></td><td></td><td></td></tr>
<tr><td>$D1_2$ 统筹协调
* 能够与体育教师、校主管领导、上级行政部门进行有效协商与沟通，并将学校体育各类资源有力统整，使其效果最优化和最大化</td><td></td><td></td><td></td><td></td><td></td></tr>
<tr><td rowspan="3">D2 团队建设
* 指具有与时俱进的管理与组织能力，遇事决策果断、执行力强，能够对体育教师队伍进行梯队建设和质量管理</td><td>$D2_1$ 活动策划
* 能够根据体育教研活动的对象及目的，用发展的眼光策划和组织教研活动，以满足体育教师多样化的发展需求</td><td></td><td></td><td></td><td></td><td></td></tr>
<tr><td>$D2_2$ 计划执行
* 能够协助教育行政部门贯彻落实学校体育国家政策，并根据政策要求有计划、有安排、有步骤地制订出阶段性的推进方案</td><td></td><td></td><td></td><td></td><td></td></tr>
<tr><td>$D2_3$ 组织管控
* 具有统领区域体育教师开展教研的能力和水平，能够从教研层面对体育学科的教学质量提升和教师队伍建设进行组织与管理</td><td></td><td></td><td></td><td></td><td></td></tr>
</table>

附录 6 中小学体育教研员胜任力水平调查表

尊敬的教研员：

您好！这是一份有关中小学体育教研员胜任力水平的调查问卷。问卷的填写采取匿名的形式，其结果仅供学术研究，请您不要有任何顾虑，务必如实填写。

本表共分为两部分，第一部分是您个人的基本信息，请在相应题号上打“√”或填写内容，第二部分是您对自身体育教研水平的判断，请在题后相应数字上打“√”。

感谢您的支持与配合！

第一部分 基本信息

1. 性别：

①男 ②女

2. 年龄：

①≤ 35 岁 ② 36～45 岁

③ 46～55 岁 ④≥ 56 岁

3. 学历：

①研究生 ②本科 ③大专及以下

4. 职称：

①正高级 ②高级 ③一级

④二级 ⑤三级 ⑥其他 ______

5. 教研级别：

①省级 ②市级 ③区 / 县级

6. 教研学段（可多选）：

①小学 ②初中 ③高中

7. 教研年限：

① 0～5 年 ② 6～10 年 ③ 11～15 年

④ 16～20 年 ⑤ 20 年及以上

8. 一线教学年限：

①0～5年　②6～10年　③11～15年

④16～20年　⑤20年及以上

9. 是否兼职：

①是　②否

10. 所在省份：

答：

第二部分　自评量表

以下列出了中小学体育教研员胜任力水平的24项评价要素，请您根据实际情况选择符合程度，并在相应的选项上打钩“√”，自评得分分为1～5个等级，分别对应1～5分。您选择的得分越高，即表明您的情况越符合。

一级要素及其内涵	二级要素及其内涵	自评得分				
		1	2	3	4	5
A 个人特质 * 指在体育教研过程中所表现出的认知、态度、意识、能力等稳定性心理特征和行为倾向及既往所取得教研成绩与成就	A1 身体状态 * 具备从事体育教研工作所需的良好的身体素质和运动技能					
	A2 心理状态 * 具备从事体育教研工作所需的乐观向上的心态和积极自信的心理					
	A3 性格特征 * 具备从事体育教研工作所需的热情、勤勉、亲和等性情品格					
	A4 服务意识 * 自觉主动地辅助体育教师职业成长，辅助行政部门开展培训活动，对学校体育教学工作进行过程性指导和全面性服务					
	A5 敬业精神 * 具有强烈的职业认同感和使命感，全身心投入体育教研工作，以贯彻党的教育方针为前提努力推进学校体育事业向前发展					
	A6 责任担当 * 勇于和敢于承担起各种体育教研任务，认真履行教研岗位职责，具有强烈的体育教研责任心和担当感					

一级要素及其内涵	二级要素及其内涵	自评得分				
		1	2	3	4	5
B 教研成就 * 指在体育教研领域取得的成绩、获得的荣誉和所具有影响力	B1 教学成果 * 在体育教研过程中形成的具有创新性、实用性的系列教学成果，包括精品课、教学论文、教改课题、课程教材等					
	B2 学术成果 * 在体育教研过程中形成的具有科学性、创新性的学术研究成果，包括科研论文、课题、学术著作等					
	B3 业内影响力 * 在全国或区域体育教研领域中具有一定的影响力和话语权					

一级要素及其内涵	二级要素及其内涵	自评得分				
		1	2	3	4	5
C 教研知识 * 指从事体育教研工作所需的原理性、概念性、程序性等系统化知识体系	C1 体育专业知识 * 支撑体育学科基本逻辑体系的知识，包括体育的本质内容、体育的核心思想、体育的价值功能等					
	C2 体育教学知识 * 在具体的教学情境中所需要的知识，包括体育课程的知识、有关学生的知识、教学评价的知识、教学策略的知识等					
	C3 教师教育知识 * 指导教师成长与发展所需要的知识，包括新课程所倡导的现代教育理念、相关教育教学理论等					

一级要素及其内涵	二级要素及其内涵	自评得分				
		1	2	3	4	5
D 指导能力 * 指能够指导或帮助体育教师发现、分析和解决学校体育教学问题，并针对体育教师的实际情况进行科学评价和提出改进建议	D1 信息化教学 * 能够利用信息工具、网络课程，扩大体育教师获取教学知识的途径和范围，解决传统教学指导难题					

续表

一级要素及其内涵	二级要素及其内涵	自评得分				
		1	2	3	4	5
D 指导能力 * 指能够指导或帮助体育教师发现、分析和解决学校体育教学问题，并针对体育教师的实际情况进行科学评价和提出改进建议	D2 教学基本功培训 * 了解新形势下体育改革与发展的需要，能够以鲜活的实例、精彩的设计，端正体育教师的教学态度、提高教学素养、增强专业能力等					
	D3 课题引领 * 能够以研究项目为牵引，组织体育教师开展课题研究，提高区域体育教师的教研能力和教研水平					
	D4 网络教研 * 能够依托全国或区域教研网以及 QQ、微信等社交工具，进行资源共享和信息交流，帮助与指导教学研究有序开展					
	D5 专题教研培训 * 能够选取适切的议题作为教研培训主题，有目的、有计划地安排教研活动，针对性解决教研问题					
	D6 组织教研论坛 * 能够组织和通过教研论坛向体育教师传授理论知识，协助体育教师用理论照亮实践和指导实践，解决实践问题					
	D7 打造学习共同体 * 能够开发多样化的教研活动形式，注重搭建教师间研讨交流和经验分享的平台，增加教研路径，拓宽研修视野					

一级要素及其内涵	二级要素及其内涵	自评得分				
		1	2	3	4	5
E 组织协调 * 指为实现体育教研活动的有效性、保障体育教研任务的完成性所呈现的沟通、协调、合作、策划、管理等能力的综合	E1 上传下达 * 准确把握和领悟国家教育方针与政策，能够将上级部门的任务要求及时向下传达，并收集汇总相关反馈意见，供上级部门做决策时参考					

续表

一级要素及其内涵	二级要素及其内涵	自评得分				
		1	2	3	4	5
E 组织协调 * 指为实现体育教研活动的有效性、保障体育教研任务的完成性所呈现的沟通、协调、合作、策划、管理等能力的综合	E2 统筹协调 * 能够与体育教师、校主管领导、上级行政部门进行有效协商与沟通，并将学校体育各类资源有力统整，使其效果最优化和最大化					
	E3 活动策划 * 能够根据体育教研活动的对象及目的，用发展的眼光策划和组织教研活动，以满足体育教师多样化的发展需求					
	E4 计划执行 * 能够协助教育行政部门贯彻落实学校体育国家政策，并根据政策要求有计划、有安排、有步骤地制定出阶段性的推进方案					
	E5 组织管控 * 具有统领区域体育教师开展教研的能力和水平，能够从教研层面对体育学科的教学质量提升和教师队伍建设进行组织与管理					